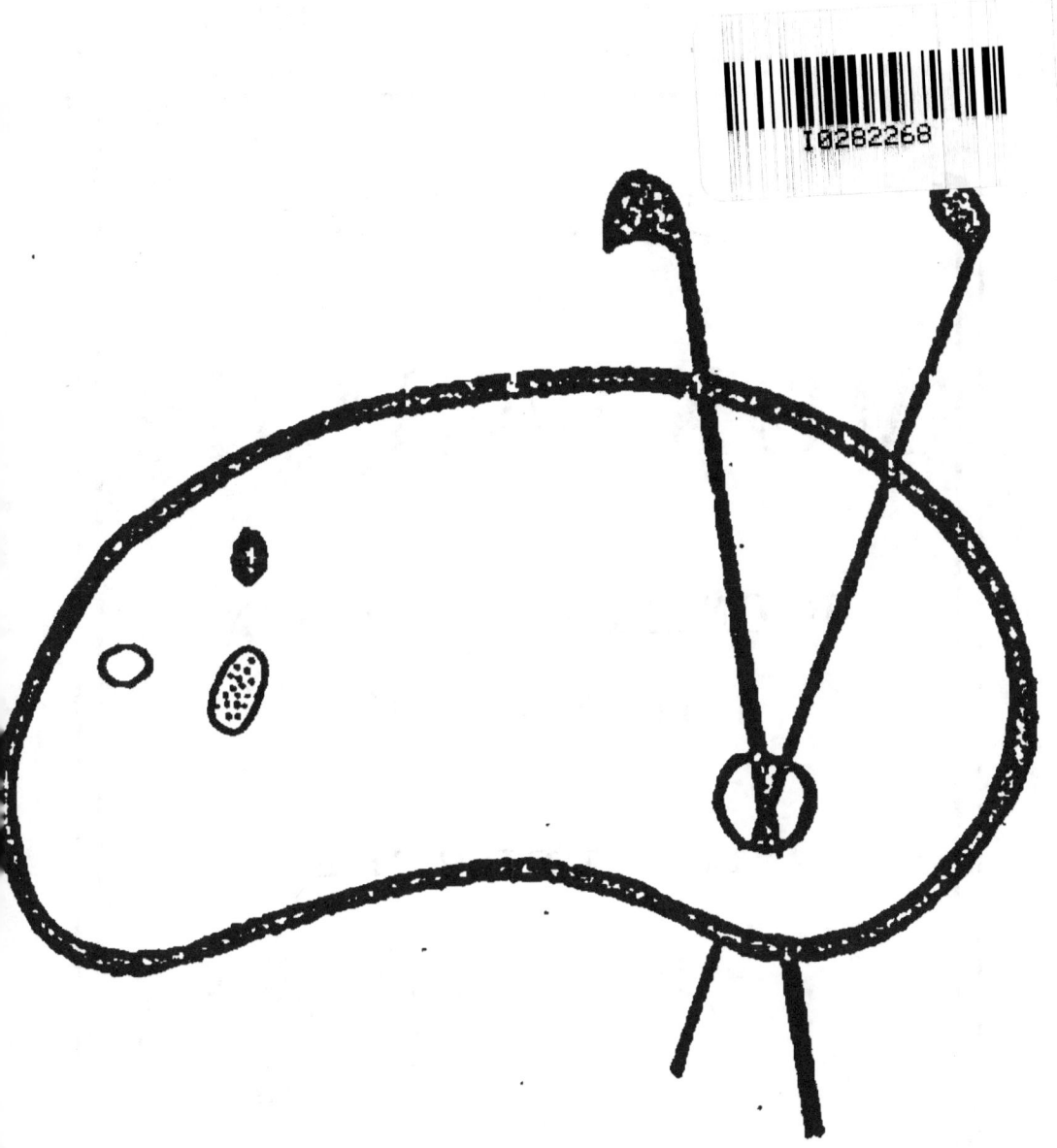

COUVERTURE SUPERIEURE ET INFERIEURE
EN COULEUR

UNE VOIX

DES

MONTAGNES

OU

BAGNÈRES-DE-LUCHON

ET SES HARMONIES

PAR

Louis FERRÈRE

> Ce qu'on y sent est plus haut
> qu'une passion individuelle, plus
> que tout amour de ce monde.
> C'est le sens du grand, du su-
> blime, de l'universel amour.
>
> BYRON.

PARIS	LUCHON
L. VIVÈS, rue Delambre, 5,	LAFFONT, LIBRAIRE, 40
TOULOUSE	V. SARTHÉ, LIBRAIRE, 67
FERRÈRE, rue des Balances, 20	allée d'Étigny.

1869

TOULOUSE. — TYPOGRAPHIE RIVES ET FAGET, RUE TRIPIÈRE, 9.

UNE VOIX
DES
MONTAGNES

UNE VOIX

DES

MONTAGNES

OU

BAGNÈRES - DE - LUCHON

ET SES HARMONIES

PAR

Louis FERRÈRE

> Ce qu'on y sent est plus haut qu'une passion individuelle, plus que tout amour de ce monde. C'est le sens du grand, du sublime, de l'universel amour.
>
> BYRON.

LUCHON	TOULOUSE
LAFFONT, LIBRAIRE, 40	FERRÈRE, LIBRAIRE
V. SARTHÉ, LIBRAIRE, 67	rue des Balances, 20
allée d'Étigny.	MONTRÉJEAU, chez l'AUTEUR.

1869

DÉDIÉ A MON PAYS

« *A tous les cœurs bien nés, que la patrie est chère !* »

PRÉFACE

J'avais voulu me jeter dans la mêlée des âmes, lorsqu'en pleine course, en plein élan, au plus fort du combat, une malheureuse circonstance me saisit, m'enlève et me dépose dans une solitude terrible comme le désert.

La solitude s'offrait avec l'oisiveté, j'eus peur de ce calme. Ce n'était pas vivre, que rester les bras croisés, que voir le temps passer emportant, à toute heure, un lambeau d'une existence languissante, comme le flot en fuyant emporte un lambeau de rive. Je sentais mon âme s'agiter en moi, vive, entière, puissante, et retomber à tout instant sur elle-même, sous le poids de ses idées, de ses études, de ses projets, de ses aspirations et des souvenirs du passé.

Je me sentais défaillir. Et déjà j'étais envahi par cette perfide tranquillité, semblable à cet étourdissement qui assoupit la victime du réchaud, lorsqu'une idée me sauva. Elle était inspirée par le patriotisme et la reconnaissance, deux choses qui s'éteignent en naissant dans les âmes faibles, et qui ne peuvent mourir avec le dernier soupir dans les âmes fortes.

I. Le docteur Fontan s'était endormi du sommeil suprême, dans le temps de mes sérieuses occupations de missionnaire. Il y avait un an. Je n'avais pu tenir la promesse que je m'étais faite d'écrire sa biographie, à cause des nombreux services rendus à ma famille par sa science médicale et principalement à cause de tout ce qu'il avait fait pour mon pays.

Je crus que c'était le moment d'être fidèle à ma parole et surtout à mon cœur. C'était là, l'idée sauveur.

Une chose m'inquiétait : le peu de connaissance des premières années de sa vie. Les notes qu'il m'avait promises, je n'avais pu me les procurer, soit qu'il ne les eut pas écrites, soit qu'on les eut égarées. Il ne me restait donc à faire qu'un travail de quelques pages, ce qui me semblait bien peu pour la mémoire de cet homme, l'un des grands bienfaiteurs de Luchon. Je craignais que ces quelques feuilles n'eussent trop vite leur automne, et que trop tôt, elles ne fussent jetées dans le gouffre de l'oubli par l'autan.

Cette crainte a dilaté et agrandi ma reconnaissance. Mon pays s'est présenté à moi, avec toutes ses séductions, comme autrefois il s'était présenté au jeune Fontan. Et voilà que mon âme, fascinée par les joies et les souvenirs de l'enfance, par les beautés et les magies de ses féeriques décorations, n'a pu lutter plus longtemps ; elle a été vaincue, subjuguée. Je n'ai pu me relever de cette heureuse défaite, qu'en me disant : Je serai l'historien de mon pays, et le docteur Fontan en sera une des nobles figures.

L'idée était devenue féconde. L'œuvre prenait de l'ampleur. Un chapitre faisait naître un livre.

Et je me suis bercé dans la douce espérance, que le patriotisme et la reconnaissance, toujours si admirables, pourraient peut-être donner à un de leurs fruits une vie durable.

II. Les Alpes semblaient vouloir garder pour elles tous les honneurs et tous les généreux élans du génie. La littérature, les arts, la fortune, leur payaient sans cesse, depuis de longs siècles, leur tribut d'admiration ; tandis que leurs sœurs, les Pyrénées, restaient dans l'oubli. Une réaction devait s'accomplir et cette injustice devait enfin être dévoilée. Des travaux sérieux ont déjà été faits ; et les Reboul, Ramond, Marcel de Serres, Chausenque, Boubée, Taine, ont cherché avec un succès heureux, depuis peu d'années, à dissiper les ténèbres de l'ignorance, toujours déplorables. J'ai voulu aider, sinon de mon talent, du moins de ma bonne volonté, un travail si intéressant et si utile ; et j'ai cru ne pouvoir mieux réussir qu'en écrivant sur la reine des Pyrénées, Bagnères-de-Luchon.

Les beautés, vues à vol d'oiseau, dans un ensemble général, impressionnent peu, laissent peu de traces dans l'âme ; il n'en reste qu'une idée seule, flottante dans l'esprit. Rien, au contraire, n'impressionne comme l'œuvre d'un maître, vue de près, parcourue avec soin ; alors, rien ne nous échappe, les détails nous saisissent dans leur perfection, l'œuvre tout entière se dresse parfaite, achevée, se burine dans notre mémoire, et pour toujours elle est gravée dans notre âme, dont elle a exalté l'enthousiasme.

C'est ce qui a été compris par Michelet, lui qui dit dans un livre, où il effleure d'un regard trop rapide les montagnes du monde : « Il serait intéressant de prendre une seule montagne, d'y bien caractériser ces grandes échelles de la vie. Quoi de plus intéressant que d'en marquer chaque gradin et dans son rapport avec l'homme et pour la nature elle-même. Rien ne donnerait une idée plus haute et aussi plus saine de la réalité des choses. »

Plusieurs auteurs, il est vrai, avaient fait de nombreux écrits sur Luchon ; mais c'étaient plutôt des itinéraires, des guides, des nomenclatures scientifiques qu'une histoire sérieuse. Les uns avaient trop tôt écrit, et dans leurs pages vieillies, on ne reconnaissait plus notre ville d'aujourd'hui. D'autres n'avaient su voir, au sein de notre ravissante nature, que des sentiers arides, que des noms durs, que des chiffres secs, la dépouillant ainsi de son charme, de sa poésie, de sa grandeur. D'autres n'avaient étudié Luchon que dans ses sources sulfureuses, dans ses baignoires, dans ses réservoirs, et ils s'étaient sentis assez heureux de raconter des cures innombrables et merveilleuses. D'autres enfin s'étaient figuré qu'un pays qui exalte l'âme, l'enchante et la ravit, avait besoin, pour intéresser, de drames et de fictions romanesques, et ils ont introduit les petitesses et les faiblesses de la vie au sein des beautés, qui purifient le cœur et l'agrandissent.

III. Tout cela cependant n'était pas l'histoire de Luchon. J'ai donc essayé de donner à cette ville ce qui lui manquait : une histoire vraie, dans toute l'acception du mot. Enfant du pays, j'avais sous la main, mieux qu'un étranger, les matériaux nécessaires. Je lui ai laissé toutefois les légendes qui sont comme le parfum et le coloris du bon vieux temps.

J'ai essayé de lui consacrer un livre qui en donnât une idée complète, et qui pût à la fois satisfaire l'homme d'imagination, le touriste et même le savant; un livre que l'on pût lire avant les courses, pour exciter l'attention, et après, pour aider et rafraîchir les souvenirs et leur communiquer un charme puissant; un livre qui parlât à l'intelligence et au cœur, et en cela non-seulement plus utile aux visiteurs Luchonnais, mais à tout lecteur de quelque pays qu'il soit.

L'histoire d'un homme, d'un peuple, d'une nation, s'adresse à tous, parce que tous nous avons un corps pétri du même limon, dans lequel s'agite une âme ayant des instincts et des pensées semblables. Le vice et la vertu sont de tous les pays et de tous les temps.

J'ai désiré donc lui donner un livre qui, reproduisant notre nature splendide, fût comme elle, autant que possible, récréatif et instructif, admirable d'éclat, de poésie, de grandeur, en même temps que fécond en leçons de morale. Et les impressions qu'il reproduira, bien que variées dans leur essence, seront uniformes dans leur objet, puisque toutes vont se perdre et se reposer dans la contemplation de Dieu.

L'écrivain, comme le Créateur, doit toujours se proposer l'agréable et l'utile. Et, persuadé qu'une intention si honorable me ferait pardonner la témérité de cet essai, j'ai tâché de solenniser des hommes, des faits, des sites, des paysages, des pics, toutes choses qui peuvent éclairer une âme et lui donner une pensée morale et régénératrice.

Comme vous le verrez dans le cours de l'ouvrage, un pic, un lac, un torrent, une cascade, un sapin, une anémone, un rien, renferment une image de nos faiblesses ou de nos vertus, et une image de la sagesse et de la puissance de Dieu. Il y a le vrai, le bien et le beau.

Il est des hommes qui n'ont besoin, pour attirer les éloges et les applaudissements des siècles futurs, que de la vérité, et leur meilleur historien sera celui qui aura su les déposer nus sur le socle de leur vie.

C'est ce que nous avons tâché de faire pour notre pays, et s'il eût été possible de le photographier par écrit, nous l'aurions fait volontiers, en demandant toutefois à la photographie plus de couleur, de réalité, de vie.

IV. On ne comprend pas qu'au sein de cette nature grandiose, à côté de la sublimité de nos monts, de la majesté de nos forêts, il y ait eu des auteurs qui aient osé se souvenir des mesquines passions des coulisses. Ah! ils ont donc oublié, « ces baladins » de la grande race des écrivains, qu'il n'y a plus de grandeur et de beauté là où la passion a secoué sa torche fumeuse. Châteaubriand dit, et il lui est permis de le dire : « Le style de ces hommes est sec, l'expression sans franchise, l'imagination sans amour et sans flamme; ils n'ont nulle action, nulle abondance, nulle simplicité. On ne sent point quelque chose de plein et de nourri dans leurs ouvrages; l'immensité n'y est point, parce que la divinité y manque. » Avec Dieu tout s'ennoblit, se divinise, hors de lui tout s'éteint et penche vers le néant.

Michelet lui-même, généralement trop froid en s'éloignant de la divinité et plein de vie lorsqu'il s'en rapproche, dit, en parlant des montagnes : « Il faut respecter ces lieux. Le premier égard qu'on leur doit, c'est de ne pas y apporter la littérature énervante, maladive de notre époque. Des écrivains, même éminents, des génies qu'on peut admirer, par leurs artifices subtils, leur recherche, contrastent trop, sont indignes d'être lus ici. »

La nature doit y régner en souveraine, seule elle doit y avoir l'empire suprême. C'est elle qui doit fasciner notre regard, illuminer notre intelligence, impressionner notre âme. Elle est le sublime artiste qui doit faire résonner les touches de notre cœur. C'est elle qui doit être l'interprète de la divinité.

Byron, cet éclair sinistre de la brumeuse Albion, pousse ce cri strident devant les beautés de la nature : « Ce qu'on y sent est plus haut qu'une passion individuelle, plus que tout amour de ce monde. C'est le sens du grand, du sublime, de l'universel amour. »

Il doit donc résulter nécessairement de cette étude quelque chose d'heureux pour l'âme ; quelque chose qui doit communiquer et inoculer la force, le courage, l'énergie, une existence nouvelle.

Polybe n'a-t-il pas écrit : « L'histoire est en général le moyen de former les hommes aux plus grandes choses. » Et cette parole restera toujours vraie, qu'il s'agisse de l'histoire des empires ou de la nature.

V. Comment s'élever avec nos pics sans grandir avec eux ? Comment entendre mugir la cascade et bouillonner le torrent dans ses canaux de pierre sans que la fièvre de la vie circule dans nos veines ? Comment assister à la guerre, livrée aux sapins des forêts par les orages, sans vouloir imiter leur résistance au sein des luttes de ce monde ?

En descendant des glaciers, ces éternels fournisseurs de nos campagnes, qui ne songerait à rendre sa vie plus féconde et plus austère? A la vue des gouffres habités par l'horreur, qui ne frémirait à la pensée des abîmes de nos âmes creusés par le crime ?

Ah! je suis convaincu que la nature de nos montagnes, loin d'allanguir, d'étioler nos âmes, à la façon des romantiques de l'époque, vue avec un cœur généreux et pur, avec l'œil de la foi divinisant toute chose, en ferait des âmes d'élite, des âmes vierges, des âmes héroïques.

Les grandes scènes de la nature exercent beaucoup de pouvoir sur l'imagination, et par contrecoup sur le cœur. Il suffit de voir ces lieux pour éprouver une émotion indéfinissable. Qu'est-ce qui nous exalte dans les actions des hommes? La noblesse. Qu'est-ce qui nous impressionne dans une lecture? La sublimité de la pensée. Mais rien n'agit sur nous si profondément comme tout ce qui frappe à la fois nos sens et notre âme. Les yeux sont tout-puissants sur l'âme, dit une femme célèbre. Je le comprends; car le grand art d'émouvoir est d'opposer des objets sensibles aux intellectuels. Sous ce puissant ressort l'âme s'élance, elle passe du visible à l'invisible, et recueille une abondante moisson de jouissances dans les vastes champs du sentiment et de l'intelligence.

Et alors en face de nos rochers aigus plongeant dans les nuages, de nos dômes de verdure s'étalant paisibles et radieux dans les plaines de l'air, quelle magnificence se déroulera à nos regards ! Nous ressentirons à la fois toutes les irradiations de la pensée, du génie, de l'artiste, non pas homme mais créateur.

VI. Je regrette vivement qu'un beau talent n'ait su qu'exprimer cette pensée, sans l'exploiter, dans un livre vraiment remarquable s'il n'était si aride. « Loin de croire que la nature, prise en sa vérité, mène aux molles faiblesses du cœur, j'en voudrais réserver les grandes et salutaires émotions à ces crises de la jeunesse, où l'homme a besoin d'être soutenu. Ne croyez pas que les discours y suffisent. Gardez vos sermons et laissez prêcher les montagnes. Quand les sens ont leur crise, leur enivrement, je voudrais enlever l'homme à lui-même, sans vaine et froide parole, et le tirer de la nature. Comment? En le menant aux montagnes, au sein de la nature même. Je ne glacerais point son cœur, au contraire, je l'animerais d'une chaleur plus noble et plus haute. »

Quant à moi, je dois à nos montagnes, non pas toutes les fibres de chair, mais toutes les fibres métalliques de mon être. Ce sont elles qui les ont trempées. Et de même que la grande fleur jaune de nos jardins ne se dilate et n'épanouit ses cils dorés que son œil tourné vers le soleil, mon âme s'est toujours tournée vers les montagnes, et en a éprouvé les salutaires et magiques inspirations.

C'est là enfin que nous comprendrons la grandeur de Celui « qui frappe la terre par la voix de son tonnerre, par la tempête des aquilons et le tourbillon des vents. » — « Et que nous apprendrons à bénir ce Seigneur dont les œuvres sont si admirables, quoiqu'il n'en laisse briller à nos yeux qu'un faible rayon. » (Eccl.)

Donc, l'histoire de l'homme et celle de Dieu, l'âme en relation permanente avec son Souverain par nos montagnes, telle est l'idée qui domine dans mon ouvrage et circule dans ses veines.

VII. Maintenant, à ceux de nos lecteurs qui me trouveront trop d'enthousiasme, je leur répondrai : que l'histoire de ces beautés du premier ordre ne devrait point s'écrire, mais se chanter. Cette nature, n'étant qu'un chant lyrique, serait plutôt le sujet d'une ode que d'un livre. Je leur répondrai encore que, pour bien comprendre toutes ces beautés, pour en éprouver le charme, et en ressentir les ravissantes séductions, il faut avoir le cœur pur. Rien n'est si ennemi de la nature que le trouble du cœur. L'âme, sous le poids de la passion ou du crime, est envahie par l'indifférence et frappée de stérilité. Elle passe comme un aveugle, et mieux, comme un homme ivre. Les objets qui bordent un lac limpide se mirent dans ses ondes calmes et paisibles, et rien ne se réfléchit dans une eau trouble et agitée.

A ceux dont la délicatesse serait blessée par des imperfections de style, je leur dirai : qu'elles pourront trouver une excuse ou une grâce dans un coup d'essai conçu et mis au jour sous une subite inspiration. Un grand écrivain disait, dans une semblable occasion : « Il n'appartient qu'au génie d'unir deux qualités qui s'excluent : la correction et l'inspiration. »

VIII. Ce livre donc, tout en s'adressant à beaucoup, pourra plaire à ce petit nombre, duquel Lamartine a écrit : « Il y a des âmes méditatives que la solitude et la contemplation élèvent invinciblement vers les idées infinies, c'est-à-dire vers la religion; toutes leurs pensées se convertissent en enthousiasme et en prières, toute leur existence est un hymne muet à la divinité et à l'espérance. Elles cherchent en elles-mêmes et dans la création qui les environne, des degrés pour monter à Dieu, des expressions et des images, pour se révéler à elles-mêmes, pour se révéler à Lui; puissé-je leur en prêter quelques-unes. »

Et être ainsi utile à mon pays et aux âmes; en attendant qu'un jour, le soleil de l'éternité nous montre, dans des flots d'une lumière inconnue aux mortels, la réalité de toutes ces passagères harmonies, où le Créateur nous apparaissait dans l'ombre des choses créées.

Montréjeau, février 1869.

INTRODUCTION

De tous les sentiments, il n'en est aucun qui élève l'âme, l'échauffe et la transporte jusqu'à l'enthousiasme, comme le sentiment du beau.

Aussi pouvons-nous affirmer, sans crainte, que l'âme qui n'est pas accessible à ce sentiment est une âme dévoyée, triste et misérable que Dieu seul pourra relever de son abjection.

Partout où le beau resplendira à l'œil de l'homme, partout l'homme éprouvera un doux tressaillement, et se sentira subjugué jusqu'à oublier son pays, sa fortune, sa misère.

Le beau l'absorbe, et il se plonge dans ce magnifique spectacle avec toute la puissance de son être. Il oublie tout pour ne faire plus qu'un avec lui. Longtemps après qu'il aura été enlevé à ce spectacle, le seul souvenir inondera son cœur d'une joie ineffable. Et s'il rencontre d'autres admirateurs du spectacle qui l'a ravi, la causerie deviendra vive, animée et bientôt elle arrivera même jusqu'à l'intimité, tant il y a de séductions dans le beau, et tant la joie qu'il communique aime à se dilater!

Tels sont les effets produits par Bagnères-de-Luchon. C'est que Luchon est essentiellement beau.

Il est beau depuis ses allées séculaires jusque sur les cimes de ses pics orgueilleux. Il est beau dans ses enfants, dans ses visiteurs brillants d'or et de gaieté. Il est beau dans les lignes de son opulente architecture, dans ses ruisseaux limpides, dans ses prairies diaprées.

Il est beau dans ses vallées parfumées, dans ses torrents blancs d'écume, dans ses lacs d'azur, dans ses cascades bondissantes, dans ses glaciers éternels, dans ses gouffres mugissants, dans ses rochers fantastiques, dans ses forêts lugubres et harmonieuses.

Il est beau dans ses tempêtes, alors que le tonnerre roule ses éclats de foudre mille fois répétés par les échos, alors que les montagnes semblent s'ébranler et crouler dans les vallées.

Il est beau dans ses sources salutaires, qui retrempent l'âme en rajeunissant le corps.

Luchon enfin est beau, parce qu'il réalise la grande harmonie de la nature, qui fait épanouir les plantes les plus aimables, dans toute leur séduction, telles que les mousses, les violettes et les roses aux pieds des ruines, des rochers âpres et rustiques ; et parce qu'il étale toutes ses richesses et toute sa poésie au sein des montagnes les plus grandioses et sur les ruines d'une histoire séculaire.

Le savant M. de Chausenque, qui caractérise et ennoblit toutes les Pyrénées par son talent réel et plein de charme, écrivait en 1848 sur mon pays : « Tout ce que l'imagination peut concevoir de scènes aimables, de sites ravissants, de contrastes d'une nature sauvage, des traits les plus doux, les plus harmonieux, dont plus qu'*ailleurs* elle se pare ; des cimes éthérées où l'esprit s'exalte malgré soi ; où l'âme demeure profondément émue, de ces tableaux si grands dans leur étrangeté, tout, jusqu'à de précieuses eaux thermales surgissantes des profondeurs de la terre, tout se trouve dans cette magnifique région que l'illustre Ramond regrettait de n'avoir pu qu'ébaucher, lorsqu'il disait : que dans toutes les Pyrénées, il ne connaissait pas de contrée qui fut plus riche pour les exploitations alpestres. »

Vous savez maintenant pourquoi l'on aime Luchon. Pourquoi ceux qui l'ont vu en parlent avec enthousiasme, avec passion, et veulent le revoir et le revoir encore et communiquent ainsi d'ardents désirs de le voir à ceux qui ne le connaissent pas. On le rêve endormi, et plus souvent encore on le rêve éveillé. Oui, Luchon disparu revient à la mémoire, avec tous ses charmes, et avec une précision si remarquable que l'âme se sent délicieusement émue et s'y repose avec une satisfaction sans mélange.

Un jeune homme me disait, il y a quelques mois : quinze jours de Luchon, et il y en a assez pour vivre de souvenirs, pour rafraîchir et embaumer toute l'année. Et c'est vrai.

Ah ! Luchon est si véritablement beau que jamais il ne laisse indifférent, et pour la vingtième fois on le revoit avec un nouveau plaisir.

C'est que les beautés de la nature sont une image de la beauté par essence. Elles jouissent des mêmes priviléges. Elles aussi sont des beautés toujours anciennes et toujours nouvelles.

Afin de mieux saisir cette page vraie et naturelle pour celui qui connait Luchon, mais prétentieuse pour celui qui n'a pas eu ce bonheur, nous allons l'étudier dans son ensemble et dans ses détails.

CHAPITRE PREMIER

HISTORIQUE DE LUCHON.

La noblesse la plus glorieuse, celle qui brille d'un éclat radieux sur le front d'un homme, est celle qui commence à lui-même, celle dont il est le propre artisan. Il ne la doit pas au hasard de la naissance, qui aurait pu, avec une égale indifférence, le jeter sur les degrés d'un trône ou sous le chaume de la misère; mais il la doit aux éclairs de son génie, à l'énergie de sa volonté, ou à la générosité de son cœur, ou à la puissance de son bras.

Je ne veux point cependant jeter le mépris sur la noblesse du sang; loin de moi une telle pensée. Je veux dire seulement : celui-là est plus grand à mes yeux qui porte fièrement dans sa tête le fardeau de la pensée, ou dans son cœur le magnanime courage du héros, que celui qui est réduit, pour se faire honorer, à troubler la poussière des morts et à se mettre à l'abri derrière les fantômes du passé. Mais par dessus tout, honneur et gloire à celui qui sait ombrager son front des lauriers des aïeux et de ceux qu'il a cueillis de sa main. Alors, l'avenir n'aura qu'une voix pour chanter ce noble et antique rejeton.

Telle est la gloire de mon pays.

Luchon brille d'un éclat incomparable. Il ne craint nulle part une rivalité. Il marche avec le temps. Aussi haut que son siècle, il rayonne de toutes les inventions de notre époque.

Et ma ville, toute fière qu'elle est de sa jeunesse vigoureuse et féconde, sait aussi se parer du glorieux manteau des siècles. Elle a eu même les honneurs funèbres des grandes cités et des empires. Elle a été broyée par le marteau des révolutions et submergée par les flots dévastateurs de la barbarie.

De grands noms et de grandes circonstances se groupent autour du berceau de Luchon et semblaient le mettre à l'abri des ravages du temps, lui prédisant une destinée radieuse.

Soit que Pompée allât en Espagne contre l'intrépide et malheureux Sertorius, soit qu'il revînt dans les Gaules, heureux vainqueur des ennemis de Rome, pour recueillir les trophées d'une victoire remportée par Crassus, en écrasant les débris fugitifs du gladiateur Spartacus ; il passa par les Pyrénées, fit prendre haleine à ses troupes aux pieds de ce gigantesque rempart et campa dans la vallée de Luchon.

Or, selon la version la plus accréditée, un des légionnaires que Pompée chérissait, à cause de sa bravoure et de son dévouement, était inquiété depuis quelque temps par une maladie de la peau. Le soldat, ayant vu de l'eau fumer dans une crevasse du sol, y baigna une main. Frappé par sa température chaude et par le limon qu'elle renfermait, poussé par un instinct de guérison, il fit agrandir ce trou et s'y plongea tout entier. Peu de jours après, sa guérison étonnait Pompée, et les eaux de Luchon étaient découvertes et immortelles.

C'est ainsi que Dieu fait éclater sa bonté et sa grandeur; et, malgré les impiétés d'enfants ingrats, il sera toujours une Providence pleine de tendresse. C'est Lui, qui, par les rapports qu'il a établis entre tout ce qui existe sur le sol et dans les entrailles de la terre, a fait sortir de son sein tout ce qui peut entretenir notre existence, la soulager dans ses besoins et nous la rendre heureuse, en nous donnant tous les moyens de calmer les maux qui peuvent l'affliger.

Les Romains, à cette époque, touchaient à l'apogée de leur gloire. Ils avaient envahi le monde, et rien n'avait échappé au fer de leurs légions. Leur aigle a fatigué son aile à atteindre tout ce que son œil perçant a vu de terre et d'hommes. Au faîte de la civilisation, Rome a éclipsé tout ce qui avait brillé avant elle. Elle est un vaste musée où sont entassées et classées les plus riches dépouilles de l'Orient et de l'Occident. On y voit aussi les dieux des nations vaincues, étiquetés; elle les a enchaînés à ses chars pour rehausser la cour de son Jupiter. Tout ce que le temps et le génie de l'homme peuvent inventer, Rome n'a plus à l'envier. Elle est une œuvre achevée. Peu m'importe maintenant quelle sera sa destinée, peu m'importe de savoir si désormais son progrès sera un déclin; si bientôt elle chancellera sur ses fondements de granit, victime, comme toute chose humaine, de cet ennemi qu'on appelle le temps.

Il nous suffit de savoir que les Romains étaient victorieux, opulents, civilisés, et qu'ils ne soupiraient qu'après les délices de la vie, et alors nous comprendrons que Luchon, avec sa ravissante nature et ses sources nouvelles, devait les séduire et attirer sous ses ombrages et dans ses ondes les riches citoyens, qui avaient reculé les limites du plaisir et pour qui vivre était jouir. Et lorsqu'on voit notre jeunesse s'y épanouir avec tant de gaieté, pourrait-on douter que la jeunesse romaine, si ardente et si passionnée au plaisir, n'oubliât les chaleurs de la Provence et d'Italie pour la fraîcheur de nos torrents et pour les brises parfumées de nos vallées ?

Un grand nombre de monuments, trouvés dans le pays, nous affirment que l'empereur Auguste venait retremper ses forces et restaurer une âme fatiguée, par le poids d'un vaste empire, dans l'intimité d'une nature luxuriante, et oublier un instant sous les tièdes haleines de nos zéphirs, dans la contemplation de nos grandioses beautés, les fascinations dévorantes d'une trop fameuse célébrité.

Luchon devait donc être une de ces villes romaines pleines de goût et de charme, où le chef du monde retrouvait le luxe et la magnificence de ses palais.

On lit dans la bibliothèque des Romans grecs : « Quelque part qu'aille Auguste, la gloire l'accompagne partout, témoin les eaux des Pyrénées. » Le savant Strabon, contemporain d'Auguste, écrit : « Que les bains de Bagnères-de-Luchon brillèrent, pendant plusieurs siècles, au dessus de tous ceux des Gaules. » Il les appelait THERMES ONÉSIENS « *Thermæ Onesiæ præstantissimæ.* »

Et lorsque les Romains laissaient l'empreinte si puissante de leur passage à tout ce qu'ils touchaient, lorsqu'ils se plaisaient à réunir toutes les pompes du luxe et toutes les jouissances de l'imagination dans les lieux où ils se baignaient, lorsqu'ils y faisaient exposer les chefs-d'œuvre de peinture et de sculpture, et qu'ils les livraient à tous ceux qui voulaient en goûter les voluptés orientales, que ne nous est-il pas permis de penser d'un monument où leur empereur et dieu devait venir récréer ses loisirs?

Ce qui nous fait persister dans cette idée, ce sont les nombreux débris de constructions romaines trouvés à plusieurs reprises dans les lieux occupés par l'établissement actuel. En 1762, des fouilles ayant été faites à l'endroit où sont les bains Richard, on y trouva cinquante-deux monuments antiques de diverse grandeur, que d'Étigny fit porter au Musée d'Auch et de Toulouse. En 1805, en faisant les fondements de l'établissement que nous avons vu détruire, on trouva plusieurs traces de piscines romaines, des autels en marbre blanc, un grand bassin dont les parois étaient revêtues de marbre, une statue mutilée, des niches à l'usage des enfants, des tubes en poterie et en plomb, prouvant l'importance que l'on mettait à conserver les eaux chaudes. Moi-même, encore tout jeune, j'ai vu exhumer du sein de vieux débris une belle Vénus en marbre, d'une blancheur éclatante, que les ouvriers brisèrent à coups de marteau pour faire de la muraille.

La plupart des débris, faibles épaves des générations passées, sont généralement des pierres carrées, ayant à leur base quelques moulures. Au-dessus de cette base, s'élève le corps d'une colonne qui va en s'élargissant jusqu'à sa plus grande hauteur; ensuite elle est surmontée d'une espèce de chapiteau arrondi en forme de couronne. Ces pierres ont ordinairement trois pieds de hauteur sur quarante centimètres de largeur.

C'est sur une des faces de la colonne que l'on trouve gravées ces inscriptions, qui viennent comme poser le sceau de la vérité à nos glorieuses prétentions.

NYNPHIS
T. CLAVDIVS
RVFVS
V. S. L. M.

Tibère Claudius Rufus (cheveux roux), après une maladie, s'acquitta de son vœu envers les nymphes.

NYMPHIS
AVG
VALERIA
HELLAS

Valléria Hellas, aux nymphes d'Auguste.
On peut lire encore l'inscription suivante dans une pierre située à la salle du premier pavillon :

NYMPHIS
AVG
SACRUM

Consacré aux nymphes d'Auguste.

Et celle-ci, sur une pierre incrustée dans le marbre blanc, au-dessus de la porte d'entrée de l'établissement actuel :

DEO
LIXONI
FLAVIARVM
F. PAVLINA
V. S. L. M.

Je pourrais encore citer bien d'autres inscriptions, si je n'en voyais l'inutilité. A Nîmes et presque partout où les Romains ont séjourné, on trouve des monuments semblables. Les nymphes, ces tendres divinités, ces privilégiées de la noblesse, veillaient sur les empereurs et sur les grands. Dans ces temps de crédulité, tout était dieu, la passion surtout. Pas de plus grande superstition que chez les impies. Les troubles de l'âme obscurcissent l'esprit, et le peuplent de fantômes qu'il divinise pour se calmer. Et dans son aveuglement il ne voit pas que cette ardeur de tout diviniser prouve l'existence d'un Dieu immense qui les enveloppe et les pénètre.

Il reste donc évident, d'après ce que nous venons de dire, que les origines de Luchon sont glorieuses.

Ce pays devait jouir du plus radieux éclat durant la domination romaine.

Luchon dépendait de Saint-Bertrand-de-Comminges,

alors connu sous le nom fameux de *Lugdunum Convena-rum*, ainsi appelé du mélange des nombreuses peuplades des Arevacci, Garumni et Onobuzates, que l'heureux Pompée avait subjuguées, domptées, et enrégimentées dans les murs de cette cité. On affirme que Septime-Sévère, étant venu à Lugdunum, voulut visiter Luchon et que, frappé des splendeurs pittoresques de ses sites, il y fit exécuter des travaux remarquables.

Mais l'astre qui le réchauffait et l'illuminait de ses rayons ayant été assombri par les nuées des barbares, mon pays eut ses défaillances et sa nuit.

L'empire romain vit sa puissance périr dans les Gaules, par les invasions des barbares qui se précipitaient des glaces du Nord, comme des avalanches impétueuses. Ces peuples, aux mœurs sauvages, n'ayant pour cité que les limites d'un camp ou la terre toute entière, pour toiture que la voûte du ciel; toujours en marche, ne se nourrissant que de rapines et de brigandage, passaient comme un torrent dévastateur, laissant après eux une immense traînée de sang et de ruines.

Le plus farouche de tous ces peuples fut sans contredit le peuple Vandale ; puisque son nom est resté comme l'expression la plus forte de la sauvagerie. Et ce fut lui qui, le premier, envahit la Gaule Narbonnaise dont Luchon faisait partie.

Il passa, comme une trombe, sur les pays de Comminges, du Béarn, du Roussillon, et ces contrées n'offrirent plus à la vue que le spectacle désolant d'une moisson saccagée par une violente tempête.

Luchon, cette pierre précieuse des Pyrénées, encore si belle sans les fastueuses richesses de Rome, devait lui servir de but, et le vautour du Nord dut y trouver une abondante pâture.

Aux Vandales succédèrent les Maures ou Sarrazins. Soit qu'ils envahissent les Gaules, soit qu'ils fussent obligés de battre en retraite, Luchon était leur passage dans les Pyrénées, et, à ce titre il avait les premiers et lugubres honneurs du pillage. Les Sarrazins, écrasés à Poitiers par le marteau de Charles, dont les coups redoutables valurent au héros le surnom de Martel, furent refoulés vers notre contrée, qu'ils désolèrent par leur férocité, jusque vers l'an 900, époque où le roi d'Aragon don Sancho Arbaca les vainquit dans plusieurs rencontres et les rejeta définitivement jusque dans le centre de l'Espagne.

A peine Luchon respirait, qu'il eut de nouveau à souffrir des fureurs des guerres de religion, fureurs fiévreuses qui ne s'expliquent que parce que les démons les soufflent et les attisent, et d'autant plus désolantes qu'elles sont toujours grosses de toutes les horreurs des guerres civiles. Si toutefois la bataille de Muret écrasa les Albigeois, Luchon eut encore à gémir des troupes indisciplinées et débandées qui passaient sur son corps.

Chose providentielle! au sein de tous ces orages, de tous ces flots déchaînés qui ruinèrent à plusieurs reprises les bains de Luchon, la grande réputation de nos sources suivait toujours sa marche, comme le soleil, qui ne s'inquiète nullement des guerres des nuages. Elle attirait sans cesse de nouveaux baigneurs.

Nous voyons Luchon revivre avec le titre honorable de ville, en 1315, dans un acte signé à Fronsac par le comte de

Comminges, où il accorde des priviléges à *la ville* de Bagnères-de-Luchon. « *Bagneriis nostræ urbis.* » Mais elle n'était qu'une ville flottante entre l'Espagne et la France, selon les caprices des comtes et le hasard des mariages. Enfin nous pûmes jeter l'ancre en 1453 ; toujours Français par le cœur, nous l'étions définitivement par les frontières. Nous dûmes ce bonheur à la reconnaissance de l'infortunée Marguerite pour son libérateur Charles VII.

Notre ville ne put jamais cependant arriver à un grand développement, parce qu'elle n'était qu'une route sans cesse foulée par les troupes des deux nations voisines ; surtout durant la guerre de la succession. A cette guerre désastreuse pour elle, succédèrent les fureurs des Miquélets et les ravages de l'incendie. L'église seule resta debout sur ces ruines, comme une mère en deuil. Elle était là pour bénir ces ruines fumantes et les féconder.

Elles s'agitèrent, en effet, et reprirent vie.

On pouvait renverser les murailles, raser les édifices, l'eau ne pouvait périr, et ses vertus aussi enracinées que les maladies faisaient revivre les ruines et peupler la solitude de la vallée.

Aussi quelques années après, le curé de Luchon, Bordages, distingué par son esprit et par sa vertu, pouvait dire avec justice :

Le succès éclatant de ces bains salutaires
Porte leur nom célèbre aux rives étrangères.

CHAPITRE II

SUITE DE L'HISTORIQUE.

A cette époque se trouvait à Bagnères-de-Luchon un de ces hommes intelligents et rares, profondément dévoués à leur pays, et qui mettent leur intérêt et leur plaisir, non à des jouissances et à des entreprises personnelles, mais à la chose commune. Elevant leur âme au-dessus de tout ce qui est vulgaire, ils lui donnent l'ampleur du devoir et les sublimes aspirations de la charité et du sacrifice.

Cet homme extraordinaire, qui, tout simple qu'il était, a posé la première pierre du beau et glorieux Luchon moderne, se nommait J. Barreau. Son nom doit être à jamais béni et honoré dans le cœur de ses compatriotes. Étonné des cures merveilleuses qu'il enregistrait tous les ans, il comprit le bel avenir destiné à son pays, si on lui préparait les voies.

A cet effet, il va trouver d'Étigny, intendant de la province, et lui communique sa pensée.

Dieu voulut qu'il rencontrât une âme sœur de la sienne, une de ces âmes qui portent une intelligence radieuse et un cœur généreux. D'Étigny prenait au sérieux son devoir, et pour lui, faire le bien était un besoin. Voilà pourquoi, par capacité et par conscience, deux choses indispensables pour gouverner des hommes et ne fusse qu'un seul homme, il a enrichi le Midi de grandes communications. Et son génie, traçant de magnifiques routes dans cette province, lui donnait des artères qui devaient porter le sang et la vie dans un corps beau, mais languissant et souffreteux. Aussi, l'histoire a-t-elle fait l'éloge et la gloire de d'Étigny. Et je ne veux point parler de ces histoires contemporaines écrites par des mains lâches et serviles, de ces colonnes et de ces statues que le mensonge, la faiblesse et la flatterie ont placées, pour un jour, sur des pieds d'argile; je veux parler de cette histoire, qui ne craint pas ces vivants couchés dans la poussière des tombeaux, de cette histoire écrite par le temps qui détruit ou édifie, par le temps qui ne flatte pas, qui dit la vérité si dure et si sanglante soit-elle.

Auch, sa patrie, justement fière de cet enfant, a buriné ses traits dans le marbre; nous verrons bientôt si, nous, qui les avons burinés dans nos cœurs, avons su lui payer notre dette de reconnaissance.

L'intendant Maigret d'Étigny comprit donc la démarche de J. Barreau; ce fut l'étincelle qui alluma le soleil qui devait désormais éclairer Luchon de gloire et d'immortalité. D'Étigny se rendit à Bagnères, étudia lui-même, de sa propre intelligence (entendez cela, chefs des villes ou des peuples), cette localité dans ses sources, dans ses sites et ses détails. Avec sa puissante intuition et à la lueur des éclairs de sa vaste intelligence, il comprit Luchon, et son œil prophétique lut à travers les ombres de l'avenir les brillantes destinées de cette petite vallée de sa province. Il fallait seulement la déblayer de ses ruines, et placer sur le boisseau cette lumière vacillante. Il le fallait, il le fit.

Ce n'était pas cependant chose facile. Il y a des malades qu'il faut guérir malgré eux, des hommes qu'il faut sauver contre leur volonté, des populations qu'il faut civiliser quand même. C'était le cas.

Il est de la nature du bien de ne pouvoir se produire sans soulever des difficultés et souvent même des tempêtes. Le mal seul marche sans obstacle. Mais le bien est d'autant plus durable qu'il a eu des obstacles à surmonter, des violences à vaincre. Le sacrifice est l'immortalité du bien.

La petite ville de Luchon était éloignée des bains de huit cents mètres, et l'on y était conduit par un sentier étroit, rocailleux, serpentant à travers des rochers et des ravins. Les Luchonnais formaient une population dure et fière. Les rochers escarpés et superbes, les forêts vierges et immenses dont ils étaient environnés ; les guerres qui les avaient dépouillés, les luttes continuelles qu'ils avaient soutenues, cette solitude profonde au fond des montagnes, tout cela avait donné aux habitants un caractère soupçonneux, hérissé d'aspérités; il y avait en un mot, chez elle, du roc et du fer. Ajoutez à cette nature à demi-sauvage tout ce que peut communiquer de terrible une pauvreté immense, et vous comprendrez les obstacles qu'allait rencontrer d'Étigny, en coupant la moitié de leur champ, c'est-à-dire en leur enlevant la moitié de leur nourriture, pour en faire une grande allée, un agrément.

Au montagnard de ces temps, peu importaient les siècles futurs, il ne voyait que son champ perdu et que la faim dans sa cabane. Une lutte devait nécessairement s'engager. D'Étigny, ayant étudié le sol, fait aplanir le terrain qui séparait la ville des sources, trace, avec cette justesse de coup-d'œil et cette ampleur qui le caractérisait, trois grandes allées, et les fit planter de quatre rangées d'arbres. Déjà il contemplait son travail avec une joie d'artiste, et souriait aux plaisirs et aux fêtes de l'avenir, lorsque le lendemain, il vit les arbres arrachés et son travail détruit. La colère du montagnard y était passée comme un ouragan.

Le véritable génie ne s'avoue point vaincu. Il s'illumine dans le combat, et la lutte lui communique plus de force, plus de ressources. D'Étigny agrandit son plan, donne aux allées plus de majesté. Il n'est pas encore plus heureux, tout est dévasté. L'intendant persiste ; il fera par la force ce qu'il ne peut faire par la persuasion. Il appelle à son aide un régiment de cavalerie, et sous la protection des armes, il fait planter les allées pour la troisième fois, tout en faisant peser sur les habitants les menaces les plus énergiques s'ils se révoltent de nouveau.

La violence contint sous sa main de fer cette population frémissante et grondante sous le sabre, comme une bête fauve dans les chaînes. Elle maudissait la main qui voulait la sauver. Et, quelque temps après, elle s'oubliait jusqu'à recevoir à coups de pierre son bienfaiteur, retournant à

Luchon. Un exalté alla même jusqu'à lui tirer un coup de fusil.

D'Étigny, suffisamment récompensé par le bien qu'il faisait, et assez vengé par le consolant témoignage de sa conscience, répondait avec plus de grandeur encore que Théodose insulté dans ses statues : « Les ignorants, ils veulent m'assassiner, leurs enfants me béniront ! » (1755.)

Oui, oui, grand homme, deux fois grand par le génie et par le cœur, vous étiez prophète et votre prophétie s'est accomplie. Vous avez fait la gloire de Luchon et l'enfant de ces ignorants d'autrefois, au nom de l'enthousiaste population d'aujourd'hui, vous bénit, et il vous bénit comme fils et comme prêtre.

L'œuvre de d'Étigny n'était pas complète ; Luchon était comme un bâtiment ruiné, faisant eau de toute part et sur le point de s'engloutir ; il l'avait ramené à fleur d'eau, il fallait le ravitailler et l'équiper pour le voyage des siècles futurs. C'est ce qu'il fera. Il bâtit un hospice pour toutes les infortunes et le met sous la direction du docteur Campardon, homme de talent et consciencieux, qui devait lui transmettre des mémoires détaillés sur les eaux de Luchon. Parmi ces mémoires, un surtout attira vivement l'attention et les applaudissements de la Faculté de Paris. Ce triomphe devait se renouveler pour le célèbre Bajen et pour le docteur Fontan. Notre bienfaiteur, armé de ces pièces scientifiques, alla trouver le duc de Richelieu, gouverneur de la haute et basse Guyenne, et le détermina à prendre sous sa protection les eaux de Luchon, au nom de l'humanité souffrante. Richelieu comprit cet appel généreux à l'humanité, il donna ses ordres, et d'Étigny, employant de nouveau les ressources de son intelligence, perce une large route entre Montréjeau et Luchon ; travail qui, à cette époque, à cause des forêts, des précipices effrayants et multipliés, pouvait être regardé comme un trait de génie aussi bien dans la conception que dans l'exécution. Les torrents, les rochers, les abîmes ne pouvaient arrêter celui qui avait vaincu les Luchonnais de 1755.

Voici quelques vers écrits à ce sujet par un de ses contemporains :

> « Béni soit à jamais le bienfaisant génie,
> Qui, sensible aux douleurs de notre courte vie,
> Fit ouvrir aux humains ce chemin précieux.
> De tous ces monts jaloux le rempart sourcilleux,
> Par des sentiers étroits, n'offrait qu'un seul passage ;
> L'art accourt et soudain la barrière sauvage
> Voit contre elle de Mars les foudres menaçants,
> Le salpêtre enflammé circule dans ses flancs,
> La montagne ébranlée éclate, roule et tombe,
> Sous les efforts de l'art la nature succombe. »

Enfin, ce grand homme couronnait merveilleusement son œuvre immortelle par la route pittoresque qui devait réunir les deux Bagnères par la montagne. Cette route splendide et d'une hardiesse qui dépasse toute imagination, n'a pu être parcourue par les diligences que depuis quelques années seulement.

Dès ce moment, Luchon put croire revoir les glorieux jours de Rome. Les plus grands noms de France venaient étaler leur richesse sur les frais gazons de nos vallées ; et les beautés de nos cités venaient demander, aux sources vives de nos torrents, une fraîcheur qui les fuyait sans cesse.

Pour preuve, je ne puis résister au désir de retracer ici les vers de Bordage, l'éminent ecclésiastique déjà cité, et d'autant plus remarquable, qu'il ne veut point se souvenir, dans sa poésie, d'une femme trop fastueusement célèbre, dont le luxe et l'éclat insultaient trop orgueilleusement à la morale. Il y a des illustrations qui sont un opprobre pour le siècle qui les accepte et une infamie pour la couronne qui les protége. L'on comprend qu'Auguste, au sein du paganisme, eut sa Terentia ; mais on ne comprend pas qu'un roi très-chrétien eut sa Pompadour. N'est-ce pas fouler aux pieds la morale de son Maître, et rejeter la civilisation de l'Homme-Dieu, la seule vraie, par-delà les frontières du christianisme. Rien n'est petit, en fait de morale, chez les grands ; et lorsqu'ils affichent l'impiété et l'impudeur, ils sont plus sauvages que les Vandales.

Cela dit, écoutons Bordage :

« Les débiles mortels viendront de tout côté
Puiser dans votre sein la force et la santé ;
Des Francs et des Lorrains la plus haute noblesse
Chargera vos autels d'encens et de richesse,
Elle abandonnera pour voler à la cour
Le faste séduisant des nymphes de l'Adour ;
Richelieu le premier vint illustrer nos rives,
Fier d'avoir triomphé de vos ondes captives.

. . . .

Vous verrez d'Aranda, Camille, Osmond de Ligne ;
Choiseul, Maillé d'Apchon, tous d'un mérite insigne,
Tessé, Juigné, Noé, Talleyrand, Darlobous,
Je n'en finirais pas si je les nommais tous.
Que tous ces dieux mortels avec ces héroïnes
Éprouvent les effets de vos eaux si divines ;
Secondez leurs désirs, méritez leur encens,
Rendez à leur esprit le feu des premiers ans
La Tamise et le Rhin, et le Tage et la Seine,
Vous mettront au-dessous des nymphes de Pyrène.
Votre règne en sera vingt fois plus florissant,
Vous n'aviez qu'un temple, et vous en aurez cent. »

Tel se présentait Luchon après que d'Étigny y eut jeté son souffle vital. Il n'était qu'une ébauche informe, une ruine désolée ; quelques coups de pinceau, quelques coups de marteau d'un artiste en avaient fait une toile magnifique, un édifice splendide.

D'un bond, notre ville avait dépassé la plus grande partie des thermes et se posait en rivale qui devait triompher de toutes les autres villes d'eaux. On lit au frontispice de notre établissement cette vieille inscription rajeunie : *Luchon est la première ville d'eaux, après Naples.*

Naples a son port, Marseille sa Cannebière, et nous la grande allée. Qu'ils sont beaux ces géants centenaires, qui se tiennent debout sur quatre longues lignes, comme quatre files de vieux vétérans. Ils portent bien haut dans les airs leur front majestueux. Frères amis, ils enlacent mutuellement leurs bras, forment ainsi des voûtes mystérieuses de verdure et mettent l'étranger à l'abri des ardeurs du soleil tout en embaumant l'air du parfum qui s'exhale de leurs petites fleurs de tilleul.

Cette allée, longue de cinq cent soixante mètres et large de plus de trente mètres, est unique, et désespère toutes nos villes rivales. Des deux côtés, elle est bordée des plus riches hôtels que le voyageur puisse rencontrer dans les grandes cités. Dans la saison d'été, au bruit qui l'anime, au luxe qui la décore, aux harmonies qui l'enchantent, aux toilettes qui l'émaillent, on la prendrait pour le plus séduisant boulevard de Paris. — Nous y reviendrons. — Cette allée se nomme allée d'Étigny. Un tel nom donné à une telle œuvre est, à mon avis, le plus beau monument élevé à la gloire du bienfaiteur. Et cela suffirait avec l'amour que nos cœurs lui ont voué à jamais. Cependant, lorsque l'on pense que dans tous les pays la reconnaissance aux grands hommes est traduite par le marbre et le bronze, il semble que la statue de d'Étigny, se dressant au bout de cette allée, dans ce marbre de nos montagnes, vanté par David d'Angers, serait un tribut de justice payé par notre reconnaissance à sa renommée.

Les Luchonnais l'ont tellement compris, que tous, sans exception, donnèrent leur obole, il y a six ans, pour que ce monument tardif s'élevât au plus vite. Où est-il donc? Je le cherche du regard et je ne le vois pas! Et, comme il ne faut point six ans à un artiste pour faire jaillir d'un bloc de marbre un chef-d'œuvre, pourquoi donc tarde-t-il à venir? Qui que vous soyez, entendez les vœux ardents des Luchonnais et hâtez-vous de les satisfaire!

Depuis l'énergique impulsion donnée par J. Barreau et

d'Étigny, les hommes ne firent plus défaut à notre ville et ils ne cessèrent de l'embellir.

Ce qu'il y a de difficile dans les entreprises, ce sont les commencements. Concevoir le plan d'un édifice, en creuser les fondements, en jeter les bases, en élever les grandes lignes, le faire tenir debout sur de solides assises, lui donner un air de vie, voilà la difficulté et les trois quarts du mérite. Mais il reste encore à l'enrichir des arts; les arts sont la toilette des édifices; la peinture leur donne l'éclat et la séduction du printemps et les moulures les beautés de l'automne.

La nature, sans ses fleurs, serait encore grandiose et chanterait les louanges du Créateur; un paysage serait encore plein de charme sans un rayon de soleil, sans une chèvre et son petit berger; mais la nature et le paysage seraient incomplets, ils manqueraient de ce qui leur communique la gaieté, un air de fête.

Il restait donc à donner à Luchon son ornementation, ses décors, sa toilette. Et cette œuvre, bien qu'accessoire, est cependant la plus coûteuse. Les artistes sont les beaux jours de la vie humaine, ils sont rares, passent vite, et vendent cher leur passage rapide.

En 1780, un des successeurs de d'Étigny, l'intendant La Chapelle, comprenant que la route qui menait immédiatement à notre ville était trop rapprochée du pied de la montagne, et avait des inconvénients sérieux, la laissa à droite et relia la ville au faubourg de Barcugnas, par une superbe allée de platanes. En peu de temps, ces platanes jetèrent si haut leur cime chevelue, que l'on craignit qu'ils ne fussent les victimes de ces ouragans impétueux dont la rage désole la vallée à certaines époques. Pour les mettre à l'abri, on les décapita. Cette opération doubla leur force ; ils sont devenus superbes et font l'admiration de l'étranger. C'est à La Chapelle que nous devons aussi l'aimable et mystérieuse allée des Soupirs, toute plantée de sycomores et de sorbiers dont les fruits rouges attirent les oiseaux ; leurs chants variés réjouissent délicieusement les promeneurs. C'est par elle qu'on va aux vallées de Larboust et d'Oueil et que l'on arrive de Bigorre, par la montagne.

Vingt ans après, Luchon avait le bonheur d'attirer dans son sein le docteur Sengez et de le posséder comme concitoyen. Il fut nommé maire, en 1805, et il s'empressa de faire le bien à sa patrie adoptive. M. Soulérat, qui l'avait connu et apprécié, disait de lui « que c'était un homme supérieur. » Il nous enrichit de deux promenades. C'est lui qui, malgré de faibles ressources et les difficultés du temps, acheta le terrain de l'allée de la Pique, située en face de l'établissement, et que M. Paul Boileau devait faire planter des arbres qui l'ombragent.

C'est lui qui fit tracer l'allée des Saules-Pleureurs. De toutes nos promenades, aucune n'est aussi propice aux âmes aimant la solitude. Tout y prête à la mélancolie, aux douces rêveries, aux pensées aimables et sérieuses. Tous les souvenirs s'y trouvent groupés, souvenir de la mort et de la vie, souvenirs des mystères du cœur et de Dieu. L'homme y est à son aise, lorsque sa conscience est en paix et que la fièvre des plaisirs ne circule plus dans ses veines. Cette allée commence au champ de la mort, près d'une marbrerie dont les rouages crient et tapagent ; elle côtoie le torrent du Larboust, toujours écumant. Ainsi l'on a dans cette voix du flot qui parle et bondit, dans cette eau vive et transparente, l'image de la vie tempérée par l'image de la mort qui entre dans l'âme, aux abords de la promenade, et se continue le long de la route, dans les saules-pleureurs, dont la verte chevelure flotte au-dessus des ondes fuyantes. C'est bien la vie fugitive et la mort immobile et ondoyant au-dessus de nos têtes, comme la chevelure des saules. A droite est une montagne qui nous pousse et monte bien haut au-dessus de nos fronts. Elle est sauvage, couverte de rochers arides, et çà et là on y voit un champ, un jardin, la seule vigne du pays, et toutes ces choses sont bien les misères de la vie qui nous dominent, avec les rares jouissances qui s'y trouvent. Pourquoi laisser maintenant dépérir cette allée et mourir les saules-pleureurs sans les remplacer ? Si l'on ne peut créer, au moins conserver.

Sengez, loyal et généreux, marchait avec les idées du temps. Son souvenir a pour moi quelque chose de particulier et de doux. Il avait une famille toute céleste. Une de ses filles était morte en odeur de sainteté ; plusieurs années après sa mort, quand on ouvrit son tombeau, il s'en exhala une odeur suave, et son corps, respecté par les hôtes voraces des sépulcres, fut trouvé intact, parfaitement conservé. Il est regrettable que l'on ait perdu de vue ces restes précieux.

Ma grand'mère travaillait dans cette famille, et tout ce qu'elle en avait vu dans l'intimité, tout, disait-elle, respirait la vertu et la charité. Mon père, petit enfant, avait joué bien des fois sur les genoux du docteur.

Cependant la vertu et le talent ne sont pas à l'abri des atteintes d'une malveillante médiocrité, souvent même ils en sont les victimes. Le docteur Sengez avait compris le génie restaurateur de Napoléon Ier. Les éclatantes victoires et les radieux éclats du plus grand des conquérants l'avaient séduit. Et lorsque les nuages de l'adversité s'accumulèrent au firmament impérial et que l'astre voilé penchait vers son coucher, il resta fidèle à son culte, malgré l'infortune. Alors que cette fidélité était sa gloire, elle devint un crime aux yeux de quelques paysans. On ne lui pardonna pas de faire exécuter, comme maire seulement, les ordres d'arrêter les réfractaires. On se vengea de lui en dévastant son jardin, créé à grands frais, et en lui coupant tous les arbres, ses délices.

Sengez fut sensible à cet affront, et, quittant son ingrate patrie, il alla porter ses pénates à Saint-Gaudens, où il mourut en paix et dans l'estime publique.

Tous, maintenant, nous regrettons ce passé, et pour la seconde fois nous bénissons ce que nos aïeux avaient maudit.

Puisque nous sommes à l'époque de la Révolution, je ne puis passer sous silence un épisode de ce temps, si fécond en histoires effrayantes, et qui touche de trop près mon pays.

Déjà la fureur des septembriseurs s'était déchaînée ; les victimes les plus nobles et les plus glorieuses étaient entassées dans les cachots ; le sang coulait abondant et grossissait les fleuves, la panique régnait en souveraine hideuse, sanglante, jusque dans nos montagnes extrêmes-frontières ; elle avait troublé les entrailles de la femme et fait pâlir nos bûcherons. Luchon même avait son plâtrier chef de club, court de taille, mais grand par son impiété et sa rage. Il avait profané le temple de Dieu, et, de sa hache, il avait brisé les images des saints. Partout il promenait avec une insolence féroce son bonnet phrygien. C'était l'arrogance du grand seigneur remplacée par l'orgueil de l'ouvrier. Ni l'une ni l'autre ne valent guère mieux. Plus tard, la grâce toucha le cœur du révolutionnaire, et Dieu, toujours bon, lui accorda, selon sa constante prière, de mourir dans l'église qu'il avait profanée.

Luchon en était là, lorsque cent cavaliers arrivèrent dans la ville, tous nobles et seigneurs, accompagnés de trois cents hommes de pied, leurs valets ou leurs vassaux. Ils fuyaient vers l'Espagne, quelques pas de plus, et ils étaient en sûreté. Le gouverneur de Montréjeau, ayant appris cette fuite, envoie, bride abattue, vers notre ville pour faire arrêter les fuyards, sous peine d'être brûlée. Cette menace jette les habitants dans la consternation, ils gagnent les montagnes, espérant mieux se défendre derrière les remparts de la nature. Deux femmes, ouvrières de l'hospice, avec un seul homme restèrent dans la ville, pour garder les malades; l'une d'elles était ma grand'mère.

Les cavaliers informés que les sans-culotte étaient à leur poursuite, abandonnent au hasard les hommes de pied, brisés par la fatigue et mourant de faim, et gagnent le Portillon, non sans essuyer quelques coups de fusil de la part des gens de Saint-Mamet. Les trois Luchonnais, afin de sauver la ville, menèrent à l'église les pauvres émigrés, jetèrent de la paille sur les dalles pour aider leur repos, et leur partagèrent plusieurs pains de son, l'unique nourriture qu'ils eussent dans des temps si cruels. Bientôt après, les sans-culotte arrivèrent, frémissants comme des lions qui verraient leur proie enlevée ; ils poussent déjà des cris de menace, quand on leur montre les prisonniers arrêtés ; ayant dans leurs griffes une pâture, ils se calment, et ramènent ces hommes en troupe vers Montréjeau.

Luchon échappait au pillage et aux flammes.

CHAPITRE III

SUITE DE L'HISTORIQUE.

A Sengez succédèrent deux maires qui ne firent que passer, comme des ombres. Vint ensuite M. Paul Boileau. En le nommant je dis adieu aux morts et j'entre dans le domaine des vivants, mieux connu, mais plus difficile, plus périlleux. Parler des vivants qui sont nos voisins, que tous les jours nous rencontrons sur nos pas, est une chose délicate qui met l'historien honorable dans un embarras sérieux.

Heureusement la Providence a voulu que cette tâche ne fût point un fardeau pénible, un écueil continuel, autour duquel j'eusse à louvoyer. Elle a voulu, au contraire, que ce fut un travail agréable et consolant, parce que tous, dans la mesure de leur intelligence et des obstacles à surmonter, ont porté une belle pierre au magnifique Luchon qui s'étale et s'épanouit à nos yeux.

Monsieur Paul Boileau est donc le premier des vivants qui s'offre à ma plume, lui, pour qui l'histoire a déjà parlé le langage de la postérité. Il accepta la mairie lorsque l'astre de l'empire se fut couché sur un roc, au milieu des flots de l'Océan. Il appartenait par affection à la branche des Bourbons, et fidèle à ses principes, comme doit l'être tout homme de cœur, il quitta les fonctions civiles de son plein gré, quand les Bourbons quittèrent le trône par la volonté de la nation.

Depuis, les Luchonnais, pleins d'estime et d'amour pour M. Paul Boileau, lui offrirent l'écharpe à plusieurs reprises ; il ne l'a point voulue, parce qu'il n'a point voulu que l'exilé fut seul dans le deuil. C'est sa conviction, je la respecte et je l'aime avec d'autant plus de force que les hommes à convictions sont rares. Il n'y a de véritable puissance que dans la conviction ; elle est le levier de toute grande chose. Ce ne sont pas ces hommes de cœur qui doivent porter ombrage à un pouvoir ; ils restent citoyens avant tout, et ils sont incapables d'une lâcheté. Sur leur front, ils portent noblement leur conviction, écrite en caractères de feu ; on les voit, ils se présentent toujours en face ; on les trouve sans cesse dans le sentier de l'honneur, et, chevaliers sans peur et sans reproche, ils préfèrent mourir que d'y forfaire.

Pour mon compte, si jamais j'avais à donner mon affection, ce serait à de tels ennemis.

Il n'en est pas ainsi de tous ces hommes qui ont l'oreille au guet pour saisir la note qui résonne, dans les régions supérieures, afin de se mettre à l'unisson ; qui flairent d'où vient le vent, afin de saisir à la piste les honneurs et les dignités. Hommes inconstants et mobiles, pétris d'égoïsme, ils ne cherchent que leur intérêt, une curée, même dans les ruines et le sang de leur patrie.

Bâtir un pouvoir sur de tels hommes, c'est bâtir sur le sable, c'est élever des fondements ruineux, c'est s'entourer d'ennemis.

Ah ! de tels hommes je n'en voudrais point pour mes valets, si de valets j'avais besoin.

Maintenant que vous connaissez le caractère de M. Paul Boileau et que vous savez pourquoi il n'est plus maire, voyons ce qu'il a fait pour nous, dans les quelques années qu'il a voulu nous servir.

M. Paul Boileau, à un esprit cultivé, à une intelligence fine, à une science profonde en botanique, ce qui en fait le pharmacien le plus distingué de nos contrées, joignait le bon sens le plus droit.

Il vit que l'établissement, envahi par les champs et les forêts, n'avait aucun aspect gracieux, qu'il était perdu comme dans un désert au milieu des herbes et des ruines colossales des anciens Thermes, où sourdaient des eaux sulfureuses, formant des cloaques infects; de suite il fit tout déblayer, et sur ce sol aplani, il planta des peupliers, en une vaste circonférence. En peu de temps, ces jeunes plants devinrent de grands mâts; ils s'élevèrent si haut dans les airs que, nous, enfants, pouvions à peine de nos flèches armées de fer en atteindre la cime. L'étranger contemplait cette couronne de vertes pyramides avec bonheur. Quand la hache les fit tomber, lors de la construction du nouvel établissement, ce fut un deuil pour la population, et le souvenir n'en vient à l'esprit qu'en portant le regret avec lui.

M. P. Boileau, profitant du terrain acheté par Sengez, fit tirer une ligne droite depuis l'établissement jusqu'au torrent de la Pique, et à l'exemple de d'Étigny, même avec quelques obstacles semblables, il y fit tracer une grande allée, avec ses contre-allées, et les planta d'ormeaux à larges feuilles qui en font une promenade délicieuse, délicieuse par ses ombrages, son air frais et ses vues pittoresques.

Restait à déblayer la forêt ; c'est ce qu'il exécuta avec une égale habileté. Lui-même traça au-dessus des Thermes, sur le flanc de Superbagnères, des allées et des sentiers à pente douce, il combla les précipices, arrêta les éboulements pour prévenir les fâcheux accidents que l'on avait eu à regretter, il nettoya la forêt de toutes ses broussailles, il peupla les ravins d'arbres différents, tout en donnant la préférence aux verts, qui sont les arbres du pays.

Ainsi le talent et la bonne volonté de M. P. Boileau faisaient un magnifique jardin de plantes, sans rival dans les grandes villes, d'une forêt affreuse par ses rochers menaçants ; par ses ravins donnant le frisson, par ses bêtes fauves, par une multitude effrayante de serpents.

L'on y respire, même en été, l'air pur et frais du printemps ; l'œil a mille échappées ravissantes pour s'y récréer. A souhait, l'on y trouve, soit pour se délasser, soit pour contempler les paysages avec plus de facilité et de charme, des bancs de pierre ou de gazon, ayant des dossiers de verdure ou des troncs d'arbres. Dans cet Éden les heures s'envolent avec la rapidité de l'éclair, il semble que tout repose en vous et autour de vous.

Les pensées y sont libres et capricieuses, on peut y méditer à son aise, suivre une pensée profonde ou gracieuse et savourer un bon livre ou un travail de fantaisie avec un charme infini. La nature y fait plus rêver que partout ailleurs. On dirait qu'elle est là plus en relation avec l'homme, et que le Créateur s'en sert comme d'un langage entre la créature et lui.

En suivant ces allées tortueuses, qui semblent égarer nos pas tout en les dirigeant sans cesse vers un point unique, on arrive à la fontaine d'Amour. Cette source, d'une fraîcheur glaciale, jaillit du sein des rochers et des mousses, sous un berceau de verdure formé par des arbres en fleurs, dont le parfum s'exhalant au souffle des zéphirs, enivre les sens des visiteurs.

Les alentours de l'établissement changeaient d'aspect, et les baigneurs pouvaient se croire transportés dans un de ces parcs féeriques où le génie et la nature ont rivalisé d'efforts. Et cela se faisait avec de bien minimes ressources, relativement à nos cent quatre-vingt mille francs de revenus d'aujourd'hui.

Voici la plus grande gloire de M. Paul Boileau et une des plus heureuses fortunes de Luchon :

A côté de l'établissement, sur sa gauche, se trouvaient des bains appartenant à M. Ferras, avec un verger où l'on devait trouver les sources les plus riches ; cette propriété était une barrière de fer à l'agrandissement de nos Thermes et à l'embellissement de notre ville ; c'était autel contre autel, le particulier luttant contre nous. Il fallait donc de toute nécessité s'en emparer. M. P. Boileau en comprenait seul la nécessité ; s'il eût été moins délicat, moins désireux de la prospérité du pays et plus ardent pour ses intérêts, il l'aurait achetée en son nom, et nous aurait fait la loi. Mais, citoyen et chrétien, il fut plus intègre qu'un vieux Romain. Il usa de toutes les ressources de son âme et de son pouvoir auprès du préfet, et obligea le conseil à acquérir cette propriété pour cinquante mille francs.

Quelques années après, elle était d'une valeur inestimable. Une telle vente serait un regret éternel pour la famille Ferras, si elle ne profitait à la chose commune de la ville.

1830 arrivait et surprenait M. P. Boileau dans les projets d'un établissement thermal nouveau ; mais, fidèle à ses principes, il se retirait tout en restant toujours serviable.

Aujourd'hui qu'il porte sur son noble front la neige de quatre-vingt-six hivers, et qu'il ne peut plus, dominateur des hautes cimes, ravir aux montagnes leurs plantes précieuses, il soigne son jardin avec plus de tranquillité et plus de simplicité que l'empereur romain. Ce jardin est une véritable curiosité : ses vertueuses filles y cultivent les fleurs des parterres, son fils les simples, et lui, fait pousser dans des rocailles, les plantes rares des montagnes, et illusionne ainsi ses vieux jours d'une manière charmante. On ne peut rencontrer de vieillard plus aimable, plus digne, plus vénérable. Il fait penser à cette parole du Sage : « Songez que la vieillesse est une couronne d'honneur qui se trouve dans les voies de la justice. »

Son successeur fut Azémar aîné, excellent administrateur, plein d'activité et d'initiative. C'est sous lui que se fit le remarquable travail des premières fouilles ; nous en parlerons un peu plus longuement dans la notice du docteur Fontan.

Là, nous donnerons aussi nos félicitations à M. François, célèbre ingénieur des mines.

Azémar s'occupa vivement, avec l'assistance de quelques amis dévoués, de l'ouverture et de l'amélioration des voies de communication, servant presque toutes de promenades aux étrangers. « Cette idée féconde était la prévision de l'excellente loi de 1836 sur les chemins vicinaux. »

Il eut encore l'heureuse idée de continuer les deux allées de la Pique, et de les relier par une promenade, à gauche du torrent, qu'il fit ombrager d'une plantation de peupliers, en y ménageant une petite bordure pour le solitaire rêveur. Il formait ainsi un carré d'une demi-lieue de tour. Ces quatre allées, n'en formant plus qu'une, offrent à l'étranger, dans une ravissante promenade, tout ce qu'il y a de plus élégant, de plus séduisant dans les boulevards des Italiens, tout ce qu'il y a de plus frais, de plus poétique, de plus attrayant dans les montagnes. Ce carré seul ferait le renom d'un pays.

L'allée de la Pique a été embellie par plusieurs habitations isolées, formant de petits domaines d'un goût exquis. On y voit le petit Château du seigneur, le Châlet suisse, la Maison du petit et du grand Russe, avec toute l'opulence de leur sombre pays. On y voit une maison bourgeoise plus extraordinaire encore par son histoire que par son riche confortable ; elle a plusieurs fois changé de maître. Quand elle avait nom villa Narischkine, on y voyait jouer au ballon, sur l'herbe et le sable fin, un beau jeune homme, une jolie enfant et une femme qui penchait vers l'âge mûr. Un jour, ce groupe disparut et la maison fut achetée par un général russe. Quelque temps après, la renommée m'apprenait que ce jeune homme, Alexandre Dumas fils, avait épousé la princesse Narischkine, et que la jeune fille, devenue sœur de charité, était allée, à l'âge de dix-sept ans, porter les secours de son dévouement à ses compatriotes décimés par la peste.

Azémar, fatigué par des maladies qui l'emportèrent, fut remplacé par son ami M. Soulérat, élu d'une voix unanime en 1841. M. Soulérat prend au sérieux sa nomination, et afin de mieux servir son pays, il se décharge de ses fonctions de notaire et de juge de paix. Sous son administration, trop courte et trop vite supplantée, la ville marcha rapidement vers le progrès. Il voulut détruire le vieux Luchon. La population se dilatant, une nouvelle église devenait nécessaire, et voilà pourquoi il en posa la première pierre. Les étrangers se multipliaient aussi par milliers, voilà pourquoi M. Soulérat mit en branle toute chose, afin qu'un nouvel établissement surgît de terre et plaçât la ville à la hauteur de sa destinée.

Rien ne put décourager son indomptable énergie; les difficultés qui, en foule, venaient l'envelopper ne faisaient que lui donner une vigueur nouvelle.

Il adressa, à M. le ministre du commerce et de l'agriculture, une lettre rédigée avec la plus profonde sagesse et avec un esprit plein de tact, afin d'obtenir des secours et d'aplanir les obstacles. C'est là qu'il dit : « Tous les éléments de bien-être sont réunis autour de nous, il ne faut que les développer, et les hommes n'ont ici qu'à seconder la nature, dans la proportion de leur puissance. » C'est là qu'il fit entendre ce cri qui émut et gagna le ministre : « Abandonnés à nous-mêmes, nous ne pourrions que nous traîner péniblement ; secourus par l'État, nous pourrions accomplir une œuvre dont l'utilité rejaillira sur la nation et sur l'humanité tout entière. »

Après six mois de séjour à Paris pour le triomphe de notre cause, il put se retirer satisfait. Grâce à ses efforts, le nouvel établissement pouvait se dresser majestueux sur ses bases. Il n'y avait plus de difficultés. Mais 1848 ne lui donna pas la consolation de poser la première pierre. On dirait qu'il y a des hommes qui ne sont nés que pour labourer et semer, et d'autres pour récolter et jouir. L'histoire nous dit cependant que les premiers sont les héros véritables et les autres les héros factices. M. Soulérat disait, et je tiens à écrire cette note à cause de l'emprunt qui écrase notre ville : « L'emprunt se faisant à la fin de juin 1847 et le capital se trouvant remboursé, avec ses intérêts, vers le milieu du deuxième trimestre de 1857, on verra que la commune se trouvera entièrement libérée dans l'espace de neuf ans, dix mois et demi. »

Tout était en marche vers le progrès, et en petit, il se passait alors à Luchon ce qui se passait en grand dans le royaume de France, après le ministère de Richelieu. Après Richelieu et Mazarin son œuvre, il ne fallait qu'un roi ordinaire pour jouir d'un règne splendide et mériter le nom de grand. Après les maires qui sont passés, les successeurs n'avaient qu'à laisser marcher les choses d'elles-mêmes, et c'est ce qui a été fait par

M. Charles Tron, encore aujourd'hui notre honorable représentant. Toutefois, lui aussi a su agir, puisque sous son administration, Luchon va devenir une œuvre presque complète ; et bientôt nous espérons pouvoir dire une œuvre achevée.

CHAPITRE IV

ÉTABLISSEMENT THERMAL.

Avant de parler du nouvel Établissement, il est nécessaire de dire quelques mots sur les Thermes des autres époques, et ce tableau, quelque raccourci qu'il soit, fera mieux saisir le progrès de notre ville.

Les bains, d'abord ruinés par l'incendie des Miquelets, vers la moitié du dernier siècle, se composaient d'un long hangar, ayant une toiture en ardoise, et d'un bassin creusé dans la montagne de Superbagnères, formant une grotte, et de là vint le nom de Grotte à la source qui l'alimentait. Les baigneurs y étaient exposés à toutes les intempéries des saisons. On est à se demander pourquoi d'Étigny avait songé à des routes et à des allées avant de restaurer cette profonde misère. D'Étigny avait veillé à tout ; mais la mort, qui se rit des hommes, avait frappé Campardon, chargé de construire un établissement. En 1752, on protégea les bains par une simple muraille; le bassin, où hommes et femmes se baignaient indistinctement, fut divisé en dix-huit auges. « Croirait-on, dit Champ-Martin, commissaire du gouvernement pour inspecter les eaux, croirait-on que c'était de ce temps-là, lorsqu'un chevron mitoyen servait à séparer les sexes, que les eaux de Luchon ont opéré leurs cures les plus frappantes en leur attirant l'admiration de la Guyenne, d'où a été publiée leur célébrité actuelle. »

Rey, Luchonnais, étonné du concours nombreux qui se faisait autour de ces baignoires, fit élever une construction voisine qui reçut le nom pompeux de Grand-Établissement. La ville l'acheta en 22,000 fr., acquisition qui lui fut reconnue par le conseil de préfecture le 11 thermidor, an II.

Cela étant encore insuffisant, Lachapelle jeta les fondements d'un établissement sérieux ; mais la disgrâce, cette épidémie des grandes âmes, vint suspendre ces travaux en jetant de côté Campardon. L'ingénieur Lebourgeois lui succéda en 1789. Nommer cette époque, c'est dire que cet établissement fut arrêté dans sa marche ; les loisirs de la paix sont indispensables au développement régulier de toute chose.

La Révolution passée, Richard, premier préfet de notre département, alors que Luchon achetait les bains Lasalle, rasait les murailles ruinées commencées par Lachapelle depuis vingt ans, afin d'exécuter le plan d'un établissement donné par Loupés, ingénieur en chef de la Haute-Garonne.

La première pierre de cet édifice, si longtemps désiré et

essayé, était posée le 3 décembre 1805, par le maire Nadeau, entouré de tous les Luchonnais, dont l'enthousiasme n'avait pu être refroidi par la neige qui ne cessa de tomber toute la nuit. Treize ans après seulement, il devait se terminer, agrandi par les bains Ferras. Cet établissement, que l'incendie détériora en 1835, sans avoir rien de très-remarquable, était bien et flattait l'œil agréablement. Il était bâti à la romaine.

J'en aime le souvenir, parce que l'on aime tout ce qui se rattache à nos jeunes années. C'est là qu'enfants nous prenions nos ébats. Que de fois nous en avons parcouru les corridors en troublant le repos des salles de nos cris et du bruit de nos pas rapides. Je vois encore son pavillon du milieu avec ses trois grandes portes cintrées et vitrées au rez-de-chaussée, avec ses trois ouvertures au premier et sa corniche bien finie en marbre du pays. Qui de nous pourrait oublier cette cour carrée avec ses antiquités et son joli parterre? Tout autour étaient les cabinets des douches et des baignoires.

Mais lui-même devenait insuffisant, bien que le service se fît depuis deux heures du matin jusqu'à sept heures du soir, et malgré le concours des bains Soulérat, d'une mignonne architecture, à droite de l'établissement. C'était le dernier achat que Luchon devait faire.

Les efforts de M. Soulérat étaient donc nécessaires pour un nouvel établissement.

Un jour que l'on préparait les matériaux pour cette vaste construction, plusieurs ouvriers faisaient cercle autour d'une prodigieuse quantité de cailloux, qu'ils broyaient de leurs marteaux, lorsqu'un sifflement se fait entendre : les arbres sont brisés, emportés, le sol est profondément raviné, et, rapide comme une étincelle électrique, une pierre de granit colossale bondit, tombe comme une bombe immobile sur le tas de pierres, au milieu des ouvriers épouvantés, pétrifiés par l'effroi. Une seule femme eut un bras contusionné. J'étais à quelques pas, et mes yeux virent ce que mon esprit n'aurait pu croire.

L'on eût dit que la Providence l'avait arrachée aux flancs de la montagne pour servir de fondement immortel au plus bel établissement thermal. Elle fut en effet destinée à cet emploi.

Sur son dos on grava, en caractères indélébiles, le plan de l'édifice, les dates et les noms qui devaient illuminer la nuit des siècles passés et éclairer la science des temps à venir.

Ce fut pour le pays une bien imposante cérémonie que la pose de cette pierre monumentale, et la joie qu'elle nous donna nous fit oublier les tristesses de 1848.

Le clergé, les autorités civiles, la troupe, la douane, les pompiers luchonnais et étrangers, tout envahissait les abords des Thermes ; c'était une ravissante solennité éclairée par le soleil du mois d'août. Il ne s'agissait de rien moins que de la richesse d'un pays et du soulagement des misères humaines.

Les travaux commencèrent immédiatement, et pendant plusieurs années on vit un immense chantier où travaillait tout un peuple d'ouvriers. Les chiffres seuls pourront donner une idée de cette construction. La façade a 97 mètres sur une profondeur de 53 mètres, c'est-à-dire une superficie de 5,141 mètres carrés (1). Cet établissement, vu du flanc des montagnes, ressemble, par ses nombreuses toitures d'ardoise, à un village. Si l'architecture était à la hauteur de la richesse des matériaux, l'Établissement serait une petite merveille. Pourquoi y aura-t-il toujours des hommes, aveuglés par l'ambition, qui voudront porter sur leurs épaules de nain des fardeaux pour des géants? Hommes qui n'ont souci que de leurs intérêts, et que le malheur des victimes de leur incapacité laisse indifférents.

Quoi de plus frappant que ces colonnes hautes de 4 mètres en marbre blanc, d'un seul bloc, circulant sur toute la longeur de la façade? quoi de plus riche que la grande porte d'entrée avec son vaste frontispice en marbre, pareil à celui des colonnes? et le tout ornementé de faisceaux de feuilles d'acanthe artistement fouillées.

Nous sommes cependant persuadés que l'architecte, alors à son début, éclairé par les leçons de l'expérience, ferait maintenant un travail bien supérieur. Ah! il n'est permis qu'au génie de faire des coups de maître dès leurs coups d'essai. M. Chambert fut toutefois assez heureux pour l'intérieur, et la distribution, malgré ses difficultés, a été habilement dirigée; mais il faut encore ici négliger les détails.

La salle centrale, dite des Pas-Perdus, a toutes les proportions d'une église romane. Ses murailles ont été orne-

---

(1) La dépense s'élève à beaucoup plus d'un million, somme prodigieuse lorsqu'on avait sous la main les matériaux les plus coûteux.

mentées par M. Bernard et peintes par M. R. Cazes, artistes que nous retrouverons d'autres fois sur nos pas. M. Cazes est le brillant élève du grand maître de l'école française. Il y a beaucoup en lui de Ingres dans la pureté des lignes, dans l'art de draper, dans la facilité du dessin ; comme lui aussi il a un peu trop peut-être le calme de la couleur.

Ce calme du coloris, dans les peintures de l'Etablissement, est un habile coup d'artiste : c'est la pudeur gazant la nudité des personnages, c'est l'expression des sentiments religieux du peintre, même dans ses œuvres profanes, et ce sont les seules. Nous sommes heureux de dire qu'un peintre de nos montagnes est un des rares artistes, dans ce siècle de sensualisme où on n'a d'yeux que pour absorber des jouissances, qui se soient livrés aux compositions religieuses par amour du vrai et par conviction chrétienne. Les sujets qu'il y a traités sont les naïades et les nymphes luchonnaises. Dans le fond de la salle, resplendit la magnifique apothéose de la science et des arts. Nous étudierons cet artiste plus longuement dans l'église de Luchon.

L'Établissement thermal était donc achevé, et rien n'était épargné pour flatter l'œil de l'étranger et pour satisfaire ses désirs et ses commodités : ni les marbres si variés et si beaux du pays, ni les bois de Russie, ni les peintures, ni les linges, ni une multitude de serviteurs pleins d'amabilité et d'une politesse serviable. Il y a tout ce que l'on peut trouver de plus complet et de plus détaillé dans les thermes les plus en renom. L'administration qui gouverne les Thermes les dirige avec toute la sagesse de l'expérience et la meilleure volonté de tout faire pour le soulagement du malade, indépendamment de son rang, de sa fortune, de ses titres ; et pourquoi y aurait-il des distinctions là où la maladie n'en voit pas ?

Aussi le concours des baigneurs est-il de plus en plus considérable ; et les deux mille bains donnés par jour, dans la saison, prouvent que la bonté des eaux égale et dépasse la beauté de nos paysages.

Et la santé, ce bien le plus précieux de la vie, ne saurait être jalouse d'une telle supériorité.

CHAPITRE V

LE LUCHON DE NOS JOURS.

Nous voici arrivés à l'époque moderne de Luchon, de ce Luchon avec lequel mes jeunes années ont fleuri. On aime ces jeunes années de l'enfance, libres de soucis et d'inquiétudes, les plus heureuses de la vie, si elles étaient comprises ; elles laisseront toujours dans mon âme une teinte de poésie, comme le souvenir d'une ballade. L'imagination de l'enfant est vive, elle s'impressionne et s'exalte rapidement, tout la frappe et c'est à jamais. En 1848, je n'avais que huit ans, et de toute cette époque rien n'a échappé à ma mémoire.

Avant de passer définitivement aux détails du présent, encore quelques mots afin de compléter notre première partie.

On est naturellement désireux de décomposer le nom

d'un objet, d'une personne, d'un pays qui nous intéresse, dans la pensée d'y trouver une définition. C'est pour cette raison que l'on se demande la signification de Bagnères-de-Luchon. Les hommes de la science, car eux seuls possèdent le secret de satisfaire la curiosité, ont trouvé que *Balnearia Luconis* ou *Lixioni*, les bains du dieu Lixion, formaient les matériaux de Bagnères-de-Luchon.

Bagnères-de-Luchon, canton de l'arrondissement de Saint-Gaudens, est le plus beau fleuron du département de la Haute-Garonne. Il a été enchâssé, selon la pensée du poète, comme une pierre précieuse au sein des Pyrénées par l'Artiste Éternel, à 629 mètres au-dessus du niveau de la mer. Il a pour cadre les plus hautes et les plus riches montagnes de toute la chaîne, qu'il partage à peu près à la moitié de leur longueur depuis l'Océan, d'où elles sortent comme des monstres marins pour se replonger dans la Méditerranée, après avoir moutonné et bondi entre la France et l'Espagne sur un espace de 520 kilomètres à des hauteurs de 3,400 mètres.

La vallée de Luchon est, sans contredit, la plus riante et la plus séduisante vallée de toute la chaîne. Elle se déroule à l'improviste au regard surpris et étonné du voyageur, comme un immense tapis de verdure, où se groupent des arbres artistement plantés, et où brillent comme des rubans d'argent les routes qui la sillonnent. Ce qui la rend d'une fraîcheur qui défie les plus brûlantes ardeurs du soleil, ce sont ses sources d'eau vive qui murmurent à chaque pas, ce sont surtout les eaux de la Pique qui l'arrosent et la fécondent, tandis que l'One, aux ondes plus battues et moins irritantes, jaillit en gerbes de cristal dans les fontaines de la ville et lave en fuyant ses rues macadamisées.

En arrivant dans le pays, resserré au fond d'une gorge, au bord d'un torrent qui rage et écume, tandis que des montagnes gigantesques s'élèvent à des centaines de toises au-dessus de la tête, l'étranger se dit : « Il eût été facile d'arrêter le torrent et de faire un lac de la vallée de Luchon. »

C'est parce que cette observation nous paraît si naturelle, que nous ajoutons foi à l'antique tradition qui veut que Luchon ait été un vaste lac.

Tout, du reste, porte à le croire : le sable que l'on trouve à un mètre de profondeur et souvent à cinquante centimètres ; les villages perchés sur les flancs des montagnes, comme des nids d'oiseaux de proie et tous plus anciens que Luchon ; le marais fangeux qui a existé jusqu'aux derniers temps entre Moustajon et Juzet ; enfin les dernières innondations que nous avons vu couvrir la moitié de la vallée d'une profonde nappe d'eau.

Il est toutefois impossible de fixer l'époque où les eaux, gonflées par les orages et par la fonte des neiges, pressées par le démon des tempêtes, se précipitèrent avec furie sur la digue qui les retenait captives, brisèrent le rocher de *Peyro Ourado* aux abords de Cierp, et s'élancèrent impétueuses et formidables dans la plaine, laissant à sec notre vallée.

Les guides et les cochers manquent rarement de montrer aux voyageurs le rocher où les flots se frayèrent un passage, et, là surtout, l'histoire paraît vraisemblable.

Pendant que cela vous occupe, les calèches vous ont

porté à Luchon. Autrefois, lorsqu'on disait que la ville commençait à Barcugnas, à la vue de toutes les masures en terre couvertes de chaume, moitié ruinées, le cœur se serrait, et un instant on maudissait son voyage. Mais à présent que les flammes, qui purifient tout, sont passées par là, ce faubourg a pris un air de propreté ; et en traversant l'allée des Platanes on sent la joie préluder dans l'âme.

Elle éclate sur l'allée d'Étigny. Le plus bel hôtel bâti à Luchon fut l'œuvre de M. Soulérat. L'impulsion donnée, la ville allait s'embellir, comme par enchantement, d'une foule de constructions les unes plus belles, plus élégantes, plus riches, plus somptueuses que les autres. L'on aurait cru à un pari, entre les particuliers, pour savoir qui emporterait la palme.

C'était *la fièvre de la truelle* circulant dans les veines des Luchonnais, et dont les accès se terminaient par des palais bâtis et des bourses vidées. Dans quelques années, les emplacements faisant défaut, l'on perçait de nouvelles rues qui aussitôt se bordaient de brillantes maisons, construites, semblait-il, plutôt par la baguette magique d'une fée que par le travail patient des ouvriers.

C'est ainsi que la ville élargissait son enceinte et qu'elle grandissait, vigoureuse comme une forêt de sapins. La population elle-même croissait, et lorsque en 1848 elle se composait de 2,500 habitants, aujourd'hui elle s'élève à 3,200.

C'était la raison, comme nous l'avons déjà dit, pour laquelle M. Soulérat posait la première pierre d'une église nouvelle. Lorsque tout prospérait et resplendissait de jeunesse, il était juste que l'église ne restât point en arrière.

Elle devait donc avoir sa résurrection. Je dis sa résurrection, car elle était un vrai tombeau, bâti au douzième siècle pour contenir des piliers et non des hommes. Elle n'était qu'une masse informe, lourde, dépourvue de toute ornementation.

M. Vidailhet, notre vénérable pasteur, animé d'un zèle actif, se mit à l'œuvre de toutes les puissances de son âme. Le résultat ayant dépassé ses espérances, l'architecte fut obligé de reprendre les travaux sur une plus grande échelle ; et, après de sérieux désagréments, elle put être livrée au culte.

Elle est du style roman, sa voûte en briques creuses est majestueuse et hardie. Tout dans cette église est très-riche. La balustrade, les autels, la chaire, en marbre blanc d'Italie, sont autant d'ouvrages exécutés par les artistes en renom de la célèbre marbrerie de Géruzez, à Bigorre. Nous aurions préféré pour notre église, en patriote sincère, le marbre des Pyrénées, qui, à toutes les expositions, rivalise avantageusement avec les carrières de la péninsule.

Sept prêtres peuvent y dire la messe à la fois ; et dans la saison des eaux les autels sont occupés jusqu'à onze heures. Dans cette église, on est frappé surtout par les peintures de Romain Cazes. L'artiste y a représenté le couronnement de la Vierge, l'Ancien et le Nouveau Testament et les Litanies personnifiées. Tout y a été exécuté de grandeur naturelle. A l'exemple de Raphaël et des autres peintres italiens, afin de varier les personnages, il a pris les types parmi les habitants de la ville, ce qui est parfois un léger sujet de distraction. On y trouve cette unité d'existence, ce naturel dans la manière d'être qui tient encore du repos antique. Mais à ce repos est unie la profondeur des sentiments qui caractérise le christianisme. Ces peintures sont vraiment remarquables ; elles touchent par leur sentiment religieux, séduisent par leur finesse et par la beauté des visages, récréent par la variété et l'harmonie des costumes, impressionnent par la vérité des physionomies, ravissent par la facilité du crayon et par l'habile légèreté du pinceau ; enfin, dans cette fresque immense, l'artiste a brillé par la délicatesse des tons, par la fécondité des nuances, et il s'est surpassé dans l'emploi heureux qu'il a su faire de l'espace laissé par le mur.

Comme à toute chose il faut la consécration du temps, dans un demi-siècle ces peintures auront leur bruyante renommée.

Un auteur célèbre, Mme de Staël, en face de ces fresques, pourrait redire : « Toutes les figures sont dirigées vers un objet principal, sans que l'artiste ait songé à les grouper en attitude, à travailler l'effet qu'elles peuvent produire. »

La bonne foi, en effet, dans les arts d'imagination, comme dans tout le reste, est le caractère du génie, et le calcul du succès est presque toujours destructeur de l'enthousiasme.

Vers le commencement de septembre, en venant se retremper à l'air natal de nos montagnes, M. Cazes exécuta à la coupole de la chapelle de la Vierge un sujet qui représente Marie donnant le rosaire à saint Dominique et le scapulaire à sainte Thérèse. Cette peinture, que j'ai vue à peu près terminée, était parfaite. La Vierge était belle et douce ; le petit Jésus, enfant par la jeunesse, avait quelque chose de divinement majestueux dans les yeux et dans les traits ; Dominique était la figure austère et fine de l'Espagnol respirant une foi de martyr; sainte Thérèse, qu'il avait prise sur un modèle vivant, future carmélite, était ce type séraphique dont l'œil noir, largement ouvert, reçoit les lumières célestes, avec cette exaltation que l'amour divin seul sait inspirer. Il n'avait eu qu'à copier, et il l'avait fait en maître chrétien qui sent.

La rhétorique d'éclat, de décor, presque toujours fatigante dans la littérature, me déplaît plus fortement en peinture. Tous ceux qui ne savent point caractériser cherchent les ornements accessoires et font consister tout le prestige d'un sujet brillant, dans des costumes riches, dans des attitudes remarquables. Ici, rien de semblable, c'est une Vierge tenant un enfant dans ses bras, un vieillard attentif, une sainte levant vers sa mère ses yeux, et tout cela produisant, par les regards seuls et par le mouvement des physionomies, des impressions profondes. Ces beautés naturelles se découvrent chaque jour davantage, tandis que, dans les tableaux d'effet, le premier coup-d'œil est toujours le plus frappant. On revient sans cesse à ceux-là et on se dégoûte aisément des derniers. Et cette pensée est encore éminemment vraie dans le monde des âmes.

On voit dans l'église deux tableaux que je ne puis passer sous silence, à cause de l'analogie qu'ils ont avec nos sources. L'un c'est Jésus demandant de l'eau à la Samaritaine, il est signé Caminade; l'autre c'est le Paralytique priant Jésus de le jeter dans les eaux salutaires de la piscine, il est signé R. Cazes. Tous les deux, quoique d'un style différent, ont un vrai mérite. Nous les devons à la générosité de l'empereur.

Pour compléter notre église, il manque une travée et le clocher; la vieille tour est timidement debout. Quel clocher pourrait-on y faire? Voici ma pensée : Puisque c'est par l'intelligence que l'homme, au-dessus de tout être créé, est roi dans la nature entière, et que c'est par elle qu'il prend son vol audacieux par-delà toutes les choses de ce monde et s'en va contempler Dieu face à face, il faudrait que le temple où elle reçoit son baptême, où elle est armée pour les combats de la vie, où elle puise une vigueur nouvelle dans ses défaillances et quand la *bête* triomphe, dépasse en munificence le temple élevé à la santé du corps : les thermes divins ne doivent pas être vaincus par les thermes d'Esculape. Cette pensée a été comprise par tous les peuples; car depuis les temples d'Égypte et de la Grèce, dont les simples débris échappés au naufrage des siècles ravissent d'admiration les artistes, jusqu'à Notre-Dame d'Amiens, Saint-Pierre de Rome et Saint-Paul de Londres, l'intelligence a payé son tribut, d'une manière sublime à Celui dont elle est une étincelle.

Il faudrait donc que la façade de l'église, pour ne le céder en rien à l'Établissement, fût en marbre. Et pourquoi son clocher ne s'élancerait-il pas dans les airs, svelte et audacieux, pour se dessiner en dentelle blanche sur le fond bleu du ciel ou sur le vert des montagnes? Le clocher n'est-il pas la note la plus harmonieuse d'un paysage? N'est-il pas l'âme des souvenirs les plus intimes?

Nous devons cependant observer qu'un clocher, superbe dans la plaine, perd de son charme et de sa hauteur auprès des montagnes. C'est le brin d'herbe à côté du cèdre. Mais il exprime admirablement les aspirations de notre âme pour s'élancer des bas-fonds de la vie vers le trône de Dieu. L'âme semble être écrasée par sa grandeur, mais dans cette humiliation, elle jouit de ses efforts qui tranquillisent sa conscience. Et ne serait-ce pas là aussi notre jouissance? Celui qui entend l'insecte bourdonnant sous l'herbe, aussi bien que le lion rugissant du désert, entendra cette faible voix de nos cœurs.

L'église était l'œuvre de la charité; les Luchonnais avaient pris goût à cette vertu et ils allaient la féconder.

Les enfants étaient négligés à cause de la pauvreté des parents; ils s'imposèrent généreusement, et les Frères de la Doctrine chrétienne, ces hommes du sacrifice, furent appelés.

Les Frères établis, on fit bientôt venir les Sœurs de Saint-Vincent-de-Paul, cette charité vivante, incarnée, et ainsi l'on soulageait les mères ouvrières, on donnait aux filles le goût et l'amour de la sagesse, de l'ordre, du travail, et l'on rétablissait l'hospice, que la Révolution avait détruit, et où la misère retrouvait un abri et les souffrances un soulagement.

Pendant que Luchon se dotait de ces admirables institutions chrétiennes, ses embellissements progressaient sans cesse. Le maire, revenu de la députation, avait tourné vers son pays l'activité de son âme.

Les abords des Thermes devenaient ravissants, et l'étranger qui les voit pour la première fois est enchanté. Partout ce ne sont que gazons moelleux, d'un coloris inaltérable; cent filets d'eau limpide les sillonnent en gazouillant.

Les pelouses, toujours peignées, sont bordées de larges allées, artistement tracées et entretenues d'un sable fin et brillant. Des catalpas et des tulipiers, plantés en quinconce, couvrent ces allées de leur ombre, tandis que la brise, qui balance mollement leurs belles grappes fleuries, répand dans les airs un parfum exquis. De distance en distance, sur la pente douce des pelouses, s'élèvent des sapins et des cèdres comme des obélisques égyptiens. On y voit des corbeilles splendides de fleurs vives et variées, des rosiers hauts et épais comme des arbustes, border les prairies d'une frange orientale et étaler aux regards surpris des promeneurs, durant tout l'été, des roses plus riantes, plus séduisantes les unes que les autres. Combien de fois ces fraîches roses d'un matin ont dû faire envie à d'autres roses aussi belles, mais parfois moins pures et d'une existence toujours également éphémère.

Avec l'émail des fleurs on y voit un émail plus gracieux : celui de jeunes enfants qui voltigent avec la légèreté et le charme du papillon ; ils en ont la mobilité et les vives couleurs. Rien ne donne la vie et l'éclat à cette luxuriante végétation comme les cris et les divertissements folâtres de ces groupes d'enfants.

Un peu plus loin, de nombreuses allées capricieuses en apparence, mais toujours habilement contenues et dirigées, laissent le promeneur, enchanté du paysage, errer à l'aventure dans leurs pentes et leurs labyrinthes, et partout les eaux et les ombrages les suivent de leur fraîcheur et de leur chuchottement. Ces allées conduisent par des bosquets touffus, berceaux du repos et de la rêverie, jusqu'aux travaux exécutés autrefois par M. P. Boileau travaux qui ont été largement embellis. Les sentiers sont devenus des allées soignées, les taillis des parterres anglais ; c'est la restauration de notre ville qui a grimpé sur la montagne et s'y est étalée gracieuse et coquette. Les vieux arbres, que le temps ruinait, ont été remplacés par des sapins vigoureux, enfants des géants de la forêt, et les éboulements ont été définitivement arrêtés, par de fortes murailles sur lesquelles s'allongent de larges terrasses d'où l'on jouit d'une vue ravissante.

Au milieu de tout ce concert varié de végétation, d'allées, de ruisseaux, de pelouses, le petit champ d'un particulier résonnait comme un ton faux et troublait l'harmonie ; il fut acheté à force d'argent, on en forma un bassin, et les ondes de la Pique, ingénieusement dirigées sur le flanc de la montagne, à travers le roc, y vinrent tomber en cascade écumante et formèrent un lac délicieux. Le ciel, le gazon, les arbres, les promeneurs s'y mirent dans des flots limpides. Et cette note fausse est devenue le morceau le plus sublime, une des pages les plus parfaites de mon pays.

Ainsi les infirmes et ceux qui au milieu des courses prennent haleine peuvent jouir autour de l'Établissement du grandiose des montagnes et du charme des vallées, des lacs et des cascades.

Que de fois, assis sur une planche, le dos appuyé à la cloison rustique d'un kiosque détruit par un incendie, ayant à mes pieds le lac, où voguaient deux cygnes d'une blancheur éclatante, le regard plongé dans la profondeur des montagnes ; tandis que le bruit de la cascade berçait mon esprit, que de fois je me suis surpris savourant le charme magique de la nature et respirant un air comme imprégné de la divinité.

Ce sont de ces repos, de ces calmes que l'on ne rencontre que dans les montagnes, et que je n'ai pu retrouver au bord de l'Océan.

A la place du kiosque rustique, d'un effet assez original dans le paysage, on a fait jaillir un jet d'eau qui retombe, en une pluie de perles, dans un bassin de mousse et de roches, et qui nourrit de sa poussière humide les fleurs étrangères du parterre environnant.

On dirait que dans cet Éden il ne manque qu'une chose aux délices de l'âme, à l'enivrement des sens : de l'harmonie. Eh bien, afin qu'il n'y ait plus rien à désirer, il a aussi de l'harmonie. Pour donner à l'étranger cette suprême séduction, on n'a pas reculé devant une dépense considérable.

La musique a choisi des heures de prédilection : de quatre à six, de huit à dix. Alors que les affaires sérieuses du traitement balnéaire n'occupent plus ; alors que le soleil a baissé à l'horizon et que les montagnes projettent déjà leur grandes ombres sur la vallée ; alors que l'air est tiède, que les toilettes ont eu le temps de se brillanter, c'est dans ce moment que l'orchestre, invariablement dirigé par Luigini, artiste dans l'âme, prélude à des morceaux de musique vifs, pétulants, alertes, agaçants. C'est le moment de la joie, de la causerie, des rires ; le jour, les yeux, les visages, les toilettes, les pensées, tout distrait ; pourquoi serait-on sérieux ? Il faut que les morceaux de musique soient comme l'âme. Elle est distraite, elle marche par bonds, par boutades, par fantaisie, et l'harmonie, pour se faire saisir, pour captiver et séduire, doit imiter ses caprices, en la côtoyant sans cesse.

Le soir, avec les ombres de la nuit, les pensées, les conversations, les costumes tout est devenu plus calme, plus sérieux. Le décor a changé ; on n'est plus sur la hauteur ; l'air a aussi moins de prise, et l'espace est plus vaste parce que la foule est plus nombreuse. Après le dîner, on a besoin de se retrouver, de causer des impressions de la journée, et le rendez-vous invariable, parce qu'il est le plus attrayant, est autour de l'orchestre, à son tour devenu plus sérieux. On lui a bâti, au milieu de l'esplanade, peut-être trop en face du portique de l'Établissement, un pavillon élégant, dont le bois percé à jour imite les festons et les dessins d'une dentelle. C'est là que Luigini, ayant pour auditoire l'assemblée la plus élégante, la plus splendide du monde, exécute, avec ses artistes du théâtre de Toulouse, les morceaux d'opéra les plus heureux, les plus en renom, avec une précision désespérante et un rare bonheur. Tous ces morceaux de maître enlèvent les applaudissements les plus chaleureux.

Les étrangers, à l'oreille exercée, au goût exquis, font franchement l'éloge de nos artistes.

Tout ce monde, assis par groupes, cette musique, ces joueurs d'oublis, avec leurs lumières vacillantes et voyageuses, ces mille passions qui se trahissent de tant de manières, tout cela est d'un spectacle intéressant. C'est le salon de Bagnères.

Ce qui fait de notre ville une ville à part, c'est qu'elle est une ville de printemps, une ville où l'on se retrempe, plus que partout ailleurs, dans un bain de fraîcheur, de verdure, de poésie. Rien n'y ressemble et ne peut y ressembler aux plaisirs des grandes cités, où toutes les joies et tous les rires s'enferment entre quatre murailles ; nécessairement on a un plancher sous ses pieds, un plafond sur sa tête ; pour horizon des tapisseries, pour lumière quelques bougies, et tout cela resserré dans un espace exigu. Il est donc impossible que l'air ne fasse pas défaut à la poitrine, que l'étendue ne manque pas à la pensée, que le rire ne se trouve émoussé par les draperies ou repoussé par les glaces ; tout doit y être petit et suffoqué, tout doit y être pâle et étiolé.

Ici, au contraire, tout est vaste, grandiose et se développe largement ; les lignes architecturales de ce salon sont celles que Dieu lui-même a tracées ; sous les pieds se déroulent des pelouses plus douces que les tapis de la Savonnerie ; le plafond, c'est le dôme azuré du ciel, avec sa toilette de rubis ; le flambeau, c'est l'astre des nuits qui, de ses rayons argentés, éclipse la lumière des hommes. Les pensées et les rires s'égarent à l'aise dans l'immensité de l'espace, et l'air renouvelle sans cesse ses ondes tièdes et parfumées. C'est là le vrai cachet luchonnais. Et cela est si vrai, que lorsque notre ville a voulu donner aux étrangers, au sein de nos montagnes, au pied de la Maladetta, les plaisirs du théâtre et les distractions du cercle, elle a toujours éprouvé un échec complet, malgré les frais considérables qu'elle s'était imposés.

Cela se comprend : l'étranger a ressenti les émotions des grands théâtres, il a l'oreille toute pleine encore des accents des artistes en renom, il est saturé de toutes les fictions de la vie, il vient donc chez nous pour admirer et savourer les grandioses beautés, et non pour se laisser récréer par des talents secondaires.

Luchon, c'est la nature. La nature est donc le spectacle que l'on doit agrandir et développer. Excepté quelques jeunes gens dépravés qui n'aiment que les folies du jeu et des voluptés, les étrangers ne demandent qu'elle.

C'est ce qui a été compris par les maires qui achetèrent les terrains environnant l'Établissement pour lui donner l'air d'un château au milieu d'un riche domaine. Et d'Étigny avait défendu de bâtir sur quelques parties de l'allée afin de ne pas masquer le coup-d'œil.

Vraiment, après les courses faites sur nos montagnes, après les vives émotions causées par nos sites, on ne peut s'enfermer dans un théâtre des heures entières pour voir se produire sur la scène les mesquines misères d'un drame ! Il faut parler de tout ce que l'on a vu, de tous les incidents de la journée ; il faut du repos ; car demain nouvelles surprises, nouvelles émotions.

Rien n'est comparable aux douces séductions d'une soirée en pleine campagne dans nos vallées.

Auprès de cette foule, de ces concerts, de cette lumière électrique, l'humanité me parle trop fort ; seul, j'aime à laisser errer mes pas dans une allée solitaire, et, isolé avec mon âme et la nature, je me sens plus vivre. Dans la solitude tout me parle un langage intime, mystérieux ; alors surtout que le jour bleuâtre et velouté de la lune descend dans l'intervalle des arbres, et jette des gerbes de lumière jusque dans l'épaisseur des plus profondes ténèbres ; alors qu'elle dort sans mouvement sur les gazons, et que çà et là les tilleuls et les ormeaux forment des îles d'ombres flottantes.

Il me semble, en entendant au loin le bruit mourant de l'orchestre, en voyant les lumières plus petites que des étincelles, il me semble que je m'élève au-dessus de la terre et me rapproche de Dieu. Dieu qui me réjouit dans les notes vives, alertes, variées, étincelantes du rossignol, le roi harmonieux de nos bocages; Dieu qui me dit, dans le bruissement de l'insecte, dans le délicieux cliquetis des feuilles, dans l'étoile de l'herbe et dans le ver-luisant du ciel, que tout veille dans la nature, que tout lui parle, que tout murmure dans le recueillement la prière du soir. Et une de ces pensées fait plus de bien à mon âme que toutes les séductions du génie humain, pâle reflet de la divinité.

J'ai eu quelquefois le rare bonheur de faire ces promenades avec un ami de cœur, dont l'âme résonnait sous le même coup d'archet et dont l'harmonie était parfaite. Alors le charme se dilatait avec une puissance étonnante. C'est que de tous les biens que Dieu ait donnés à l'homme après Jésus, l'amitié est le plus céleste. Avec elle les beautés s'embellissent d'un nouvel éclat, la jouissance est double l'on est aussi heureux qu'on peut l'être sur cette terre d'exil.

Pour les âmes moins méditatives, il est d'autres distractions piquantes.

Presque tous les soirs, des ballons s'élèvent dans les airs, sans toutefois se mesurer avec nos pics; on prophétise où ils tomberont et où ils ne tomberont pas, et le plus souvent toutes ces prophéties s'envolent au caprice du vent. Ils font principalement les délices des enfants, et que de grandes personnes ces jeux amusent ! Mais la joie n'est jamais si grande que lorsqu'au moment où le fil qui retenait captif le ballon est tranché, un coup de vent l'incline, le met en feu, et qu'il retombe en lambeaux enflammés sur les étrangers assis ; il y a un instant d'émoi, de trouble, d'agitation, infiniment amusant.

Cet incident se renouvelle sous une forme moins tragique, mais tout aussi intéressante, quand l'air se rafraîchit et qu'une pluie d'orage tombe pressée et à l'improviste ; la foule se disperse avec la rapidité des feuilles emportées par la tempête, et l'on se réjouit de ce contre-temps arrivé aux toilettes trop légères. Toutefois le mal n'est pas grave, l'immense péristyle de l'Établissement offre un asile opportun et assuré ; la musique continue et l'on reprend les conversations interrompues.

A certains jours de la saison, la ville donne à l'étranger des *extra*, des réjouissances inattendues ; ce sont des courses, des chants montagnards, des feux d'artifice.

Ces derniers se font invariablement au Quinconce, sur l'esplanade supérieure. Un feu d'artifice bien conçu, bien exécuté est partout quelque chose d'intéressant ; mais ici, au pied de cette montagne, c'est quelque chose de féerique, si l'on a surtout le bonheur de se mettre à l'abri de la foule en montant sur la barque du lac et en multipliant les effets par le miroir des ondes environnantes.

Un soleil avec ses gerbes de feu, sa pluie d'étincelles, vu à travers les taillis et les branches des arbres, est d'un effet séduisant. Les feux de bengale sont principalement éblouissants ; avec leur lumière phosphorescente, le jour inonde la nuit, mais d'un de ces jours blafards aux noirâtres oppositions. Des arbres on voit se détacher, comme des fantômes lugubres, des ombres gigantesques et mobiles qui grimacent sur les murs des Thermes et sur les pâles allées ; tout un tourbillon d'enfants chante, en dansant la farandole, aux environs du foyer. Il y a dans cette scène quelque chose de gai et de fantastique qui va très-bien à l'âme humaine, avide d'émotions et de contrastes.

Ajoutez à cela des lampes vénitiennes se balançant aux branches des sapins et des tulipiers, comme des fruits merveilleux, et vous comprendrez la parole qu'une simple femme du peuple disait à mes côtés dans son langage du pays : « S'il y a des choses si belles sur la terre, que verrons-nous donc au ciel ! »

Ordinairement des chants montagnards suivent ces feux de joie.

Qui n'a entendu parler de ces Montagnards ayant pour chef le fameux Roland, ce vrai paladin des temps modernes, et qui, plus que le neveu de Charlemagne, a parcouru le monde et fait des merveilles ? Cette troupe n'était formée que de fils des montagnes.

Les éclats de la foudre, le cri de l'aigle à travers les rochers, le bruit des torrents, le sifflement de la tempête dans les forêts, tout cela communique à la voix du montagnard quelque chose de particulier, un écho de tous ces bruits à la fois. Rien de clair, de sonore, de flexible comme sa voix. Avec de tels éléments, nos chants patriotiques doivent communiquer d'enthousiastes impressions. Toutes les fois qu'on l'a voulu il en a été ainsi ; mais l'harmonie, qui se marie si bien dans leur voix, est toujours troublée dans leur cœur. Tant qu'ils ont eu à leur tête un homme capable, énergique, ils ont été beaux, nos Luchonnais, et, nouveaux troubadours, auraient-ils fait le tour du monde, il n'y aurait eu d'applaudissements que pour eux. Dès que cet homme leur manque, ils se dispersent comme les nuages de leurs monts, ils n'existent plus que par tronçons faibles et languissants. On le regrette de toute son âme quand on se souvient de leurs triomphes, et l'on fait les vœux les plus ardents pour que leurs volontés sachent s'unir et obéir. L'obéissance et l'union ne sont-elles pas le fondement de toute puissance et de toute grandeur? Le hasard m'a fait entendre de remarquables concerts d'instruments ; si attrayante que fût cette harmonie, elle me paraissait inférieure au chant montagnard bien nourri. Jamais le cuivre, les cordes d'un violon, le bois d'une flûte, même sous les doigts du génie, ne rendront l'accent de la passion aussi bien que le cri qui part d'une poitrine émue. La voix est comme le projectile de la passion, ou mieux encore la passion est l'archet et la voix est le son.

Je ne citerai que quelques strophes de ces beaux chants patriotiques :

LE LUCHONNAIS.

Fils de Luchon, oh! ma belle patrie,
Loin de ton sein j'ai langui quelque temps ;
Ton souvenir dans mon âme attendrie
Charmait mon cœur, enivrait tous mes sens.

Lorsqu'éloigné de ma belle vallée
Je parcourais les cités en renom,
Je regrettais l'air pur, la grande allée,
Le frais torrent de mon pauvre Luchon.

J'ai vu Paris, de nos cités la reine;
De ses palais j'admirais les grandeurs;
Mais les beautés des rives de la Seine
N'ont pu trouver une place en mon cœur.
Je me disais : Ce serait un blasphème
De comparer ces dômes à nos monts;
Ici c'est l'homme, et là-bas c'est Dieu même.
Non, sur la terre il n'est pas deux Luchons.

Perle enchâssée au sein des Pyrénées,
Par l'ouvrier qu'on nomme l'Éternel,
Je te prédis de belles destinées.
L'humanité te doit plus d'un autel;
Car l'étranger dans ta charmante enceinte
Trouve toujours, suivant son rang, son nom,
Le bon accueil, l'hospitalité sainte
Que sait offrir l'habitant de Luchon.

CHAPITRE VI

(Suite.)

Là ne sont pas toutes les distractions de la ville. Le malade et l'intrépide coureur des montagnes peuvent se récréer encore, sans franchir les limites de Luchon. Depuis les fenêtres et les balcons de la grande allée on peut assister, à toute heure, à un spectacle varié. Le matin et le soir, ce sont de nouveaux personnages, de nouvelles passions, de nouveaux décors. Celui du matin, quoique un peu dans l'ombre et dans une tranquillité qu'interrompt par moments le bruit des joyeuses cavalcades qui partent, ne manque pas d'une originalité pleine de sel. C'est la nature dans son négligé, dans son déshabillé saupoudré parfois de vanité. Les physionomies n'ont pas eu encore le temps de se composer, de se restaurer, de se mimer. Elles sont attrayantes par les études qu'elles offrent à l'œil intelligent et scrutateur.

Il y a des moments de mélancolie où la solitude nous est nécessaire, nos pensées la demandent, notre cœur la désire ; alors le bruit du monde et tout ce qui nous le rappelle nous inquiète, nous fatigue ; mais à part ces moments généralement assez rares, rien ne nous plaît comme les charmes de la nature et les œuvres des hommes mariés ensemble ; ils forment pour nous le tableau le plus séduisant.

C'est ce tableau que j'ai le plus souvent sous les yeux à Luchon. Assis devant la porte de ma modeste demeure, à l'ombre des tilleuls, ayant tout autour des magasins riches et à la mode, je vois circuler tout ce que le monde a de plus élégant et de plus capricieux. C'est une étude vraiment pittoresque que de voir le caractère et les passions se traduire par une foule de costumes les uns plus bizarres et plus originaux que les autres. Luchon est la Babel des costumes. Nulle part on ne peut rencontrer une telle variété. Outre toutes les nations qui s'y donnent rendez-vous, le Français y apporte et fait éclater toutes les extravagances de l'idée et de l'imagination. C'est l'impossible réalisé. Et pourquoi se gêner dans un pays qui à l'indépendance de la campagne joint le charme infini de l'inconnu ? On peut y jouer tous les rôles, du plus petit au plus grand ; on peut s'y barioler de mille couleurs et s'illustrer de toutes les armoiries et de tous les blasons ; on peut, ce qui n'est pas sans douceur, y dépouiller les exigences de la grandeur. Et libre à vous qui maintenant étudiez les physionomies selon la vivacité du regard, la finesse et la beauté des traits, la noblesse de la démarche, l'élégance de la mise, le bon ton des manières, de remonter sur leur pied de vérité tous ces personnages déguisés ou disloqués ; ou bien, selon le caprice de votre esprit ou ses malicieuses observations, vous pouvez briser ces grandeurs éphémères, ces illustrations d'un mois, ces triomphateurs qui rappellent ces vers de La Fontaine :

> Un équipage cavalier
> Fait les trois quarts de 'eur vaillance.

Lorsque je suis fatigué de ces études dont la moralité flagelle le plus souvent la pauvre humanité, mes yeux se récréent par le paysage que j'ai en face et qui forme le plus joli vis-à-vis qu'une maison puisse avoir dans les montagnes. C'est un des rares morceaux de la Suisse porté là par la baguette d'une fée. J'avais vu bien longtemps ce vis-à-vis n'offrir que le triste spectacle d'une muraille ruinée, d'un champ négligé et couvert de ronces. Mais un jour la fille aînée de M. Soulérat, illuminée par un rayon de poésie, le métamorphose en un jardin anglais du goût le plus exquis, et qui en se prolongeant en amphithéâtre, va se confondre avec la forêt. Ce ne sont qu'allées de sable tamisé, ombragées par des arbres rares au feuillage vert et chargés de panaches de fleurs et de fruits rouges. Une charmille épaisse et longue, tressée en voûte, forme de nombreux sanctuaires pour les amis du repos et de la fraîcheur. Au milieu de ces fleurs et de ces arbres, Mlle Soulérat fit construire un châlet, comme une fauvette bâtit son nid au sein des bocages.

Plus tard, un second châlet, à droite du jardin, éleva timidement son front au-dessus des massifs de verdure, tandis qu'un autre, majestueux et fier, se dressait aux abords du parc, voisin de l'allée d'Étigny, comme le gardien formidable de ce jardin de délices. Et à ses balcons nous avons vu les plus grandes illustrations financières et militaires. La montagne gigantesque qui fait le fond de ce paysage en fait aussi le morceau frappant. Aux limites de ces parterres s'élève la montagne avec ses forêts ondoyantes, ses pelouses naturelles où paissent des troupeaux de moutons et de chèvres à l'ombre de rochers sauvages.

Faites descendre à travers cette vaste échappée l'air frais, parfumé par les fleurs du parc, et vous comprendrez pourquoi j'aime avec prédilection ce vis-à-vis.

Il n'est cependant qu'une miniature du grand tableau qui se déroule à nos regards vingt pas plus loin, avant de mettre le pied au Quinconce. Déjà bien des sites ont séduit mon âme, nul toutefois ne l'a impressionné comme celui-ci. Il est rare que des artistes ne cherchent à le reproduire de leur crayon ou de leur pinceau. L'homme, la nature et Dieu ; voilà les trois plans du tableau. C'est l'homme dans l'architecture de l'Établissement, dans les pelouses, dans les corbeilles de fleurs, dans les bosquets, dans les allées d'arbres à boule et à grappes. C'est la nature avec ses prés, ses forêts de hêtres, de sapins, avec ses montagnes s'élargissant dans l'espace et se resserrant ensuite pour servir de cadre gigantesque à ces rochers arides où la neige reluit comme des plaques d'acier, à ces pics perçant le ciel, et qui montrent, sur leur front superbe, le doigt de Dieu.

En face de ce tableau, l'âme passe de la joie à l'admiration et de l'admiration au ravissement. Ce tableau complet est le plus sublime que puisse voir un touriste du fond d'une vallée, et sans fatigue ; à toute heure de la journée, on peut le contempler à son aise.

Il y a un mot que l'on redit sans cesse sans jamais se lasser : J'aime. Ce mot est l'expression d'une âme en face de l'objet aimé. Voilà pourquoi je me suis surpris le contempler tous les jours, et quelquefois des heures entières, répétant : J'aime. — J'aime, en effet, ce tableau qui me parle, me sourit, m'émotionne et m'exalte.

Quand le soleil a baissé à l'horizon et qu'il dore de son dernier baiser les cimes de Vénasque ; quand les cavalcades ne font plus entendre le tapage de leurs fouets et le pas précipité des chevaux ; quand le soir est venu et que le gaz lutte avec les ténèbres de la nuit, il y a encore pour l'étranger d'autres distractions que les joies du Quinconce. L'allée des Bains offre le spectacle d'une fête, on y est récréé par un essaim d'artistes, de déclamateurs et de poètes. Les nombreux magasins étalent pour les amateurs les productions du pays et leurs mille séductions pour les femmes ; il y a de quoi satisfaire les caprices les plus irritants et les plus coûteux. Et, aux flots d'harmonie et de gaieté qui vous enveloppent de toutes parts, vous vous dites que tout ce qui peut donner de l'ivresse à l'âme est venu au sein des montagnes pour faire de notre pays un séjour enivrant.

D'après ce que nous venons de décrire, il est facile de comprendre que Luchon soit devenu à la mode et le rendez-vous des amis de la santé, de la nature et de la gaieté.

On comprend pourquoi chaque année le nombre des étrangers augmente ; pourquoi nous avons vu la duchesse d'Angoulême, l'immortel général Foy, défenseur de nos libertés plus encore par sa parole éloquente que par sa vaillante épée; pourquoi les ducs d'Orléans, de Nemours, de Montpensier sont venus visiter le plus joli fleuron d'une couronne qui n'est plus. Vanités des grandeurs de ce monde! la petite pâquerette de la vallée renaît de ses cendres et brille d'un éclat toujours égal sur le tapis de verdure, tandis que les trônes roulent dans l'abîme, semblables aux sapins renversés par l'orage et poussés dans le torrent, qui les emporte en débris. C'est la destinée de tout ce qui s'élève : la foudre est jalouse de tout les fronts audacieux qui semblent vouloir troubler sa liberté dans l'espace, et frappe indistinctement le rocher, l'arbre et les trônes.

Luchon, dans sa vallée, est à l'abri de ces coups mortels : il est inouï que la foudre soit venue le visiter. Les cimes le protègent. Les nuages électriques forment l'auréole des superbes, et dans notre aveuglement nous prenons les fauves lueurs de l'électricité pour les rayonnements de la gloire.

A la suite de ces grandeurs vinrent d'autres illustrations que je n'essaierai pas de nommer, tant elles furent nombreuses. Elles vinrent, portées sur les ailes des quatre vents du ciel, se réunir à l'ombre de nos bosquets. Aussi avons-nous vu se coudoyer dans nos promenades les gloires et les grandeurs de toutes les nations.

Longtemps, cependant, nous avons soupiré après une fortune qui semblait nous fuir sans cesse. Et tandis que plusieurs autres thermes ne vivaient que par le souvenir impérial, Luchon en était réduit à ne briller que de sa beauté naturelle. Il est vrai que l'art ne fait qu'embellir ; mais lorsque aux charmes de la nature viennent se mêler les richesses du décor, l'œuvre est parfaite.

Il nous manquait la visite de notre empereur. Pourquoi donc l'Auguste de nos temps, ne viendrait-il pas se retremper à nos eaux, comme l'empereur romain ? Peut-être lui aussi pourrait-il s'acquitter de son vœu à la Providence, après avoir restauré sa santé.

Maintes fois son nom avait fait tressaillir d'aise le cœur du Luchonnais ; mais l'espérance, cette tendre consolatrice des affligés, n'avait eu que déception. Enfin, la Providence voulut que l'aiglon nous fût envoyé, comme une promesse que bientôt l'aigle viendrait se reposer à l'ombre de nos pics.

Nous osons espérer que l'accueil franc, cordial et enthousiaste de notre ville ne s'effacera jamais du souvenir du prince. Comme aussi sa bonté, sa douceur, son amabilité régneront toujours dans nos cœurs.

Parfois, dans mes courses solitaires, lorsque je rencontre une fleur élevant sur sa tige flexible son brillant calice d'où s'exhalent des parfums suaves, je la contemple avec joie : elle est à la terre ce que l'étoile est au firmament, et à mon âme ce que le rayon de soleil est à la nature. Ce même sentiment, je l'éprouve plus agrandi et plus fort à la vue d'un enfant qui, sur un front vierge et pur, laisse rayonner l'éclat de la jeunesse et la beauté du ciel. C'est la fleur des champs avec son velouté, sa fraîcheur, sa poésie, son parfum, et de plus avec cette étincelle divine qui illumine toute chose d'un éclat incomparable. Et c'est bien là ce sentiment que j'éprouvais lorsque je rencontrais le jeune prince, soit dans ses promenades ou ses courses, soit jouant sans façon avec l'enfant du peuple. Son regard doux et mélancolique, ses traits calmes et réguliers, tout dans son visage respirait la bonté, et son air de jeunesse, naturel et sans nulle prétention, lui avait conquis toutes les sympathies.

La fleur de l'arbre est la joie et l'espérance du jardinier : belle fleur de nos trônes, tu es aussi notre joie et notre espérance ; seras-tu notre consolation, notre bonheur? C'est le secret de Celui de qui relèvent les empires, qui dirige à son gré les destins des peuples ; c'est encore le secret de ton âme. « *Esto vir*, » sois homme, disait le grand roi David à son fils Salomon. Et cette parole, ton cœur devrait la redire à toute heure du jour.

Bernardin de Saint-Pierre, cet élégant moraliste et fin observateur, a écrit :

« On a beau vanter dans un prince même la naissance, les richesses, le crédit, l'esprit : le peuple, pour le reconnaître, veut le voir au visage. Le peuple n'en juge que par la physionomie ; elle est par tout pays la première et souvent la dernière lettre de recommandation. »

Et nous, nous sommes donc heureux, parce que nous avons vu la belle physionomie de notre prince, embellie de beauté morale, rayonnant dans ses traits et dans ses actions.

Je n'ai pas connu d'enfant venu à Luchon qui ne désirât ardemment y revenir ; puisque la nature humaine est un peu la même dans toutes les conditions, nous voulons espérer qu'il en sera ainsi du jeune prince. Ne doit-il pas, lui aussi, jouir des années de l'enfance, si gracieuses et si fugitives ?

Et puis encore, quand on a grandi et que le flot du temps a passé, laissant dans l'âme des ennuis et des chagrins, on aime à explorer les jeunes années pour se rajeunir de leur fraîcheur et de leur gaieté ; on aime à revoir les lieux témoins de nos jeux et où notre santé s'est fortifiée, et cette affection, tout en faisant du bien à l'âme, oblige à une heureuse reconnaissance.

Donc, prince, revenez-nous, non par la triste nécessité d'une santé affaiblie et que nous avons vu soigner de façon à nous inquiéter, mais pour y réjouir le cœur de vos sujets dévoués, pour respirer l'air pur, pour fortifier votre corps, comme autrefois le jeune Henri, à travers les gaves et les rochers du Béarn, et pour agrandir de plus en plus les élans de votre âme généreuse sous l'influence des sublimes leçons de notre grandiose nature.

Ici tout est vrai et libre.

CHAPITRE VII

L'OBJECTION RÉFUTÉE.

Tandis que je parle du progrès de mon pays, il y a des pessimistes toujours prêts à jeter l'alarme et l'épouvante et qui déclarent que Luchon penche vers sa ruine.

Comme ces cris nous ont été parfois nuisibles, je crois de mon devoir d'y répondre.

Voilà déjà vingt ans que j'entends dire : « Luchon tombera. »

Et depuis vingt ans Luchon, jeune de vie, progresse. Tout ce que j'ai dit en fait foi. De nouvelles bâtisses surgissent de terre, beaucoup mieux que les légions de Pompée. Des boulevards nouveaux sillonnent la vallée. Il ne baisse donc pas par ce côté.

Baisserait-il dans la splendeur de ses sites? Mais, outre qu'on ne néglige rien pour en rehausser les fascinations et pour en faciliter l'accès, on construit une large voie, travail de Romain, le long des flancs de la montagne de Superbagnères, afin que les voitures traînées par quatre chevaux puissent porter l'étranger, à travers les paysages les plus pittoresques, jusque sur l'immense pelouse de Superbagnères, dont nous raconterons les beautés. En même temps, on en construit une autre qui montera en zig-zag de la cascade d'Enfer jusqu'aux glaciers de Crabioules. Rien de surprenant comme ce chemin par ses hardiesses de tout instant, et par ses beautés sauvages et merveilleuses. Outre tous ces travaux, ne savez-vous pas, parleurs indiscrets ou jaloux, que les œuvres de Dieu sont frappées au coin de l'immortalité, qu'elles sont respectées par ce farouche ennemi des hommes qui use les pyramides et en jette la poussière aux vents du désert ?

Peut-on crier : Luchon est en baisse !

Peut-être, voudrait-on dire que les eaux perdent leur vertu ? C'est sans doute pour un tel motif que le nombre des étrangers va toujours croissant. Quant aux guérisons, elles tiennent du prodige !...

Donc, Luchon n'est pas encore en baisse. Peut-être est-ce le Luchonnais qui est cause de cet échec ? Examinons. Les Luchonnais se divisent en deux classes : les loueurs de maisons et les guides. Dans l'une et l'autre classe règne la cordialité, la bonté, la politesse. Les Luchonnais sont seulement fiers de leur position, si petite soit-elle, et le mépris les irrite. De l'avis de l'étranger, nulle part on ne rencontre un dévouement si complet. Le Luchonnais cherche à deviner vos désirs, il les prévient ; il va au-devant de vos difficultés, il les éclaire ; il vous accordera tout ce qui sera en son pouvoir, et il sera heureux de votre conlentement. En entrant dans sa demeure, vous laissez à la porte le titre d'étranger, et vous devenez l'intime de la maison, afin d'avoir une large part aux soins de la famille, toujours si doux et si utiles au voyageur, et cela sans nul préjudice du respect qui vous est dû.

Il est certain que je veux parler ici des maisons bourgeoises et non des hôtels, toujours trop grands, trop vastes, pour que les maîtres, malgré leur bonne volonté, puissent avoir l'œil sur toute chose.

Le guide, quoique d'une nature prompte et d'un esprit peu cultivé, d'un caractère rude, est excellent montagnard. Il a, pour remédier à sa première éducation, une bonne volonté constante. Il est amusant, sait distraire vos pensées mélancoliques par son fouet, dont il se sert en artiste, par sa chansonnette, par sa narration piquante et naturelle. Fier de son pays, enthousiaste à l'excès, il ne voit rien comme lui ; il n'a que du mépris pour cette plaine qui lui représente les bas-fonds de la vie. Laissez-le se bercer de cette douce rêverie, ne lui faites point sentir trop fort votre supériorité pour ne pas réveiller ses instincts d'indépendance, sachez glisser sur une ignorance qu'il méprisait dans sa turbulente jeunesse et dont il rougit maintenant, et vous aurez avec vous, non pas un guide aride comme le sentier que vous foulez, mais un compagnon qui n'oubliera jamais, jusque dans son laisser-aller, le respect qu'il vous doit ; et des curiosités qui attireront vos regards, ce ne sera pas la moins aimable.

On peut compter sur la probité et la délicatesse du guide comme sur soi-même. Ce qui fait leur plus grand éloge, c'est l'attachement des enfants pour eux. J'en ai vu ne s'en séparer que les larmes aux yeux.

Il n'y a encore, ici, rien d'alarmant pour Luchon. Mais puisque nous en sommes aux mœurs du pays, on me permettra de compléter ce tableau par quelques coups de crayon.

Un esprit intelligent me disait que les hommes ressemblent au climat qui les enveloppe et à la nature du terrain qui les porte.

Les observations que cette pensée m'a fait faire m'en ont démontré la justesse.

Sans parler de ces contrées si fortement caractérisées par des climats tout à fait opposés, et où la vérité de l'observation éclate comme le soleil, nous la trouvons même dans les climats presque identiques. Là, où les terres sont plus fortes et demandent au laboureur toute son énergie, toute sa patience, son esprit, sans cesse courbé vers le sol, semble en respirer l'élément, et le corps étant ce qui se fatigue et se développe le plus, la matière envahit l'âme, et l'homme a quelque chose de la patience inerte et de la ténacité de son bœuf.

Là, au contraire, où la terre se travaille sans de pénibles labeurs et donne beaucoup quand même, l'âme a plus de gaieté et de vie, et l'esprit est plus alerte.

Étudiez maintenant la nature de nos terres, très-faciles à la culture et en même temps très-fécondes, puisque le même champ porte deux moissons, voyez ces montagnes aux pentes abruptes et difficiles travaillées jusque sur leurs croupes; voyez ces lambeaux de terre disputés aux forêts et à la roche; voyez aussi ces pics dont la cime altière perce le ciel ; voyez ces rochers escarpés, bastions inexpugnables, s'élevant tout autour des montagnes, drapées d'immenses forêts, vastes manteaux aux nuances variées, et vous comprendrez le Luchonnais ; son âme est le miroir de toutes ces choses différentes. Son intelligence est féconde comme le sol ; il est fier comme ses sapins ; son imagination est brillante comme ses sites ; les éclats du tonnerre, si formidables à travers les rochers, dilatent son âme, et ce mélange de jouissances et de périls donnent à son cœur un bonheur inconnu. Son âme est indépendante, généreuse, opiniâtre. La bonté le séduit et l'enchaîne ; la force l'irrite et le fait bondir ; accessible à l'affection, il aime vigoureusement et n'oublie jamais. Il n'oublie jamais ni le bienfait, ni l'offense ; toutefois il est plus opiniâtre dans la vengeance que dans la reconnaissance.

Le corps des Luchonnais, bien fait et robuste, est le rayonnement de leur âme. La jeunesse y est aussi brillante que la végétation. Avec toute ces richesses de l'âme et du corps, ce qui surprend, c'est que Luchon ait si peu de jeunes gens dans les carrières supérieures et peu d'hommes vraiment remarquables (1). Ce qui surprend à première vue paraît s'expliquer après un moment de réflexion. Selon le langage du monde et de sa grande maxime, il faut passer son temps le plus délicieusement possible, et c'est pour aborder à ce rivage fortuné qu'on laisse emporter sa

---

(1) Ce qui n'empêche pas de dire que nous avons eu des chirurgiens-majors, des docteurs en médecine, des capitaines, des commandants, un directeur des douanes, un député, vice-président de la cour de Toulouse, etc.

nacelle par le flot de l'ambition. Et voilà pourquoi l'enfant du peuple qui souffre dans les rangs des déshérités de la fortune, est celui qui travaille avec plus d'opiniâtreté, depuis cette époque désolante, mais juste, où l'intelligence et le cœur ne sont plus foulés d'une manière si brutale par les droits d'une naissance aveugle.

Le Luchonnais, ivre de son pays, ne voit qu'en lui la réalisation de la maxime du monde, il y jouit, il y est heureux. Il est heureux de pouvoir concentrer ses peines dans le berceau de sa vallée. Le cœur aime naturellement à se resserrer ; moins il se montre au-dehors, moins il offre de surface aux blessures. C'est pourquoi les hommes très-sensibles se complaisent à habiter de petites retraites. Châteaubriand dit : « Ce que ce sentiment gagne en force, il le perd en étendue ; quand la république romaine finissait au mont Aventin, ses enfants mouraient avec joie pour elle ; ils cessèrent de l'aimer lorsque ses limites atteignirent les Alpes et le Taurus. »

Le Luchonnais a donc l'amour de son pays, mais un amour égoïste, impuissant. Envoyez ce beau jeune homme quelques mois à travers la France, vous faites un meurtre ; il se transit, il s'étiole, il meurt s'il ne revoit bientôt son pic, s'il ne respire l'air de sa vallée. Comme au sapin de ses montagnes, il lui faut pour vivre les rochers, les tempêtes et les glaces, et transplanté, il sèche sur pied.

Ces instincts, en les admirant dans ce qu'ils ont de beau, je les condamne ; ils manquent de générosité et d'élévation. Avant d'être Luchonnais, on est Français ; il faut par conséquent donner à notre âme l'ampleur de la nation, et lui inculquer les nobles passions et les sublimes aspirations de la patrie. Puisque Dieu a jeté dans nos âmes des germes d'intelligence, il faut les travailler pour la cause commune ; et servant la patrie, on servira sa vallée, on l'embellira de toute la gloire que l'on aura conquise, et alors nous pourrons chanter, sans honte, ce refrain patriotique :

> Honneur, honneur aux enfants de Luchon,
> Nous les verrons un jour
> S'illustrer à leur tour.

Ce sentiment sur mon pays est un des motifs qui longtemps m'avaient donné du dépit contre une de nos sommités. La jeunesse, qui est encore l'enfance de l'âme, est sans pitié ; elle a des jugements subits et aigres. Elle critique ce qu'elle voit sans l'examiner ; elle jette sur un objet, avec une égale précipitation, l'amour ou la haine. C'est pourquoi il y a tant de déboires à cet âge, et pourquoi les leçons y sont si dures et si amères.

Maintenant plus sage et moins hardi, je dis que les cimes des grandeurs sont plus élevées que nos monts, et que la gloire a des sentiers et des précipices plus escarpés et plus profonds que ceux de la Maladetta. Maintenant je dis que la gloire a ses vertiges mortels comme nos abîmes, qu'elle a ses foudres comme nos pics ; et mes exigences sont devenues plus modestes et ma critique moins maligne.

Les Luchonnais ne peuvent donc être pour la ville une cause de décadence.

Je répondrai enfin à la dernière objection : « Luchon tombera parce qu'il est trop cher. »

C'est le cri le plus formidable poussé contre notre ville; c'est le cri des petites bourses voulant rivaliser avec les grosses.

La pauvreté n'est pas un crime, puisque Jésus l'a prise pour compagne, et qu'il disait : Malheur au riche orgueilleux. Il y a quelque chose de plus odieux qu'un riche superbe : un pauvre insolent. N'importe la position, elle n'a rien d'avilissant, mais l'homme dégrade son état par ses vices.

Avec peu de fortune, pourquoi vouloir se donner le luxe des voyages? Pourquoi vouloir se donner les jouissances de la richesse et les fantaisies de l'opulence? Quel est celui qui crie? le jaloux ; il n'a rien, il mord le frein de la misère et il voudrait briser le joug de la nécessité ; le faible orgueilleux qui est emporté au delà de la sagesse, par l'impétuosité de ses désirs et de ses passions ; celui qui maudit son sort, et qui ne fait consister le bonheur que dans les jouissances et les plaisirs de la vie. Outre qu'ils ne sont pas chrétiens, ils sont bien loin de ce sage de la Grèce, qui, en passant devant les richesses splendides des magasins d'Athènes, laissait échapper de son cœur cette magnifique exclamation : « Que de choses dont je puis me passer ! » Pour ce sage, toutes ces séduisantes fantaisies, tous ces brillants jouets des grands enfants n'étaient point *chers*, puisqu'il n'en demandait même pas le prix. Du reste, rien de plus accommodant que Luchon ; il y a de quoi vider les bourses les mieux garnies, comme il y a de quoi respecter les plus modestes. Le grand seigneur et le prince peuvent y livrer carrière à leurs goûts de grandeur, comme le pauvre peut y être fidèle à ses besoins d'économie. Tout y est relatif, tout y est à la portée de toutes les classes et de tous les rangs.

J'ai parcouru Bigorre, Cauterets, Biarritz, les Eaux-Bonnes, Heuriage et d'autres localités thermales, j'avoue en toute sincérité que, relativement, j'ai trouvé partout plus cher qu'à Luchon, et si je ne m'étais interdit les nomenclatures, je pourrais le prouver par des chiffres.

Un avantage considérable pour les amateurs de notre pays et dont la fortune est modeste, c'est qu'ils ont des saisons où les prix diminuent de deux tiers. Par goût et par jouissance, je préférerais le mois de juin à celui de juillet et d'août ; on est moins gêné par la foule, la verdure est dans toute sa splendeur, les vallées sont plus riantes et toutes émaillées de fleurs ; les torrents et les cascades, mieux nourris par la fonte des neiges, sont plus majestueux.

Je préfère encore le mois de septembre à juillet et août, parce que c'est le beau mois des montagnes ; c'est le moment le plus favorable pour peindre la nature ; ce n'est plus la teinte générale du vert, c'est une foule de tons chauds et saisissants, et puis le soleil n'est plus si brûlant sur la croupe des monts. Les vents du midi ont tempéré leurs chaleurs excessives, et, abrité des vents du nord par la montagne de Cazaril, Luchon voit arriver timides les froids de l'hiver. Lorsque parfois la neige blanchit les pics élevés, une chaleur douce et prolongée se concentre dans le creux de la vallée, l'air est tiède encore sur les bords de la Pique et du lac.

Mais tous ces avantages ne sont rien pour les criards ; ils voudraient que cinquante centimes fissent autant de tapage que la pièce d'or ; ils seraient heureux d'éclipser à peu de frais les grandes fortunes de la France.

CHAPITRE VIII

SAINT-MAMET.

Maintenant, cher lecteur, que vous connaissez la ville et ses habitants, nous allons visiter ses dépendances ; de même qu'après avoir visité les belles salles et les riches appartements d'une riante habitation, on descend dans le parc, afin d'en examiner les curiosités.

Pour vous habituer à la marche insensiblement, et pour ne pas trop vous fatiguer dès le début, je vais vous faire parcourir les lieux que l'on peut facilement visiter à pied.

Notre première visite sera pour Saint-Mamet, le village le plus voisin et le but ordinaire de mes promenades.

Arrivé à l'angle du quinconce que vous connaissez déjà, à votre droite vous avez la route de Vénasque et de la vallée du Lys, et en face la route de Saint-Mamet. Là, entre le parc et la route de Vénasque, s'élève une villa radieuse, c'est l'oiseau de Vénus dans un jardin. Il y a peu d'années ce lieu était sauvage et habité par la misère ; aujourd'hui c'est la Villa Diana, et ce nom la caractérisait naguère à ravir ; c'était la mythologie dans le paysage et dans les mœurs. Et c'est probablement à cause de ce souvenir païen qu'on lui a donné un libre accès sur le quinconce devenu comme une dépendance de la villa. De nos jours, les antiquités païennes sont à la mode, et l'on a pour elles des faiblesses d'autant plus incroyables qu'elles ne font pas rougir.

Un peu plus loin sur la route, à côté du torrent, sous un vieux chaume, j'ai vu mourir, il y a à peine deux ans, une pauvre femme, si pauvre qu'elle était réduite pour calmer les irritations de son estomac, de se servir d'une ardoise mouillée. Que de fois je me suis arrêté dans cette demeure de l'infortune, comme dans un sanctuaire béni. C'est là au milieu du dénûment le plus complet, au sein de tout ce que la misère a de plus dégoûtant et de plus désolé, assis sur une chaise défoncée, à côté d'une femme aveugle, vieillie par les années et les souffrances, torturée par diverses maladies, que je venais retremper mon âme, illuminer ma foi, que je venais apprendre à aimer et à pratiquer la charité, à aimer mon grand Dieu et à bénir toute créature ; c'est là sous le portique de la misère, bien mieux que sous les portiques d'Athènes, que j'apprenais la véritable sagesse ; c'est là que la religion me paraissait sublime, l'espérance consolante et Dieu seul grand, seul puissant !

Là, dans ces yeux éteints, sur ce visage impitoyablement labouré par toutes les douleurs, horriblement décharné par le temps et la faim, il y avait la paix, la joie, la consolation ; il y avait un rayon du ciel qui illuminait cette douleur vivante, comme un rayon de soleil plongeant dans un cachot obscur. Sur ces os et cette peau noircie par la fumée, sur ce squelette qui respirait, flottait un sourire angélique, céleste. C'est que dans ce corps qui n'était plus qu'une masure ruinée, prête à s'éfondrer, s'agitait une belle âme, une âme profondément chrétienne, qui avait foi dans ce mot qui caractérise la religion de Jésus-Christ : « Heureux les pauvres, heureux ceux qui pleurent. » Et la consolation qui inondait son âme durant cette vie, au sein de tous les malheurs, redoublait son espérance, et déjà lui montrait les béatitudes éternelles.

Pour moi donc cette chaumière, ce bouge, blanchi depuis un an, était une sublime leçon, une note ravissante qui chantait Dieu plus que les grandes harmonies de la nature, plus que les irradiations du génie.

C'est là que parfois je menais un ami de cœur, mon cher Octave, et que je soulageais ses peines au contact de cette profonde misère, de cette grande déshéritée de ce monde.

Tout près de cette chaumière, comme pour donner une leçon de morale plus forte, un étranger a fait bâtir un châlet où l'on respire le luxe et l'élégance. Cherchez la joie de la chaumière sous ces lambris de la richesse, l'Evangile m'affirme qu'elle n'y est pas. Dieu est juste : il fait si peu d'estime de la richesse, qu'il la donne, même parfois, à ceux qu'il n'aime pas ; et il ne donne la paix qu'à la vertu dont nous sommes les artisans.

Après avoir franchi le pont, solidement jeté sur la Pique,

dont les eaux bouillonnantes sont toujours froides et limpides comme le cristal, nous sommes à Saint-Mamet. Ce village, plus pauvre en apparence qu'en réalité, commence enfin à secouer les guenilles de ses vieilles maisons basses, enfumées, écrasées sous le poids du chaume. Cette restauration des maisons a commencé, depuis quelques années, par la restauration des habitants.

Autrefois, on ne pouvait visiter ce village et ceux qui s'échelonnent le long de la montagne, sans être plongé dans une pénible mélancolie. Au sein d'une nature luxuriante, on était attristé de rencontrer des créatures humaines se rapprocher, par leur idiotisme et par la difformité de leur corps, plutôt de la brute que de l'homme ; l'on ne pouvait voir le roi de la nature, devenu avorton, crétin, sans se sentir soi-même fortement humilié.

Ce temps est bien passé. Et si quelques vestiges égarés, tristes épaves d'un naufrage heureux, se rencontrent çà et là pour nous dire que la *bête* avait régné dans la contrée, à la vue de la magnifique jeunesse de nos jours on croirait avoir entendu raconter un conte du vieux temps.

Ce crétinisme était, généralement, attribué à la boisson constante des froides eaux de la Pique et à l'absence du vin.

La population de Saint-Mamet a un type singulier ; depuis quelques années seulement il disparaît un peu, à cause des nombreuses émigrations de la jeunesse. Ce type faisait, de ce peuple de cinq cents âmes, quelque chose à part, d'étonnant, d'impossible, quelque chose d'aussi étonnant pour le moraliste que les rochers de granit d'Oo pour le minéralogiste. On est à se demander d'où il vient ? Rien ne lui ressemble, ni à Luchon, ni dans les villages voisins. Population unique, seule, isolée des autres, comme une île au milieu de l'Océan ; on dirait que c'est une famille qui a placé sa tente au pied de ces montagnes élevées, couvertes de forêts et de pâturages, et qu'elle a vécu dans ce coin de terre, se suffisant elle-même en dehors de tout autre mélange. On dirait encore que c'est un tronçon de quelque peuplade guerrière, jetée là par une défaite ou une révolution, et qui s'y est fixée. Que ce soit cela ou toute autre chose, vous en serez toujours réduits aux conjectures, l'histoire, pour elle, est une page effacée. Quoi qu'il en soit, la pensée jaillit de l'esprit de ce peuple comme une étincelle ; son langage est vif et saccadé ; il imite le torrent dans sa course bouillonnante sur les rochers. Son caractère est pétri de salpêtre. Prompt à la colère et à la vengeance, rien ne pourrait l'arrêter : il est agile, fort, impétueux.

Et ce lion du désert, tout sauvage qu'il paraît, tout frémissant qu'il est, a un cœur d'or.

Quand ils aiment, c'est pour tout de bon ; ils ne font rien à demi. Pour leurs amis ils se feraient mettre en pièces. Dès qu'il s'agit de leur intérêt, ils ne forment qu'une famille compacte ; et qui insulte l'un d'eux, insulte le village tout entier.

Voici un trait qui caractérise les vieilles mœurs de ce peuple ; il me fut raconté par le petit-fils du héros, jeune homme d'avenir trop tôt moissonné par la mort.

Le vieux Laurent, grand et fort comme un sapin, était un de ces montagnards qui, lors du passage des cent cavaliers royalistes, avait fait feu sur eux n'ayant pas voulu crier « vive la république. » Quelques années après, fatigué de voir les brebis de son troupeau dévorées par l'ours, il se mit, avec un de ses amis, à la poursuite de la bête féroce. A peine les deux chasseurs venaient de se séparer pour mieux l'apercevoir, que Laurent, au détour d'un rocher, dans un couloir étroit, rencontre l'ours nez à nez. L'animal se dresse ; Laurent pousse un cri, de sa puissante poitrine, qui, ébranlant la forêt, appelle son camarade au secours, et il bondit sur son terrible adversaire ; il le saisit vigoureusement par les oreilles, fait plier sa grosse tête jusqu'à terre, appuie sur elle de tout son poids et de toute sa volonté, attendant dans cette critique position le secours du camarade. Il arrive, et pendant que Laurent tient l'animal immobile dans ses étreintes de fer, l'autre lui brise les reins de son bâton ferré, et le finit de son couteau de chasse.

Nos deux villageois, aussi téméraires qu'intrépides, coupèrent quelques branches de sapin, y placèrent la victime et portèrent ainsi jusqu'à Saint-Mamet le trophée de leur victoire. Le village ne s'en émut pas beaucoup, habitué qu'il était à ces sortes d'exploits.

Dans la partie la plus élevée du village, on voit une maison qui, à ses portes et à ses fenêtres sculptées, dit avoir été l'habitation de la fortune ; c'était là, en effet, que résidait une des familles les plus anciennes et les plus honorables du pays. Je l'indique parce qu'elle aura son histoire émouvante.

De quelque côté que l'on regarde le village, le clocher en fait la poésie. Autrefois il était trop grand pour l'église et l'écrasait de son poids ; maintenant il est débordé par la nouvelle construction ; l'harmonie de l'église est rompue. Il faudra bien que la généreuse commune de Saint-Mamet, si dévouée à son Dieu et à son nouveau pasteur, fasse un effort pour finir ce joli travail. C'est dans l'abside de cette église que R. Caze a inauguré son talent d'artiste religieux et distingué. Il a su, avec une habileté parfaite, graver sur la physionomie des apôtres la foi et le génie de chacun.

La fuite en Egypte, à l'autel de Saint-Joseph, est une bonne toile où chacun de nous, pauvres exilés de la terre, peut puiser une leçon et une consolation. Les artistes ne devraient pas oublier que leurs œuvres sont une prédication qui puise ses enseignements dans le crime ou dans le bien, et qu'ils sont comme les romanciers, les apôtres de Satan, ou comme les légionnaires du bien, les apôtres de Dieu.

A quelques pas de l'église on voit, depuis peu d'années, une séduisante habitation : c'est le presbytère. Rien n'y manque, depuis la fontaine qui murmure toujours son refrain gai et mélancolique, jusqu'à la terrasse d'où l'œil s'étend dans la vallée et peut jouir à son aise des spectacles de la nature. Et tout cela est entouré d'une grande muraille blanche, ce qui fait ressembler ce parc, de loin, à un lac, et le presbytère à un bâtiment qui a jeté l'ancre et se repose de ses courses lointaines. C'est bien là, en effet, le repos, parce que là se trouve la vertu.

L'amour de cette population pour leur pasteur a fait cette merveille. L'amour ne fait-il pas l'impossible? J'ai eu le bonheur de posséder ce prêtre, comme professeur, au début de mes études pénibles et laborieuses; il fut pour moi un ange protecteur! Le professorat, parce qu'il est une des choses les plus nobles, les plus élevées de la société, demanderait toujours des âmes d'élite plus dévouées, plus généreuses que savantes. Des âmes vulgaires ou peu sympathiques au contact d'une jeunesse à instruire, à perfectionner, est un malheur.

Le presbytère visité, on traverse le village, suivant la route qui conduit à Bossost. A peine examine-t-on le paysage, que la décoration change comme par enchantement. La verdure et la végétation cessent, les pelouses et les forêts disparaissent; on est en présence d'une nature bouleversée, d'un chaos. La montagne, massif granitique, n'est qu'un vaste débris de pierres, on croirait que des géants sont passés et qu'à plaisir, ils ont brisé les rochers. Les lièvres et les lapins, habitants de ces débris, sont d'autant plus nombreux qu'ils y vivent en sûreté. Pour eux, chaque rocher est un parapet, un couloir où ils se glissent et disparaissent. Çà et là, la nature, toujours féconde, et comme Dieu pleine d'horreur pour le désordre, a jeté sur ces cailloux quelques semences; elles ont essayé d'y germer, mais ces rudiments de végétation ne font que mieux ressortir la désolation de ce lieu. Quelques pas encore, nouvel aspect, la désolation fuit, la toile se lève et la nature reparaît avec des beautés plus frappantes. Rien de puissant comme la loi des contrastes.

En marchant, on coudoie de gros quartiers de rochers qui mêlent la belle couleur pourpre de leurs fragments au ton vert du gazon. Elles doivent ces riches nuances à leur matière ferrugineuse et à une sorte de lichen léger qui les tapisse. Reproduites dans une aquarelle, ces nuances sont si vives, si chaudes, qu'on les croirait inventées par la fantaisie d'un paysagiste.

En longeant ces rochers, on rencontre une croix de bois. Elle rappelle l'histoire d'une funeste étourderie. A la chute du jour, un pasteur ayant trouvé sur la route un chapeau renfermant des valeurs, soupçonna un accident; il cherche et il trouve un infortuné jeune homme expirant.

A quelques pas de cette croix, qui demande une prière, bruit une chute d'eau ; c'est la cascade Sydonie, à l'entrée de la vallée de Burbe, richesse de Saint-Mamet. Cette cascade, formée par le torrent qui arrose cette vallée, la plus riante des Pyrénées, quoique toute petite. C'est une conque de verdure, un vrai lac fleuri au sein des roches granitoïdes, abondantes en feldspath. Les amateurs du calme, de la fraîcheur et de la science peuvent passer là une ravissante journée. Un livre, un ami, dans ce nid de verdure, est une des plus grandes jouissances de la vie; bien des fois l'expérience nous l'a dit. Surtout, je n'oublierai jamais cette journée du mois de septembre ; j'y étais avec Octave, cet ami de cœur qui a redoublé pour moi les enivrements des montagnes, en parcourant ensemble et en détail tous les sites. J'ai connu alors les charmes d'une amitié vraie et sainte, et j'ai compris, une fois, ces paroles des Saintes-Écritures : « Celui qui a rencontré un ami a trouvé le plus précieux des trésors. »

Dans la contemplation des choses de Dieu et dans l'épanchement de nos deux âmes, les heures s'étaient envolées sur les ailes du plaisir, avec la rapidité des nuages chassés par l'autan, lorsque, surpris par la pluie, nous quittâmes notre sanctuaire de poésie et cherchâmes un abri dans une grange. Là, mollement assis sur le foin odorant, nous reprîmes notre conversation, égayée par cet incident, tandis que, de nos crayons, nous reproduisions une cabane entourée d'un massif d'arbustes et enveloppée par la brume comme d'une gaze. Un jeune berger vint nous présenter une vieille épée. Sa forme arabe, la rouille qui la rongeait à moitié, les ruines antiques où elle avait été trouvée, tout cela fournit un abondant sujet à notre imagination. Bientôt elle devint une Durandal, et nous la vîmes accomplir de grands faits d'armes au milieu des combats.

Cependant comme le jour baissait et que la pluie tombait encore, pour ne pas inquiéter la famille, nous nous mîmes en route. Il n'y a rien qui unisse deux âmes faites l'une pour l'autre comme un mauvais temps dans les montagnes; elles se soudent, se confondent, s'unissent. Et cette pluie, si désagréable dans un autre moment, on l'aime, on la bénit; elle vous a procuré les plus douces émotions de l'âme, les émotions du cœur; elle vous a donné une image du ciel, où il n'y aura qu'une émotion éternelle, celle de l'amour. Pourquoi celles de ce monde sont-elles si fugitives et ont-elles une fin si rapide? Dieu ne veut nous donner que des essais de bonheur, afin de ne jamais perdre de vue celui des demeures éternelles. La rose brille un matin et se flétrit le soir; la gloire n'a que la durée de l'éclair; le soleil a son aurore et son coucher. L'amitié tient beaucoup de cette fragilité humaine, quoiqu'elle soit une exilée du ciel sur la terre. Et on serait presque tenté de dire de cette chose si vantée et si rare, si on ne craignait de dire vrai, la parole de Brutus à la vertu : « Amitié, tu n'es qu'un nom. »

Mais que deviendrait l'arbre de la vie, dépouillé de cette dernière fleur? Toute faible et fragile qu'elle est, on préfère se mentir à soi-même, afin d'en savourer le parfum, ne fusse qu'un instant.

A la froide raison, dans un de ces moments rares où l'œil sait voir la réalité à nu, dépouillée de tous ses oripeaux, je me disais la vérité; mais la vérité était dure : je préférais les séductions du rêve. Bientôt le réveil arriva : le vent de la grandeur avait poussé la nacelle de mon ami vers les hautes eaux!

Le brin d'herbe, qui pousse au pied du cèdre, ne voit jamais la cime du géant se pencher vers lui que lorsqu'elle est brisée par la foudre; mais puissé-je ne jamais voir ce malheur plutôt que d'acheter si cher cette satisfaction. Qu'il soit heureux, voilà ma vengeance!

L'amitié, pour être vraie et durable, doit exister entre pareils. David et Jonathas s'aimaient parce qu'ils avaient nivelé les rangs et confondu les existences. L'ambition, en rêve ou réalisée, est le plus violent dissolvant de l'amitié.

Mais pourquoi aller si vite et faire de la philosophie quand on est de mauvaise humeur?

Je vous disais donc que la pluie tombait et réchauffait nos cœurs. Bientôt elle devint même plus serrée et plus pénétrante; et bien nous valut de trouver un refuge chez le portier de la Fabrique. La Fabrique est cette agglomération de bâtisses situées au bas du chaos que je vous ai fait remarquer. Elle s'appelle aussi la Fonderie, et, si on ne connaissait pas son nom, on le devinerait aux longues et massives cheminées qui s'élèvent comme des tourelles au-dessus des toitures d'ardoise. Elle fut créée par le comte de Benel, en 1784, pour une manufacture de safre. Elle était alimentée par une mine de cobalt exploitée dans la vallée de Gistain. Elle donnait par an 6,000 quintaux de safre et d'azur, produit plus que suffisant pour toutes les peintures d'émaux et les fabriques du royaume.

Plus tard, on y fondit le verre, le plomb, l'argent. En 1822, par l'ordre du duc d'Angoulême, on en fit un lazaret pour y recevoir les malheureux atteints de la fièvre jaune. Après y avoir purifié les pestiférés, on y a purifié le manganèse ; et qui sait encore à quoi cela est destiné !... Sur ces murailles, où le temps gratte déjà de sa griffe de fer, on pourrait écrire, comme sur le frontispice de la religion protestante : *Histoire des variations*.

Sous le règne de Louis-Philippe, elle fondait l'argent, et prospérait ; le roi y avait des actions, et on voyait sortir des brasiers de cette fonderie des lingots d'argent de la valeur de 2,000 fr. Il y avait toute une armée d'ouvriers : ils étaient enrégimentés, ils avaient leurs chefs et leur tambour-major. Parfois ils ressemblaient à une légion de démons, à leurs bras nus, aux manches retroussées, à leur figure noircie, à leur poitrine velue. Ils étaient presque tous de Saint-Mamet. Le minerai s'exploitait dans nos montagnes. Dans leurs veines se cache le plomb, le cuivre, l'argent et l'or. Mais notre pays semble fatal à presque toutes les entreprises. Quarante-huit frappa au cœur la prospérité de cette fonderie. Elle s'appuyait sur le gouvernement, et quelque grandiose que paraisse cette base, nous avons appris, plusieurs fois dans un demi-siècle, combien elle était ruineuse. Le gouvernement croulait et la Fonderie avec lui. Les murs seuls restèrent, pour dire avec une triste dérision qu'ils sont plus solides qu'une monarchie et même plus durables, dans leurs ruines, que l'amitié, ce qui est encore plus désolant.

CHAPITRE IX

MONTAUBAN.

On peut se diriger vers Montauban par l'allée de la Pique, c'est la route la plus agréable.

L'allée de la Pique est devenue le boulevard des marchands. A défaut d'autre place, ou par un sans-façon trop négligé, qu'on les ait cantonnés là comme un immense bazar de toutes les productions étrangères et du pays ; cela se comprend un peu, bien que l'allée soit mutilée ; mais on ne comprend pas qu'on ait laissé camper là tous ces marchands à la façon des bohémiens, sans ordre, sans dessin, sans régularité. Si tant on les y veut, pourquoi ne pas construire des magasins d'une architecture régulière, élégante, rachetant par un ensemble agréable ce que l'allée perd de son gracieux ? Mais encore, en faisant ces constructions, sera-t-on d'accord avec cette grande idée « de sauver ce qui est déjà construit ? » J'y vois un contre-sens.

Au fond de l'allée, avant de tourner à gauche, arrêtez-vous un instant sous l'ombrage des saules-pleureurs ; en face de la Pique moutonnante et tombant en cascade par-dessus les rochers d'une digue... Ce premier plan, avec la tour de Castel-Vieil au second et le port de Vénasque bleuté et ses plaques de neige, forme le paysage classique des touristes.

C'est beau !

On va encore à Montauban par la rue de Piqué, où l'on trouve un casino et un tir sur la plus grande échelle; tous les jeux y sont connus. A quelques pas plus loin, la villa Jypsy attire votre attention. Dans le même édifice, sous la même toiture, il y a un musée, un casino avec salle de théâtre et un temple de protestants. Ce mélange pittoresque s'appelle libéralisme, progrès.

Le casino, avec ses salles de jeux et son théâtre, est tombé d'inanition et d'ennui. Que l'expérience nous garde de l'avenir !

Ce qui m'attriste profondément, c'est que l'on ait laissé partir le Musée Pyrénéen pour je ne sais quel pays. Quoi ! on a laissé partir cette création de Nérée Boubée, de cet homme qui s'était voué à notre pays de toutes les puissances de son âme et de sa vaste intelligence ; qui nous a consacré les trente années de sa vie laborieuse et dont le dernier souffle et la dernière pensée ont été pour nous !... Cette création faisait passer sous nos yeux surpris et étonnés 2,000 échantillons de roches et de minéraux, plus de

200 variétés de marbres, 2,700 espèces de quadrupèdes, de reptiles, d'oiseaux, de poissons, de coléoptères ; une série parfaite de vues, d'aquarelles, de sépias, de tableaux relatifs aux Pyrénées; une bibliothèque choisie de cette chaîne, des porcelaines de Valentine et d'autres curiosités dont je n'ai pas souvenir. Elle n'est plus, cette création, la plus considérable et la plus spéciale, qui, d'un seul coup, faisait saisir l'histoire en relic de nos montagnes, avec toutes leurs richesses! elle n'est plus, cette création qu'il aurait fallu trouver si elle n'eût existé ! Cette belle page de nos montagnes, on l'a déchirée, et le vent en a emporté les morceaux ! Quelle faute de l'administration !

Il y avait là une récréation douce, instructive, que ne remplaceront jamais tous vos casinos.

Tout à côté de la villa Jypsy, est située la magnifique chartreuse Bertain. C'était l'habitation du prince. Dans les châlets, que son œil caressait toujours en passant, le prince aurait trouvé plus de vie, plus de poésie, de quoi éviter, par le rapprochement des bains, les surprises de l'air si vif de la Pique, toujours dangereuses, après les évolutions de la salle de natation.

A l'entrée du pont de la Pique, s'élève à droite une croix en pierre jaune ; elle fut payée par les aumônes des dames Luchonnaises de la grande allée ; sans doute, elles n'auraient point voulu la placer si loin. Cette croix, artistement ciselée, est l'œuvre de Cassagnavère, que nous retrouverons bientôt. Il y a quelques années, elle se dessinait à ravir, sous la chevelure d'un majestueux saule-pleureur. Sous ce dôme de verdure, elle était comme dans un sanctuaire. L'arbre a été coupé, et le charme du tableau s'est envolé. Je ne puis résister au désir de raconter une scène que j'ai vue, de mes yeux, se passer au pied de cette croix.

Un mendiant, vieux débris de la grande armée, assis sur le socle, implorait la pitié du passant. Il tend la main à l'un des plus habiles peintres de marine. L'artiste est frappé par la noble figure de ce vieillard, qui avait gardé, comme tous les soldats de l'empire, un reflet du grand homme ; avec son bâton et ses guenilles il formait un sujet de genre.

En quelques minutes, l'artiste a crayonné le mendiant, et, en le quittant, il lui fait promettre de se rendre devant l'Établissement, le dimanche suivant. Il doit vendre son portrait et lui en donner le prix. Le vieillard, autrefois défenseur de la patrie, sourit d'un sourire inintelligent ; mais, ce qu'il paraît mieux comprendre, c'est la pièce blanche que l'artiste laisse tomber dans sa main.

Cependant, soit souvenir de la pièce ou reste de raison, il fut fidèle au rendez-vous. Impossible de se figurer l'allégresse, la jubilation de cet homme, quand, après l'enchère, le peintre mit, dans ses deux mains tremblantes et décharnées, 300 francs en or, prix du crayon payé par Rothschild. Dans toute sa vie, il n'avait possédé une pareille somme ; il était ivre de bonheur. Tandis que l'on admirait le dessin et la jubilation du pauvre homme, je contemplais la figure de l'artiste, illuminée, par cet acte de générosité, d'un rayon divin, et je me disais : « Jamais le triomphe le plus éclatant ne lui donnera une joie si douce et si pure. »

Le pont passé, on voit à sa droite une scierie. Hier elle était inconnue, demain peut-être elle sera célèbre. C'est là que le jeune prince, lorsqu'il pouvait saisir à l'improviste sa chère liberté, dépouillant toute contrainte, et se laissant aller à son bon naturel, jouait à la bascule avec l'enfant du peuple. C'est là qu'à cheval sur une pièce de bois, il se laissait traîner par le mouvement du mécanisme qu'il cherchait à deviner. Les ouvriers, qui ont eu le bonheur de causer avec lui, me disaient « que le peuple serait heureux, sous son règne, s'il tenait tout ce que promettent son noble cœur et son caractère aimable. » Et il y a dans le paysan un bon sens et une finesse qui feraient honneur à nos diplomates.

A gauche, jetez un regard sur le Châlet-aux-Fleurs. La fortune a souri au propriétaire, et ce sourire s'est épanoui en fleurs, en bosquets, en ruisseaux, en cascades, en châlets. Lorsque le parc, qui l'environne, aura grandi, et qu'il sera dans l'adolescence, ce sera une féerie.

Enfin l'église que nous voyons, au bout de notre route boisée, comme un château au fond d'une allée, nous dit que nous arrivons à Montauban.

Ce village, assez pauvre aujourd'hui, aura dans quelques années une résurrection grâce aux coupes de ses riches forêts qui couvrent la montagne au pied de laquelle il s'allonge. Il est singulier que Luchon, avec les mêmes titres, et dans un procès semblable, ait perdu ses forêts. Il y a, quelque chose de bien fort dont nous serions curieux de connaître l'énigme ? Dans toutes les histoires, grandes ou petites, il se trouve des passages qui attristent l'âme de l'écrivain et qu'il n'ose sonder !

Les choses rares de Montauban sont l'œuvre de M. le curé, comme les merveilles de la civilisation sont l'œuvre du christianisme. Vous avez dû rêver parfois un prêtre vénérable, à l'œil inspiré par une lumière divine, à la figure noble, majestueuse, encadrée par une blanche chevelure, à la démarche grave, à la taille élevée ; eh bien ! ce type de votre esprit, vous le trouvez réalisé dans M. le curé de Montauban. Depuis longtemps ses vertus ont consacré son nom.

Après avoir élevé à son Dieu des sanctuaires dans les âmes, il voulut, au déclin de ses beaux jours, élever un temple pour les âmes. Dans les palais qu'il avait habités dans sa jeunesse sacerdotale, il s'était dit : « Que de richesses, que de luxe pour couvrir une pauvre masure pétrie de boue ! il faut qu'au sein des montagnes je montre aux grands de ce monde que, même au milieu de la pauvreté, la foi sait élever un palais à son Dieu. » Ce fut là une idée qu'il n'abandonna jamais, et à laquelle il sut donner une place dans toutes ses œuvres et dans toutes ses directions.

Et cette idée, on la voit se réaliser grandiose, là où la vieille église ressemblait à une cabane. Comme l'église se construisait aux pieds des forêts, et en partie avec leurs revenus, le pasteur voulut qu'elles fussent représentées dans le monument par la sculpture gothique. Les colonnes, y rappellent les troncs d'arbres, et les nervures des voûtes, les rameaux qui s'entrelacent. On retrouve leur religieuse horreur et leur mystérieuse divinité, dans le passage secret, dans les fraîches voûtes et les ténèbres silencieuses des cryptes. Ces dernières, à elles seules, avec leurs ailes lourdes et massives, formeraient une église dont beaucoup de villages seraient heureux. Elles furent construites pour élever l'édifice au niveau de la route, et pour placer l'église au-dessus de la vallée, comme un phare protecteur. Il les fallait aussi au mysticisme du curé. J'avoue que l'âme dans la peine, sous ces voûtes silencieuses, au pied d'un autel surmonté d'un groupe représentant, grandeur naturelle, l'homme-Dieu, le fils de Marie mort sur les genoux de sa mère abîmée dans un océan de douleur, doit avoir trouvé là de quoi prier, pleurer, se consoler. Le souvenir de cet autel sera pour moi, à jamais, un souvenir mêlé de bonheur et de tristesse !

En sortant de ces voûtes religieuses, arrêtez-vous devant le vitrail qui se trouve en face, au niveau de votre front. Il est d'un travail heureux, et au milieu des flammes du purgatoire, vous voyez des visages torturés par la douleur, et dans leurs yeux, mouillés de larmes, un rayon d'espérance ; au-dessus de ces têtes, tourmentées par les flammes, on voit des âmes à moitié élancées ; il y a autant de souffrance, mais tempérée par plus de joie ; enfin, dans la partie supérieure du vitrail, ce sont des anges qui emportent les âmes purifiées, et on ne sait distinguer quel est le visage le plus radieux, des anges ou des bienheureux.

C'est Cassagnavère, de Toulouse, qui a fait jaillir du marbre toutes ces sculptures si élégantes. Avec une égale habileté il fait la statue, les fleurs, les dentelles. Son ciseau s'amuse, avec la même facilité et la même précision, dans le marbre, la pierre, le bois. Il fouille et drape en maître, et, par-dessus tout, il a l'amour des lignes. Son autel de Notre-Dame de la Salette est un petit chef-d'œuvre. On regrette que son travail reste incomplet. Il est vrai qu'après lui on ne brise pas le ciseau, mais il peut y avoir une pénurie d'artistes.

Rien ne doit manquer à cette église, pour en faire une œuvre parfaite. C'est là que M. Bernard, ce luchonnais conquis, ce peintre d'ornementation qui a suivi souvent R. Cazes, pour encadrer ses sujets dans de brillantes décorations, a mis au jour les fortes lumières de son intelligence. Sa foi vive et robuste donne à ses travaux le ton pieux si nécessaire et trop souvent négligée dans les églises. Il sait choisir ses teintes et ses dessins, de façon à exalter l'âme par le regard. Sous les voûtes décorées par son pinceau et son âme, le cœur prie deux fois.

Aux inspirations de son intelligence et de son goût naturel, il joint une étude constante des meilleurs ouvrages, et agrandit par le travail ses belles facultés. Il possède son art à fond ; aussi ses peintures, toujours en harmonie avec les édifices qui lui sont confiés, font revivre les époques et les siècles, avec une heureuse précision.

Ses peintures, légitimement vantées, du pèlerinage de Sarrance prouvent qu'il sait unir, avec un égal bonheur, les personnages au décor. Le travail de Montauban sera un de ceux qui feront le plus d'honneur à l'artiste.

L'église, toutefois, n'est pas achevée, et l'absence d'un clocher la fait ressembler à un bâtiment sans mât, mais qui n'a rien à redouter des orages. Nous croyons que cette absence a sa raison d'être, avec un curé qui saisit au vol les pensées des âmes, qui lit dans les consciences, dit-on, et dans le lointain ténébreux de l'avenir. Et le clocher n'en sera que plus majestueux, pour avoir attendu de paraître.

Devant l'église, il y a un parterre : c'est le champ du repos. Heureuse idée qui fait pousser les fleurs sur les tombes; ces fleurs nous disent notre résurrection. Comme la graine, nous sommes jetés en terre pour fleurir et nous épanouir dans les célestes parterres de l'éternelle Jérusalem. Au milieu de ce jardin, s'élève une croix en marbre blanc, copiée sur un modèle antique : c'est une des belles pièces finies de Cassagnavère. Sous cette croix a été ménagé un caveau, et c'est là que le pasteur doit reposer au milieu de ses brebis. Cette pensée de la mort, toute pompeuse qu'elle est, toujours debout devant ses yeux, dit à son âme plus encore que la neige qui couvre son front : « qu'il doit mourir ; mais qu'il doit mourir aussi grand par ses vertus que son mausolée est élevé au-dessus des tombes de gazon de ses pauvres fidèles. »

Maintenant traversons le village, et montons d'un seul trait jusqu'au portail du jardin, si en renom, de M. le curé.

Sur votre passage, des enfants déguenillés, malpropres, quoiqu'ils aient les pieds dans l'eau, vous demanderont une aumône. On crie beaucoup contre cette importunité. Il vaudrait mieux, en effet, pour la tranquillité de votre cœur et la délicatesse de vos regards, que tous les malheureux fussent jetés dans les ténèbres d'un cachot ; mais comme il y aura toujours des pauvres, et que la parole de Jésus aura justice de ce mot inhumain et sans entrailles : « la mendicité est interdite, » donnez l'aumône, et ce petit sou, qui n'est rien pour vous, sera une souffrance de moins pour votre frère.

Quand vous entrerez dans le parc, donnez encore 50 centimes de bonne grâce. Outre que le spectacle auquel vous allez assister est d'un grand prix, la pièce de monnaie est une pierre pour l'église, un vêtement et du pain pour le nécessiteux ; donc deux joies à la fois, celle des yeux et celle de l'âme.

Ce jardin est un calvaire, mais un calvaire de jouissances pures et d'innocentes séductions. Nul étranger, venant à Luchon, ne peut s'empêcher de le visiter. Il offre, dans une miniature parfaite l'ensemble de toutes les beautés des montagnes. L'art et la nature ont rivalisé d'efforts pour en faire une féerie. On y voit les fleurs, les arbustes, les grands arbres du pays. A chaque pas, on rencontre des torrents, des cascades, des lacs, des ravins, des précipices, des rochers, des parterres, des charmilles, des sanctuaires de verdure ; et ajoutez à cela une vue ravissante, un panorama enchanteur, toute la vallée de Luchon avec ses villages perchés, ses montagnes et ses pics bleutés à l'horizon, qui viennent sans cesse se présenter à vous, au détour d'une allée, à l'improviste. C'est le jardin soigné, avec les fières horreurs de la nature. On aime ces lieux, on les chérit et on ne se console de les quitter qu'en se promettant de les revoir. Cent fois je les ai visités, et cent fois j'ai été subjugué par le même charme. Les journées s'y écoulent avec des délices inconnues. Là, un livre, un crayon, un ami, c'est le bonheur.

Arrivé au sommet du jardin, on ne peut s'empêcher, si peu que l'on ait de force, de gravir, durant quelques minutes, un sentier rocailleux. Cette vue est nécessaire pour compléter le tableau, c'est le dernier coup de pinceau du maître.

Vous avez vu la nature vraie, mais petite, délicate ; maintenant c'est encore elle, sauvage, grandiose, saisissante.

En approchant, vous entendez le hurlement sourd et

rauque du torrent, et il vous envahit avec un brouillard froid, qui imprégne vos habits d'humidité. Le voilà bondissant, blanc d'écume dans son lit creusé à travers le granit. Il s'élance comme un lion au-dessus d'une roche, tombe sur une seconde, rebondit et se précipite bouillonnant, échevelé, éperdu, dans un abîme de cent pieds de profondeur, se brise en poussière humide, se glisse et fuit en ondes claires sur un gravier brillant. Lorsqu'un rayon de soleil pénètre dans ce gouffre, l'air se remplit de rubis, et les couleurs de l'arc-en-ciel flottent au-dessus de ces majestueuses horreurs.

Quand, pour la première fois, on est en face de ce spectacle, l'admiration est à son comble.

Ici, comme auprès de toutes les autres cascades, le visiteur ne doit pas oublier qu'il ne faut pas affronter les froides haleines du torrent, avant de s'être précautionné contre les surprises d'une atmosphère glaciale, dont les suites pourraient être des plus funestes.

On fait ordinairement cette promenade à la fraîcheur du matin, et alors, après le spectacle qui vient d'exalter les sens et d'aiguiser l'appétit, on étale le déjeuner, que l'on a eu l'heureuse idée de faire suivre, sur une table de pierre, dans un cabinet creusé dans le roc, à côté des ondes murmurantes du jardin du curé, ou mieux sur un tapis de verdure, à l'ombre des châtaigniers, non loin de la grande cascade, dont la note bruyante et grave sert de fond à une pétillante gaieté.

CHAPITRE X

JUZET.

Sans vous faire revenir à Luchon, selon l'usage, en descendant du jardin du curé, un peu au-dessous de l'église, tournez à droite, et, par une route gracieuse, à travers de riches moissons qui grimpent jusque sur la croupe des montagnes, vous arrivez au village de Juzet, qui, malgré sa modestie, a produit deux familles bien respectables : l'une d'elles a eu des illustrations et un roman.

L'église, sans avoir la grandeur de celle de Montauban, est bien, et elle a le mérite d'avoir été la première, la plus jolie de toutes. La flèche du clocher s'élance svelte dans les airs, et montre au loin son disque d'or, qui, sous les feux du soleil, brille dans l'espace, à travers le feuillage des arbres, comme une immense pierre précieuse. Le pasteur de ce petit troupeau, animé d'une sainte émulation, a tenté de suivre le vol audacieux de l'aigle de Montauban, mais le souffle a manqué à sa poitrine et l'envergure à ses ailes. Nous ne sommes pas tous nés sous une même étoile aussi heureuse ; et puis, la fortune a ses caprices et ses fantaisies : l'aubépine n'a-t-elle pas son roitelet, et le rocher du Portillon son aigle ? et partout cependant il y a harmonie.

On laisse à gauche une blanche maison, aux contrevents verts ; on monte pendant quelques instants, et on se trouve en face de la cascade de Juzet qui a plus de pittoresque que la première. Elle se tord et écume entre deux rochers, en forme de coin, qui se dressent des deux côtés comme les gigantesques talus d'une forteresse inexpugnable. Sur le milieu de cette muraille de granit s'avance, dans le vide, un gros rocher ; le torrent, qui hurle et lutte depuis sa source, l'attaque vigoureusement, le surmonte, le franchit d'un bond puissant, et, comme un guerrier qui, escaladant les remparts, se précipite furieux, à travers les rangs ennemis : telle torrent se précipite impétueux et écumant à la conquête de la vallée. Sur son passage, il fait se plaindre un petit moulin qui, avec son chaume effondré, sa charpente disloquée, ses murs crevassés, offre à ce paysage émouvant un premier plan admirable ; c'est que les ruines parlent plus dans un tableau qu'un monument frais et entier. Dans un second plan, les cimes des rochers, ombragées par des arbres vigoureux qui ont poussé dans les fentes, se joignent en arcades de verdure au-dessus de la cascade et lui forment un singulier et magnifique arc-de-triomphe. Une fine rosée rejaillit sur le gazon qu'elle vivifie, et ses perles roulantes étincellent en glissant le long des feuilles.

Les naturalistes verraient dans cette luxuriante végétation que la poussière humide des cascades nourrit les arbres par leur feuillage, comme la terre les nourrit par les racines, et que Dieu est toujours fécond et mystérieux dans ses moyens. Çà et là, à travers les cailloux lavés et sur le gazon humide, on voit briller le rouge de la fraise et de la framboise. Ce n'est pas sans plaisir qu'on les cueille pour en savourer l'arôme, ou pour les porter en bouquet, après y avoir mêlé les fleurs, qui émaillent la pelouse et que l'on foule sous ses pas.

Juzet visité, on arrive à Salles, dont les eaux ferrugineuses sont justement vantées, et on revient à Luchon par Antignac et Moustageon, où l'on voit le vieux château de Fondeville, qui rappelle une triste histoire et un procès fameux.

Depuis quelques années, ce tour de la vallée est devenu très à la mode, soit en voiture, soit à pied.

Le soir, après le dîner, lorsque les ombres de la nuit luttent avec les dernières lueurs du jour, et que l'air est descendu plus frais des glaciers, il y a sur le cours d'Etigny des voitures, les unes plus légères, plus riches, plus élégantes que les autres, attelées de coursiers rapides, creusant l'arène de leur sabot, impatients de franchir l'espace. Elles sont toutes à la disposition des amateurs d'un tour de vallée, à l'heure si poétique du crépuscule; dans ce moment où la campagne jette dans l'air sa dernière note vitale; dans ce moment où le silence prélude aux harmonies de la nuit par le dernier chant de l'oiseau, par le dernier tintement de la clochette, au cou de l'agneau, par le dernier bêlement de la chèvre et le dernier refrain du pâtre, poussant gaiement son troupeau vers l'étable.

Vous, modeste étranger, qui n'avez pas les moyens ou le goût de soulever après vous un tourbillon de poussière, et de glisser, à travers tous ces charmes du soir, comme une étoile filante dans le sombre azur du ciel ; laissez passer sans souci et sans regret ce plaisir du riche, dont la destinée est de déflorer ses joies, par un usage trop rapide et trop souvent répété.

La véritable jouissance de cette promenade vous appartient, c'est vous qui allez en savourer en détail les délices. Vous pourrez, à votre aise, étudier tous les bruits que le flot de l'air vous apportera ; vous pourrez, dans les ondes parfumées qui envelopperont votre front, chercher quelle est la fleur amie et la plus odorante de ses compagnes. C'est vous qui, enivré de suaves émotions, vous reposerez sur le banc de pierre, adossé contre un tronc d'arbre, et serez comme enlevé au-dessus de la terre par ce qui se passera autour de vous et au dedans de vous.

Les regards se portent vers la voûte céleste, où s'égarent de temps en temps de légères vapeurs, fondues par les rayons doux et argentés de la reine des nuits, richement entourée d'une pléiade d'étoiles étincelantes. Les yeux se fixent sur une de ces étoiles, et les autres, jalouses de leur sœur, paraissent scintiller avec plus d'éclat ; elles voudraient, elles aussi, attirer notre attention. On se plaît à regarder la voie lactée, où Dieu prodigue ses richesses, avec tant de profusion, et qui partage la voûte céleste d'une nuée vaporeuse. Alors l'âme s'exalte, et trouve dans ces beautés quelque chose de plus qu'une exquise harmonie, qu'un spectacle magique, elle y trouve le langage de Jéhovah : « Les cieux racontent la gloire de Dieu. »

Tous ces rayons qui partent des mondes, perdus dans l'immensité, pour réjouir notre vue, notre cœur, suscitent des pensées sublimes, un espoir sans bornes. Et on ne peut s'empêcher de répéter les belles paroles de Xavier de Maistre. « J'aime, dit-il, à penser que ce n'est point le hasard qui conduit jusqu'à mes yeux cette émanation des mondes éloignés, et chaque étoile verse avec sa lumière un rayon d'espérance dans mon cœur. Eh quoi ! ces merveilles n'auraient-elles d'autres rapports avec moi que celui de briller à mes yeux ? Et ma pensée qui s'élève jusqu'à elle, mon cœur qui s'émeut à leur aspect leur seraient-ils étrangers ? Spectateur éphémère d'un spectacle éternel, l'homme élève un instant les yeux vers le ciel, et les referme pour toujours. Mais, pendant cet instant rapide qui lui est accordé, de tous les points du ciel, et depuis les bornes de l'univers, un rayon consolateur part de chaque monde et vient frapper ses regards pour lui annoncer qu'il existe un rapport entre l'immensité et lui, qu'il est associé à l'éternité. »

Et lorsque notre âme, fatiguée de ce vol radieux dans les hautes régions, redescend vers la terre, elle peut encore continuer ses grandes rêveries. Entre l'homme et Dieu, il n'y a rien de vulgaire. Le ver luisant des buissons, les insectes brillants qui miroitent aux feuilles des arbres agitées par la brise ; les petites pierres ferrugineuses ou de micapas, incrustées de points scintillants, toutes ces petites merveilles sont aussi sublimes dans leur langage, que les sphères célestes dans leur marche régulière et triomphale ;

car rien n'est petit pour Celui devant lequel rien n'est grand, et rien n'est méprisable pour Celui qui a tout fait de rien.

Ainsi tous les charmes de la nature s'appellent et s'attirent, et on peut d'autant mieux en jouir, que l'air est d'une douceur enivrante. Au pied des cascades, au bord des lacs, sur la cime de nos pics, le froid pénétrant trouble toujours un peu le plaisir qu'on pourrait goûter. Ces petites sensations de froid et d'humidité qui gênent, qui détournent plus ou moins notre attention de ce qui la captive, produisent le même effet qu'un son faux dans un concert.

Ici, le bien-être est parfait; et l'on éprouve, selon la pensée d'une femme célèbre, une si grande amitié de la nature pour nous, que rien n'altère les sensations agréables qu'elle nous cause.

Dans ces moments, la nature est comme un temple. L'âme se sent vivre plus que jamais; plus que jamais elle se sent immortelle, et volontiers elle tomberait à genoux pour verser, au sein du Créateur, des confidences et des prières; mais la Providence, qui a compris les émotions de ces promenades, a placé sur la route des sanctuaires où brille la lampe sainte, et où Jésus, ce Dieu d'amour, nous attend dans un demi-jour, si favorable pour prier et pour aimer.

Mais l'âme est l'amie des variations; elle aime à passer des rêveries du cœur aux joies vives et animées, et notre promenade, comme pour satisfaire ses goûts, nous permet d'entendre les notes bruyantes du cor de chasse. Nulle part, autant que dans nos vallées, ces fanfares de cuivre ne produisent des effets enchanteurs.

Des amateurs, placés aux flancs des montagnes, laissant la vallée au centre, semblent entretenir des conversations musicales. Ils se répondent dans le lointain, ou bien, après un solo énergiquement exécuté, tous reprennent ensemble le refrain ; on croit entendre la musique d'une armée qui sonne la charge ; les échos se multiplient ; comme effrayés, ils ne redisent plus que par lambeaux le refrain du chasseur, et les montagnes semblent s'étonner d'une si puissante musique.

D'autres fois, aux chants joyeux du chasseur qui part, et à l'accent guerrier lançant la meute, succède le cri plaintif de l'animal blessé et les gémissements du cerf aux abois ; et l'âme s'émeut d'une émotion qui a sa douceur.

Le cor de chasse, par ses notes vibrantes, est le véritable instrument des montagnes ; on retrouve en lui l'éclat du tonnerre, le bruit de la cascade et les plaintes du vent dans la forêt.

CHAPITRE XI

ROUTE DE LA VALLÉE DU LIS.

Maintenant que nous avons visité les plus voisines dépendances de Luchon, secouons nos ailes et étendons un peu notre vol. Avant toutefois de vous lancer dans les gorges, de vous poser sur les pics, de vous faire mesurer la profondeur de nos précipices et de vous égarer dans le dédale de nos forêts, il faut de toute nécessité visiter une de nos plus précieuses raretés : le plan en relief des Pyrénées centrales, de M. Lézat.

Dans un espace de 5 mètres 75 cent. de long, sur 2 m. 50 c. de large, et une hauteur de 70 cent., l'habile ingénieur a représenté la portion des Pyrénées, comprise dans notre département et dans le val d'Aron, ainsi que le versant espagnol où se trouvent Vénasque et la Maladetta.

Ce travail, véritablement supérieur, vous donnera une

idée générale des courses que vous avez à faire; et il faudra, pour bien connaître le pays, pour bien le posséder et vous en rendre compte, qu'avant et après toutes vos courses, vous puissiez le consulter. On comprend cela après la définition qu'a donnée de ce plan M. Brochan fils : « C'est l'œuvre de Dieu patiemment analysée par l'homme de la science, et reproduite avec amour par l'homme de l'art. »

Rien, en effet, n'a échappé à son œil, qui planait au-dessus des abîmes comme celui de l'aigle ; il a tout vu, tout rendu, tout photographié en relief, avec une précision remarquable. On y voit les vallées et les montagnes avec leurs pelouses, leurs sentiers, leurs bosquets et leurs arbres. Là, il fait bleuir le lac comme une parcelle tombée de l'azur des cieux; là, il fait écumer le torrent et gronder la cascade; là, il livre au souffle du vent les forêts de sapins et de hêtres; là-bas, au fond de la vallée ou sur le flanc de la colline, s'abrite le village montagnard; ici est le pic décharné et tourmenté par la foudre; plus loin, ce sont les précipices dont les profondeurs donnent le vertige, et sous vos pas c'est le froid des glaces de la Maladetta, ce géant qu'il a pris corps à corps et qu'il a pétri de ses pieds. Jetez à présent là-dessus le coloris avec toutes ses teintes variées, et vous aurez une faible idée de ce travail.

Ici non plus, les Pyrénées n'ont pas à redouter les Alpes, ces sœurs trop privilégiées, dans le beau plan en relief de Lucerne, fruit de la science et des travaux du général Pfiffer.

Je ne suis pas du tout surpris que les Académies des sciences de Toulouse, de Bordeaux et de Paris aient donné à M. Lézat les félicitations les plus flatteuses. Lorsque l'on pense à tout ce qu'il lui a fallu de patience, de courage, d'énergie pour dompter les cimes orgueilleuses de nos pics, à toutes les variations de l'atmosphère qu'il a dû supporter à toutes les privations et les fatigues inouïes qu'il a eu à surmonter, nous, Luchonnais, nous ne pourrons jamais donner assez de reconnaissance à la mémoire de M. Lézat.

Du reste, dans ses longues et nombreuses pérégrinations à travers nos rocs et nos glaces éternelles, il a fixé beaucoup de sentiers incertains, il a mis au jour des sites ravissants et inconnus, et c'est dans une de ses découvertes, à la rue d'Enfer, qu'il faillit perdre la vie.

L'étranger, qui est maintenant fixé sur tout ce qu'il a à visiter, peut choisir son guide et sa course.

Une fois pour toutes, je dois dire à ceux qui parcourent les montagnes : en touristes inexpérimenté de ne pas se laisser emporter par l'impatience de leur cheval, ni par le plaisir d'une course rapide ; ils perdraient le but principal de leurs excursions. Ce n'est pas seulement le site que vous allez visiter qui aura de l'attrait pour vous, mais la route qui vous y conduit a souvent plus de séductions. Et lorsque vous passez comme un trait, au milieu de ces beautés, tout absorbé de votre galop et de l'équilibre à garder, ce sont là des plaisirs de jeunesse que vous auriez pu prendre bien mieux au sein de la monotonie de la plaine, sur ses routes poudreuses, droites et sans fin. Outre que vous vous exposez à une chute, vous semblez mépriser des beautés si remarquables, et faire preuve d'absence de goût et de poésie.

Cela dit, commençons nos excursions par la vallée du Lis, la plus facile. On peut faire cette course à cheval ou en voiture ; la route est très-bonne. En voiture, si l'on a le désagrément de ne pas s'arrêter quand on veut, on a aussi l'avantage de parcourir au pas la plus grande partie de la route, et de jouir à son aise du spectacle qui se déroule aux regards excités par le piquant des observations.

La cavalcade traverse le petit hameau de Beauregard ; on laisse à gauche la fonderie, et on salue, sur son passage, la chapelle de Bon-Rencontre. Cette chapelle est tout un roman. Elle fut construite par un prince espagnol, pour remercier la Vierge de son heureuse rencontre. L'Espagnol a dans son âme un culte égal pour l'amour et pour la religion. A trente pas plus loin, on arrive sous un tilleul ; celui qui connaît la scène tragique qu'il rappelle, n'y passe jamais de nuit sans faire un signe de croix.

Quelques minutes après, vous rencontrez un corps-de-garde de douaniers, placé là pour arrêter le contrebandier. Bien des fois durant mes jeunes années, quand mon père portait le mousquet, je papillonnais à travers les allées aux bordures fleuries du parterre élégant, qui entoure la petite habitation. En passant, jetez-y un regard, et vous serez d'autant plus impressionné, qu'il offre toutes les richesses d'un parc bien soigné, sur la lisière d'un site sauvage.

Les contrastes, qui viennent à propos, forment la plus agréable surprise de l'âme. Tout à côté, la roche du malheur lève son dos brun ; un jeune pâtre glissa sur ses parois mouillées par la pluie, et s'y écrasa la tête.

A gauche est un monticule, jeté là comme pour servir de piédestal à la tour qui le domine ; sentinelle avancée veillant sur les deux routes de l'Aragon et de la Catalogne, rampant à ses pieds. L'origine de la tour de Castel-Vieil et des autres tours semblables, est une chose assez obscure. Elle prête d'autant plus aux hypothèses merveilleuses, qu'elle se perd dans la nuit des temps. Si nous voulions nous en tenir à l'étymologie du mot, nous ne verrions dans cette tour qu'un reste de vieux château féodal, construit comme défense, à l'époque où les peuples des deux frontières se faisaient, avec acharnement, une guerre de brigandage.

Et cette position parut si bien choisie, que cette tour restaurée devint, sous le premier empire, un corps-de-garde des chasseurs de montagne, soldats d'élite créés par Napoléon, pendant la trop fameuse guerre d'Espagne. Deux pièces de quatre se tenaient accroupies sur le haut de la tour, attendant, pour ébranler les échos voisins, la présence de l'ennemi. En 1814 elles furent envoyées à Toulouse, pour prêter secours dans cette terrible bataille, dernière étincelle d'un grand incendie.

Sur le flanc de ce monticule, s'élèvent côte à côte deux arbres jumeaux, deux chênes rabougris ; seuls, ils piquent la curiosité et ils disent : « Nous avons été plantés, lors de la naissance du roi de Rome, et nous prouvons, par notre existence, que la vie se trouve plutôt au sein des rochers, sur un sol aride, que sur le velours d'un trône, et que les tempêtes qui nous tourmentent sont moins redoutables que celles qui brisent les monarchies. »

De tous les monuments, destinés à porter un souvenir aux siècles futurs, aucun ne nous impressionne plus profondément qu'un arbre ; il semble que l'histoire du passé vit dans ses veines, et se murmure, dans le bruit des rameaux. Quand l'arbre rappelle la vertu, son impression est sublime.

Toutefois, au sujet de la tour, l'opinion la plus répandue est qu'elle a été construite par les Sarrasins, lorsqu'ils infestaient le pays. Ils s'en servaient pour allumer des feux et communiquer entr'eux à travers l'espace. Cette opinion est combattue par Bachevilliers, qui fait observer « que toutes les tours qui existent dans les Pyrénées-Orientales, pays que les Maures ont habité bien plus longtemps que celui de la Haute-Garonne, sont en général d'un tout autre genre d'architecture ; qu'elles sont sur le point le plus élevé des montagnes très-escarpées, rarement dans leur moyenne hauteur, jamais dans les vallons, ce qui n'existe pas à Castel-Vieil, et autres tours en ruine qui sont dans la vallée de l'Arboust et de Luchon à Saint-Gaudens. »

Libre à vous, touriste, de choisir maintenant. Ce qu'il y a de certain, c'est que l'on a, de là, une vue splendide sur la vallée de Luchon ; aussi il semblerait qu'un paysage où ne serait pas cette tour serait dépourvu du cachet luchonnais.

Castel-Vieil passé et une côte gravie, on trouve sur sa gauche une porte en fer. J'entre et me laisse conduire, par un sentier en lacet, jusqu'au torrent de la Pique, dans le berceau de l'oubli, où coule, d'une roche jaunâtre et couverte de rouille, la plus ancienne fontaine ferrugineuse de Luchon. Voici l'heureux tableau de genre que j'y ai vu.

A mes pieds, j'avais les eaux de la Pique, qui, après avoir lutté contre les troncs d'arbres roulés et les grosses pierres du lit, glissaient transparentes sur une vaste dalle, veinée de bleu et de rouge, pour tomber bouillonnantes dans un gouffre qu'elles s'étaient creusé. Ces eaux étaient encadrées, d'un côté, par un bouquet de tilleuls, à l'ombre desquels, sur une touffe de gazon, deux enfants faisaient des trompettes avec de l'écorce de noisetier; de l'autre, par une grande roche, sur une des brisures de laquelle une chèvre broutait paisiblement le brin d'herbe poussé au-dessus de l'abîme ; et le rocher, et la chèvre, et la forêt de hêtres et de sapins, verte draperie, se dessinaient dans une échancrure, qui laissait voir au loin la teinte violacée des montagnes et le bleu du ciel par-dessus la tour de Castel-Vieil. C'était une idylle, tout un poëme de la nature.

Après cette halte, on franchit bientôt le pont Lapadé ; je recommande en passant, aux amateurs d'une bonne fontaine, celle qui coule, derrière une haie d'églantier et de sureau, sur le bord d'une pelouse, entre le torrent et un ruisseau.

Il court dans le pays un dit-on qui attribue à l'eau de cette fontaine la vertu de ne faire jamais mal, même lorsqu'on est en transpiration.

Un jour, que je m'étais assis tout à côté, avec mon cher Octave, il me fit remarquer un petit tableau, où Dieu donnait une idée des grâces dont il a paré la nature.

Un bloc énorme, poussé par les glaces, roulé par les orages, s'était placé au milieu du torrent, qui le tourmentait en vain de ses flots écumants. Sur l'aridité de ce roc, avait poussé une fleur d'un rouge vermillon ; au-dessus un noisetier élevait ses frêles branches comme pour la protéger de son dôme de verdure. Au sein de ces branches humides et tremblantes du mouvement des ondes, une fauvette avait bâti son nid, et mêlait sa douce voix au bruit des flots ; un peu plus loin, comme fond de tableau, s'élevait une cabane, enveloppée d'ormeaux que dorait le soleil de ses derniers rayons. C'était l'histoire de l'humble et heureuse vie des champs.

Arrivé au pont Ravi, peut-être ainsi nommé à cause de l'enthousiasme qui saisit l'étranger, quand son regard plonge du côté de Luchon, ou qu'il s'élève vers les cimes de Vénasque, la route se bifurque ; celle de gauche va vers l'hospice ; nous la suivrons une autre fois ; suivons pour le moment celle du Lis, qui tourne à droite. Avant de franchir le pont, regardez en face : au-dessus d'une pelouse qui tapisse le flanc de la montagne, sur la lisière d'une forêt de hêtres, il y a une masure bien vieille et qui porte le nom de « Grange de l'exilé. » C'est là, sous le chaume de la misère, que vécut de longues années, dans la pénitence, un homme qui, dans la vivacité d'une dispute, avait tué un Espagnol, forçant sa demeure. Des pommes de terre, des racines, de l'eau de source faisaient sa nourriture. Il fuyait comme une ombre ; le silence et le mystère l'enveloppaient. Dieu seul et lui purent connaître les profondeurs de son âme. Et sans doute, la Providence, vaincue par le repentir, lui aura pardonné.

Au delà du pont, tout près d'une grange, que l'on a sous les yeux, le baigneur Redonnet a trouvé une source qui a déjà opéré merveilleusement, sur plusieurs malades de mes connaissances. Une savante analyse de l'habile chimiste de Toulouse, lui accorde les mêmes vertus qu'aux eaux de Vichy. Et cette source reste là enfermée ! et l'humanité perd un de ses rares adoucissements, parce qu'il y a, tout autour, une jalousie intéressée et puissante pour le paralyser.

Deux pas plus loin, vous rencontrez une cabane, bâtie sur le roc ; c'est contre son mur, couvert de lierre, qu'un ours, blessé par les chasseurs sur la montagne, vint, en roulant heurter et se briser.

La route continue, toujours de plus en plus attrayante. On passe au milieu des arbres les plus riants, tels que le sorbier, le peuplier, le platanier, le noisetier, le sycomore, l'alizier et l'érable. Tous ces arbres, aux tons et aux feuillages variés, donnent à ces lieux une physionomie particulière, pleine de charmes. Des deux côtés s'élèvent majestueusement deux montagnes, chaudement drapées dans d'épaisses forêts, autrefois la richesse du pays.

A gauche retentit un torrent, dont les flots étincellent à travers le feuillage, ombrageant ses bords humides. Sa marche est capricieuse, tantôt lente, tantôt précipitée ; il caresse avec amour les mousses moelleuses, et s'étale limpide sur un gravier fin et luisant ; il semble ne s'éloigner qu'à regret de ces rives si fortunées. Il faut cette fraîcheur incessante et un soleil de feu, pour peindre cette robe végétale d'une si magnifique couleur. D'autres fois, comme s'il était saisi de vertige, ou comme si un mauvais esprit le poussait, il fuit en jetant des cris et en écumant de rage. Le plus souvent on l'entend chanter sa chanson montagnarde, avec une voix empruntée au cristal des neiges éternelles.

De l'autre côté du torrent, on voit briller, comme un panache blanc, la cascade Viguerie, roulant en poussière d'argent dans un entonnoir de verdure. Quelques minutes après, on aperçoit un pont formé de quelques troncs, jetés au hasard sur le gouffre Barrié. De toute nécessité, il faut s'y arrêter un instant. Le torrent y a déchaîné sa furie ; il combat en désespéré contre une immense roche de granit. A force de lécher, de frotter, de tourmenter cette masse dure qui résiste au fer et le brise, il l'a entamée, et il y a creusé des baignoires profondes où il tapage comme un démon, et prouve que la patience use et dompte toute chose. On ne peut s'arracher qu'avec violence à cette scène éblouissante.

En chemin, le regard, quoique distrait par une foule d'objets gracieux et pittoresques, revient toujours vers le torrent. Sur ses bords, des troupeaux de brebis, d'une blancheur éclatante, paissent l'herbe tendre, et des vaches brunes, la verdure à la bouche, lèvent leur mufle rose pour regarder passer. On rencontre des pâtres, se jouant à l'ombre des hêtres trois fois séculaires et dont les flancs baillent, entr'ouverts par la hache du bûcheron insouciant. A leurs branches dépouillées s'entrelacent le lierre et le chèvre-feuille, et, en retombant en festons et en guirlandes, ils donnent le spectacle d'une vieillesse légère, de ces femmes d'une autre époque qui veulent cacher les ravages du temps, sous les fleurs et les dentelles de la jeunesse.

Ce que j'ai vu sur le chemin de la vallée du Lis et que je n'ai pas rencontré ailleurs, c'est de vieux troncs d'arbres qui restent debout, malgré le temps et les orages, principalement aux environs de la cascade Richard : arbres monstrueux et rabougris, colosses de huit pieds, que trois hommes n'embrasseraient pas, et qu'aucune description ne peut dépeindre. La séve s'est accumulée pendant des siècles en rameaux courts, énormes, entrelacés et tordus, tout bosselés de nœuds, déformés et noircis ; ils s'allongent et se replient bizarrement, comme des membres boursouflés par une maladie et détendus par un effort suprême. Ces torses trapus, enlacés à la pierre comme des membres de lutteurs, penchent ; mais leurs pieds s'enfoncent dans les rocs par de telles attaches, qu'avant de rompre ces câbles de racines, on arracherait un pan de la montagne. Que d'hommes ainsi enracinés aux biens de la terre, insensibles à tout ; ils recèlent un cœur de pierre, ils ne sentent pas !...

CHAPITRE XII

VALLÉE DU LIS.

Tout à coup les montagnes s'écartent, et offrent, à nos yeux ravis, le spectacle champêtre et grandiose de la vallée du Lys. Elle doit son nom aux lis dont elle s'embellit au printemps. Pour mieux la contempler, il faut monter sur le pont qui enjambe un abîme de 300 pieds de profondeur. Gravissons le sentier escarpé et en zig-zag ; nous voilà au-dessus du gouffre béant. La vallée étale à nos regards un magnifique tapis de verdure, serpenté par une multitude de petits ruisseaux échappés du torrent; les uns coulent avec un doux murmure sur un lit de sable fin où des petits cailloux brillent comme des rubis ; les autres fuient sur le gazon, bordé de violettes et d'autres fleurs odorantes. Au bord de ces ondes murmurantes, à l'ombre de noisetiers, le pâtre travaille à quelque instrument rustique en ébranlant, de sa voix, les échos d'alentour. Des maisons blanches, dont les toits d'ardoise étincellent sous les rayons du soleil, sont groupées sur le penchant. Çà et là paissent de nombreux troupeaux : le bœuf remplit la vallée de ses mugissements, la génisse, le taureau, le poulain bondissent, se précipitent, la parcourent en tous les sens.

Des artistes, assis sur des rocs grisâtres où pétille le mica, s'efforcent de retracer de leur pinceau habile ce magnifique tableau, cette fière enceinte, où la nature oppose le sauvage au champêtre.

De bruyantes cavalcades, des calèches élégantes montées par tout ce que la France a de plus aimable et de plus illustre, foulent légèrement le verdoyant gazon émaillé de pâquerettes, de marguerites, de primevères, d'hyacinthes bleues, de croisettes jaunes sentant le miel, de muguets parfumés, de bassinets dorés et vernissés. Et au milieu de toutes ces princesses de l'herbe, s'élève le bouillon blanc avec sa longue quenouille de fleurs soufrées et odorantes, laissant toutefois la primauté au lis violet, balancé mollement sur sa tige flexible par un vent doux et léger.

Bien souvent, assis à l'ombre de quelques arbustes, sur ce gazon plus riche qu'un tapis d'Aubusson, j'ai savouré le charme du ciel et la tranquillité de la nature ; tranquillité singulière, qu'on ne peut imaginer si on ne l'a goûtée. On n'y sent pas, dans un jour chaud, le plus léger souffle de vent. Et l'air y est cependant si pénétrant, qu'on n'y souffre pas du tout de la chaleur. Quel calme que celui qui vous environne, à l'heure où le soleil a gravi la moitié de sa course ! Les feuilles les plus mobiles dorment un sommeil de paix; les brins d'herbe les plus légers jouissent d'un repos parfait; les animaux eux-mêmes partagent l'indolence inspirée par le beau temps. On n'entend ni le chant des oiseaux, ni le bruit de la cigale, ni le bourdonnement des mouches. Il y a calme, sommeil dans la vie.

Et voilà que l'on est arraché à cette volupté du repos, par un éclat de tonnerre. Ici, la nature est ardente comme le cœur; les orages et les passions éclatent à l'improviste.

A l'extrémité de la vallée s'élève, en amphithéâtre imposant, une vaste pelouse où paissent des troupeaux de brebis qui la blanchissent. Le bruit argentin des clochettes brille, pour ainsi dire, dans les airs. De distance en distance, on voit de jolies cabanes, chacune entourée, ombragée de sa touffe de frênes, comme un nid de chardonneret; des eaux limpides y entretiennent une agréable fraîcheur. A droite, surgit une gigantesque forêt, aux bouleaux toujours tremblants et couverts de frimas, et aux sapins élastiques, dont la sombre pyramide s'élance vers les cieux. Les sommets de la montagne sont dentelés et festonnés par la cime capricieuse des pics. C'est dans les plis de cette forêt que la cascade du Cœur se fait tant admirer. Le torrent venant frapper contre des quartiers de roches couronnées d'arbres verts, se partage, tourne en frémissant cet écueil, vient se réunir au-dessous pour continuer sa marche, après avoir formé, de ses deux bras écumants, un cœur de rochers et de verdure. Il y a quelque temps, une avalanche détruisit un peu cette forme heureuse. Est-ce que la nature aurait aussi les passions qui tuent le cœur?

La légende veut qu'il y eut dans cette montagne une mine de cuivre et d'or, cachée par un tremblement de terre. Depuis, bien des mineurs, la bêche et le pic à la main, sont venus lui demander le secret de ce trésor invisible et surtout introuvable.

Un montagnard que j'y avais rencontré fouillant le sol, honteux d'être surpris, cherchait à se dérober. — Vous espérez donc trouver de l'or, lui dis-je? Et l'homme à la pioche me répondit : « Qui sait ! »

Le montagnard avait dit, sans le savoir, le mot des philosophes, le mot de l'humanité, le mot qui consacre tous les préjugés, qui fait faire toutes les folies ; le mot de Montaigne ; enfin le mot de notre pauvre raison.

A gauche de la vallée, se dresse une autre montagne sillonnée par une foule de filets d'argent, qui vont se perdre parmi des rochers arides, noirâtres, fantastiques, et dont la sauvage âpreté fait admirablement ressortir les délicatesses de la vallée. On y trouve un mélange si remarquable de campagne et de désert, qu'on peut contempler la vallée du Lis de tous les côtés, et voir toujours un tableau frappant dans la perspective opposée.

Maintenant voyons ce qui se passe à nos pieds. Au fond du gouffre horrible, si bien nommé gouffre d'Enfer, mugissent sourdement des vagues furibondes qui, se heurtant, se roulant, se tordant, s'élançant, tombent avec fracas sur de noirs rochers qu'elles ont pourfendus, et d'où elles rejaillissent avec une nouvelle fureur, pour se briser les unes contre les autres, dans les airs, et se répandre au loin en tourbillons d'écume. Des oiseaux de proie y décrivent des cercles rapides, et mêlent au sifflement de la tempête leurs cris sinistres et stridents. Des pins décharnés, des racines rabougries, des plantes sauvages, des rochers capricieux décorent cette scène sublime d'horreur.

Cette cascade d'Enfer descend, en torrent impétueux, des éternels glaciers de Crabrioules, forme plusieurs lacs sur son passage, se précipite à travers les ravins, abîmes effrayants creusés dans le roc, au-dessus desquels on a bâti des ponts pour en mesurer l'épouvantable profondeur; déracine, entraîne les arbres, et ébranle, dans sa course échevelée, les rochers de granit par la violence de sa chute.

Placez à présent, au front de cette vallée, ses bandelettes de glaces séculaires, à ses flancs son vêtement de forêts, ses lugubres précipices, ses rochers gigantesques, ses torrents blancs d'écume, et à ses pieds tout ce qu'un parc féerique peut avoir de plus gracieux, et vous direz, avec moi, qu'elle ne le cède en rien aux cascatelles de Tivoli, chantées en beaux vers par l'ami de Mécène, ni à la vallée de Tempé, rendue si célèbre par les chantres harmonieux de la Grèce.

Eh quoi! jamais une lyre, rivale de celle de Tibur, ne vantera tes ondes qui s'élancent en gerbes de cristal, tes flots argentés, ton bouvreuil à la gorge pourprée, tes mousses nourries d'une poussière humide, tes moutons bondissants, ton peuple d'arbustes, tremblants sans cesse du mouvement des flots qui gazouillent tout autour, et ce trouble et cette paix que tu glisses dans l'âme enivrée du visiteur?

La vallée du Lis a eu aussi ses chants, mais ce n'étaient que des notes rapides, lancées en passant par le touriste dans un cahier tenu à l'auberge de Comté. Plus jeune, j'avais lu quelques accents remarquables, jetés sur ces fouillés par nos plus célèbres poëtes, qui venaient retremper leur âme au sein de nos beautés et leur demander de nouvelles inspirations ; car la nature sera toujours le maître du génie, et l'élève sera d'autant plus grand, qu'il aura su lui dérober ses secrets.

Plus tard j'ai revu ce livre, mais il n'était qu'une ruine ; le vandalisme était passé, emportant les plus belles pages.

Voici le seul fragment qui a survécu ; Victor Hugo le laissa jaillir de son âme au pied de la cascade, le mois d'août 1850 :

Cadrans, d'où l'avalanche à toute heure mugit,
Devant qui l'homme à peine ose lever la tête,
Tant Dieu lui paraît grand, tant il se sent petit.
Rocs, âpres sommets, vieux autels de granit,
D'où le nuage fume, encens de notre terre ;
Vieille abside, où se chante en chœur le grand mystère,
Aux bords d'un autre monde, où le nôtre finit ;
Vieux torrents qui sifflez dans vos tuyaux de pierre ;
Vieux sapins, qu'on dirait des moines en prière ;
Vieux lichens qui des troncs comme un lustre pendez ;
Vieux lézards des rochers, qui pensifs entendez
Les bruits d'eau, voix de Dieu, qui tombent de la cime ;
Vieux glaciers qui là-haut reluisez au soleil,
Comme sur les gradins luit le flambeau vermeil,
Vous formez un grand temple où mon esprit s'abîme
Et sent de l'infini l'extatique sommeil.

M. Vaqueri, alors juge de paix à Luchon, et qui avait

accompagné le poëte à la vallée du Lis, écrivit à la suite :

Dans ce temple, ô poëte, ô sublime grand-prêtre,
Près de toi, moi chétif, à quel titre paraître?
Tu l'exiges, eh bien! je réclame l'honneur
D'agiter l'encensoir comme un enfant de chœur.

Il y a une dizaine d'années, un jeune homme, qui n'avait vu que dix-huit fois le printemps se couvrir de sa brillante parure, était venu à Luchon avec sa mère. Un matin il partit aux premiers feux du soleil pour visiter la vallée du Lis. Il était seul. L'heure de midi sonna, et malgré sa promesse, la mère ne le vit point revenir. La mère s'inquiète, elle s'alarme, et, avec les ombres de la nuit, les noirs pressentiments arrivent et envahissent son âme. Toute tremblante, agitée, elle envoie à la recherche de son fils, de son cher enfant.

Les guides revinrent fort tard, sans avoir trouvé trace du jeune homme. Quelle nuit affreuse pour la mère, et quels jours désolants allaient suivre! Trois jours s'écoulèrent, et toutes les recherches furent infructueuses. Enfin, le quatrième, un pâtre, cherchant une brebis égarée, aperçut, au-dessus d'un précipice, des oiseaux de proie se multiplier et tourner leurs cercles rapides, poussant des cris de joie. Il croit que c'est sa brebis, qui sert de pâture à ces brigands des airs, il accourt pour la leur disputer; et, quel n'est point son effroi, de voir un cadavre humain à moitié dévoré! C'était le corps du jeune homme... Sans doute, ayant glissé sur une roche, il tomba dans un angle aigu, entre deux murailles de pierre, d'où ne pouvant sortir, la mort

vint à lui, hélas! avec quel horrible cortége de douleur!...
Et pour la pauvre mère!

« Pourquoi s'aventurer sans guide, » telle est la triste conclusion de presque tous les malheurs arrivés dans le pays.

Il est vrai que tous les touristes qui vont seuls ne périssent pas; mais il y a toujours la possibilité du danger, et par conséquent jamais une sécurité parfaite.

Les glaciers de Crabrioules.

La plupart des touristes, la vallée du Lis parcourue, et le troisième pont visité, reviennent, à fond de train, à Luchon, pleinement satisfaits. Mais ce n'est pas assez pour les amateurs de la grandiose nature. Ils doivent grimper jusqu'à l'étroite et sombre gorge appelée rue d'Enfer, véritable couloir du sombre empire; c'est la nature dans ce qu'elle a de plus franchement désolé. Ensuite ils doivent se hisser jusqu'au Clôt des Biches, précipice effrayant où plusieurs cascades tombent par soubresauts capricieux. Ce grand escarpement se nomme ainsi parce qu'il est si glissant, si brusque, que le chamois, au pied rapide et sûr, vient s'y briser en tombant. Là, il y a des siècles, la montagne, dans un accès de fièvre, a secoué ses sommets comme un antique château qui s'effondre. Quelques points ont résisté, et leurs clochetons crénelés s'alignent sur la crête; mais leurs assises sont disloquées, leurs flancs crevassés, leurs aiguilles déchiquetées. Les cimes fracassées chancellent et les rochers entassés, amoncelés les uns sur les autres, offrent au touriste un sentier hérissé d'horreur. Ces remparts, que le pied de l'ennemi n'a jamais foulés, une fois escaladés, après un dernier effort on peut faire craquer sous son talon les immenses glaciers de Crabrioules, la patrie de l'isard, la chèvre sauvage des Pyrénées.

Cette course, après celle de la Maladetta, dont les fatigues et les périls dépoétisent considérablement les beautés, est la plus intéressante et la plus émouvante de toute la chaîne.

Après avoir essayé de trouver un sommeil douteux, dans un trou en terre recouvert de gazon, demeure des pâtres la nuit, on peut continuer cette excursion grandiose par le lac glacé, se poser, en conquérant de l'espace, sur le pic Quairat, socle de 3,089 mètres, se laisser glisser jusqu'au lac du Portillon, saluer en passant le lac Saousat, arriver haletant, à travers les débris de rocs fracassés par la foudre, au lac d'Espigo, pour se délasser enfin devant la majesté du lac d'Oo, que nous retrouverons.

Cette course, que l'on commence ordinairement le premier jour, par le port de la Glère, à gauche de Crabrioules, se nomme la course aux Quinze-Lacs.

Les heureux mortels qui peuvent s'asseoir à ce magique banquet de la nature, sont aussi rares que ces âmes fortunées auxquelles il est donné de gravir les cimes élevées de la grâce, et de contempler, dans les régions de la sainteté, les beautés divines.

Du reste, les sentiers de l'un et de l'autre spectacle sont aussi abruptes, aussi périlleux et aussi longs. Il est dans la destinée de l'homme de n'acheter les joies pures et vraies qu'à un prix très-élevé, et d'autant plus élevé que ces biens sont rares.

Nous avons dit, tout à l'heure, que nous étions dans la patrie de l'isard. Il est trop l'hôte de nos montagnes pour ne pas lui mériter quelques lignes. Sa taille est celle d'une petite chèvre, son poil est roux fauve, net et lustré, sa robe toujours propre. Il est gai, éveillé, de forme arrondie, élégante, de figure agréable. Ses yeux sont beaux, brillants et paraissent animés d'un sentiment très-vif. Sa tête gentille est ornée de deux cornes qui disent son âge. Ses mouvements sont prestes; il bondit avec autant de force que de légèreté. Sous son poil court, on croit voir les nerfs s'agiter, tant il est alerte. Son pied marche, court avec la même facilité sur le gazon, sur la pierre polie, sur la glace. Rapide comme l'éclair, on voit passer sur les abîmes comme une vapeur légère. D'une timidité sans égale, il est toujours en émoi, et la fuite est sa défense. Il n'a pour nourriture que le brin d'herbe qui pousse au milieu des rochers; et en hiver il mange la neige. Il habite les cimes élevées, les endroits les plus retirés et les plus escarpés. Solitaire du désert, il a la sobriété et la vigueur.

Les corps, comme les âmes, sont ce qu'on les fait. Dieu nous donne la matière, et notre volonté est l'ouvrière qui doit la pétrir et la façonner.

Quand la civilisation n'avait pas envahi le pays, nos chamois étant nombreux sur les hauteurs, ils allaient par bande. J'ai connu de vieux braconniers qui me disaient en avoir compté des troupeaux de quarante et cinquante. Maintenant ils sont rares, et les gourmets étrangers qui trouvaient succulent ce gibier des rochers et des glaces, n'en sont pas satisfaits.

Les isards ont de particulier avec d'autres animaux, qu'ils ont une sentinelle, un éclaireur, nous montrant, dans leur sagesse instinctive, qu'il n'est pas bon que l'homme soit seul et livré aux boutades de sa volonté capricieuse.

Pendant que la troupe broute le gazon, ou défile dans une gorge obscure se prêtant aux embûches, l'un d'eux se place sur un roc élevé et fait le guet. Son œil examine si rien ne bouge, et son oreille attentive écoute si aucun bruit ne se lève. S'il soupçonne le danger, l'ennemi, il pousse un sifflet strident, et le troupeau disparaît, comme des feuilles sèches emportées par l'aquilon.

Cela veut dire qu'il est difficile de les chasser. Il faut des montagnards qui puissent passer la nuit, à la belle étoile, dormir sur le roc ou sur la paille, et dont l'œil soit aussi sûr que celui de l'aigle, et la balle aussi rapide que la foudre.

Dans une promenade je rencontrai un de ces braconniers infatigables ; la souffrance et la tristesse se lisaient sur sa figure hâlée ; il tenait par la bride un mulet, pliant sous le poids de deux bouquetins. « C'est bien le moment d'être triste, lui dis-je, après une pareille chasse ? » « C'est vrai, répondit-il, mais voyez mon fusil ? » Et une larme étonnée roulait sur cette figure martiale. Le compagnon inséparable, depuis vingt ans, des campagnes les plus périlleuses, avait un canon brisé !

Et il me raconta, qu'étant à la poursuite de l'isard, ayant vu passer, au fond d'un précipice, ces deux

animaux qu'il reconnut être des bouquetins ; il le couche
en joue, le plomb part, crève le canon faisant une victime ;
et sans s'émouvoir du fusil qui éclate dans ses mains, il
décharge sur l'autre le second coup et fait deux morts.

La victoire remportée, les regrets vinrent assombrir
l'éclat de son glorieux trophée. Ce seul trait caractérise
nos braconniers.

Le bouquetin est de la famille de l'isard, seulement il
est plus grand et plus brun. Les cornes des deux que j'ai
vus avaient plus de 60 centimètres de hauteur. Malgré leur
taille, ils franchissent les ravins avec la rapidité du chamois. Ils sont aussi devenus très-rares.

Lac Vert ou lac Boubée.

Si toutefois vous ne sentez pas le courage de fouler les
glaciers de Crabrioules, et de visiter le séjour des che-
vreuils, je vous engage fortement à monter jusqu'au lac
Bleu. Ce sont deux heures et demie de plus à cheval. La
course est rude, les sentiers encombrés de cailloux mou-
vants, aux arêtes vives, qui ensanglantent les jambes des
chevaux. Certains passages sont étroits et raides ; ne craignez rien, veillez seulement à vos rênes, aidez la monture
par un mouvement en avant, et quoiqu'elle souffle fort, elle
est solide ; les chevaux du pays ont l'agilité du cerf et la
force du mulet.

Vous rencontrez la cabane Lartigue, un nid de vautour
dans une forêt. Un peu au midi, quand le touriste erre sur
la pente de la montagne, son pied s'embarrasse dans les

rameaux de sapins et de bouleaux tordus, qui rampent à la surface du sol. Les branches, désolées et comme asservies par une force mystérieuse, ne peuvent quitter la terre ; le tronc est couché, le feuillage est horizontal, et les contorsions de l'arbre qui cherche l'espace et la lumière rappellent l'épouvante et la tristesse des soldats vaincus, terrassés sur un champ de bataille.

Vous arrivez ensuite à la cabane de Lacaume ; on y respire un peu à l'aise ; c'est un charmant berceau de verdure, avec ses eaux limpides et ses mousses fraîches, au milieu d'une nature sauvage ; une fleur sur un roc ; une goutte de rosée sur la feuille d'un chêne. Les chevaux soufflent et prennent volontiers un train de galop, afin de dissiper toute inquiétude sur leur compte. Là, mieux encore que dans les gorges des Alpes, un nouveau Bruno, fuyant les dignités, pourrait venir jeter les bases d'une célèbre Chartreuse.

Insensiblement la grande végétation cesse, disparaît ; le sentier se perd dans un déluge de gravier ; on ne voit plus que quelques pins rares et souffreteux ; ils sont comme ces poitrines frêles que tue l'air trop vif. Aux extrêmes limites de la vie et de la mort, ils disent un dernier adieu au voyageur qui passe. En face, on a la roche pure et nue ; on dirait le crâne d'un vieillard ; et les quelques arbres rabougris et décharnés qui sortent de ses crevasses, en redoublent la désolation ; ce ne sont que des squelettes s'agitant, au souffle du vent, sur l'immense pierre noire d'un tombeau.

On tourne cette muraille de roc et l'on arrive au cirque de Graoués ; le cœur se desserre, se dilate. Ces émotions variées, puissantes, constituent le charme de cette course. On a à ses pieds un petit étang plein d'herbes; en face, l'imposante masse glacée du Boum. Ce pic, de 3,060 mètres, s'élève en pyramide sombre sur une plaine de frimas ; on dirait un vaisseau prisonnier dans les glaces du Nord.

A droite, le regard s'échappe comme une fusée par-dessus les forêts que l'on vient de franchir, pour aller frapper sur les crêtes bleutées des pics qui se mirent dans le lac d'Espingo.

Après ce temps d'arrêt, on descend quelques minutes dans un sombre corridor, où l'on coudoie la glace, pour déboucher à l'improviste sur les bords du lac Vert. Splendide émeraude dans un immense cadre de roc et de glaces ! Sur ses rives, j'ai passé quelques heures bien douces. Rien ne fait battre si fortement deux cœurs amis que des scènes si gigantesques, si formidables. Là, on sent Dieu, il s'y fait presque toucher.

Ce lac est approvisionné par une large nappe d'eau, qui sort des glaciers, et lave le roc sans l'user. Dans ces eaux de neige, assez froides pour briser le verre, j'ai vu un Breton se plonger et savourer les délices d'un bain, qu'un Russe seul aurait pu lui envier.

Les chevaux ne peuvent plus avancer. Et, si vous vous sentez le courage d'une heure d'escalade dans la roche vive, vous pourrez vous donner, dans le cirque du lac Bleu, le difficile spectacle, au mois de juillet, d'un hiver avec ses glaces, son froid, ses horreurs et son profond silence, rompu par le bruit des rocs qui se détachent et des glaces qui se brisent en se dilatant. C'est, dans le midi, une scène de décembre en Norwége. Là, pas un brin de végétation ; jamais de dégel ; pas de vie. L'oiseau sauvage a horreur de ces lieux. C'est l'image d'une âme bouleversée par les passions ; c'est la mort.

Nous sommes ici dans la galerie des Pyrénéens illustres, fondée par le savant Nérée Boubée. On dit que les sciences exactes endurcissent ordinairement le cœur et étouffent les généreux sentiments. L'heureuse pensée de Boubée vient de donner le démenti à cet adage, ou le confirmer par une brillante exception. Il y a tant et tant d'hommes qui passent inaperçus, et qui doivent passer ainsi pour leur honneur, qu'il est du devoir sacré d'un peuple de recueillir les noms des bienfaiteurs d'un pays, et de les livrer à la postérité, pour lui apprendre à imiter les hommes de cœur, et à tourner les aspirations de leur âme vers cette gloire pure et éclatante de la reconnaissance.

Que les grandes villes aient leur salon des illustres, où la sculpture et la peinture auront reproduit les traits des grands hommes ; qu'elles les aient même fait revivre dans leurs rues, leurs boulevards, leurs promenades, c'est devoir, c'est justice ; mais Luchon ne devait pas s'arrêter à de telles récompenses. Plus favorisée que les autres cités par la Providence, elle devait immortaliser le nom de ses bienfaiteurs par d'immortelles beautés. Et les cascades, roulant sur des assises de granit, socles splendides que le temps ne peut attaquer, rediront, dans le murmure de leurs flots, qui ne s'épuiseront jamais, le nom de nos bienfaiteurs (1).

(1) Ces cascades illustres se nomment Viguerie, Barrié,

Boubée a eu l'admirable savoir de résumer, dans le dessin et le caractère des cascades, les talents et les qualités qui ont distingué les hommes auxquels il les a dédiées. De telle sorte, mieux encore que ne peut le faire l'artiste, de son ciseau, sur le bloc de marbre qu'il fouille, il a reproduit plus que la ressemblance physique, il a caractérisé la ressemblance morale; il a photographié le génie de chacun. Poëte sublime, il a su ravir à la nature sa pensée, et chaque cascade, avec ses flots et son décor, est une ode parfaite en l'honneur de l'homme distingué.

Serait-il dit que Boubée seul serait inconnu au milieu de cette ravissante galerie d'illustrations; et que celui qui l'a fondée, par son cœur et son intelligence, n'y aurait point rencontré une pierre pour y reposer son noble front? Non, il n'en sera pas ainsi...

Le lac Vert, resté innommé, est le plus propre à être baptisé du nom glorieux de Boubée. Il est au centre de l'immortelle galerie, position qui lui est due pour ses nombreux travaux sur les Pyrénées, et parce qu'il est l'auteur de ce glorieux Panthéon. Ce lac paisible, outre qu'il rappelle son repos dans le cimetière de notre vallée, où il a voulu dormir son dernier sommeil, résume admirablement la vie de cet homme, plein de science, de poésie et de cœur. La science y est représentée par ces blocs gigantesques disposés symétriquement, moraine que lui-même définit

Richard, Pelassou, Dietricht, Latour, Dieulafoi, Dralet, Moquin, Lapeyrouse, Ramond, d'Étigny, Reboul, Arago, Cordier, Charpentier, Lézat, Boileau, Azemar, Fontanges, Solage, François, Fontan.

« la plus coquette et la plus mignonne que l'on puisse voir » ; la poésie, par les reflets verdoyants de la presqu'île et par les fleurs nombreuses et variées qui émaillent le gazon et envahissent les roches ; le cœur enfin, par la cascade d'Etigny, qui s'échappe de ce lac, et par la cascade Ramond, homme qu'il affectionnait et de qui il disait : « Ramond a observé les Pyrénées et les a décrites avec autant de poésie que de science, et il avait su puiser, dans cette belle nature, l'enthousiasme qu'elle inspire toujours, aux âmes nobles et aux cœurs généreux. » Il semblait tracer son portrait dans ces lignes.

Donc le lac Vert perdra son nom insignifiant pour celui de Boubée, et ce nom, je l'espère, lui restera.

Notre course est finie ; on peut redescendre paisiblement ; la journée est pleine. L'âme a dû méditer, quand même, les vérités éternelles, et la nature s'en est servie comme d'un clavier où elle a fait résonner des notes joyeuses et tristes, sonores et lugubres, mélancoliques et ravissantes ; elle a fait retentir l'hymne de la vie.

Vers les cinq heures du soir, au moment où vous dépassez la tour de Castel-Vieil, vous avez à cueillir la dernière et la plus jolie fleur, pour que votre bouquet soit complet. C'est l'heure de la nature ; les rayons du soleil ont tempéré leur éclat et ne noient plus les objets de leur vive splendeur, ils dorent les cimes ; les vapeurs qui gazaient de leurs plis les flancs des montagnes ont disparu ; tout se voit mieux et les lumières se dessinent parfaitement sur les ombres. Le bruit tombe, le calme se fait. La vallée de Luchon apparaît dans toute sa beauté ; le coup-d'œil est ravissant.

J'ai vu souvent encore, surtout vers le soir, cet étrange vêtement des montagnes; l'air bleuâtre, enfermé dans les gorges, devient visible; il s'épaissit, il emprisonne la lumière et la rend comme palpable. L'œil pénètre, avec volupté, dans le blond réseau d'or qui enveloppe les croupes, il en sent la mollesse et la profondeur; les arêtes saillantes perdent leur dureté; les contours heurtés s'adoucissent; c'est le ciel qui descend et prête son voile pour couvrir la nudité des sauvages filles de la terre.

Alors on rentre enivré de sa course. Et l'on écrit pour toujours dans sa mémoire et dans son cœur, que cette journée a été une des plus belles de sa vie de touriste.

CHAPITRE XIII

CASCADE DES DEMOISELLES.

Pour arriver à la cascade des Demoiselles, ainsi nommée à cause de sa fraîcheur et de sa poésie, on suit la route de la vallée du Lis jusqu'au pont Ravi ; là, on tourne à gauche et on continue sur le chemin de l'Hospice, embaumé de fleurs, bordé de prairies et de forêts séculaires. Après une demi-heure, sur la droite, à côté d'une cabane, vous rencontrez une route qui descend ; c'est la vôtre. On côtoie le torrent, qui se tourmente sous des berceaux de verdure ; on coudoie une riche forêt et on arrive dans une vallée gracieuse. Au fond se trouve la cascade des Demoiselles, entre le sentier qui grimpe jusqu'à la cascade des Parisiens et celui qui s'allonge en rampant jusqu'au port de la Glère. Au milieu de ce vallon s'entassent des ruines.

Les ruines ont pour tous les hommes un mystérieux attrait ; on ne peut en rencontrer quelqu'une sur le chemin de la vie sans éprouver une émotion. Elles sont la page triste et continuelle de nos jours. Châteaubriand dit que ce sentiment tient à la fragilité de notre nature, à une conformité secrète entre ces monuments détruits et la rapidité de notre existence. Il s'y joint, en outre, une idée qui console notre petitesse, en voyant que les peuples entiers, des hommes quelquefois fameux n'ont pu vivre cependant au delà du peu de jours assignés à notre obscurité. Ainsi les ruines jettent une grande moralité au milieu des scènes de la nature ; quand elles sont placées dans un tableau, en vain on cherche à porter les yeux autre part ; ils reviennent toujours s'attacher sur elles. »

Et c'est bien ce dernier sentiment que j'éprouvais, quand j'arrivai là pour la première fois ; alors surtout que ces ruines étaient plus hautes, et qu'elles avaient des voûtes et quelques pans de mur qui permettaient à l'imagination de reconstruire un bâtiment. Maintenant, ce n'est plus un château, une demeure, ce sont des débris rompus, brisés, concassés, mis en poudre. Le temps et les hommes qui les ont dispersés n'ont pas voulu que le souvenir du passé et le nom des fondateurs survécussent à leur destruction. Tout est éteint.

Mais le mystère pique la curiosité au lieu de la calmer, et les interrogations se croisent, et de leur bruit elles veulent réveiller le passé. Voici les deux opinions qui sont restées : l'une veut que ce soient les ruines d'un château fort, placé là pour défendre la vallée des invasions de l'ennemi ; c'est la moins répandue et la moins probable. Cette position était loin d'être la plus propice à cet effet. Outre qu'elle était trop enfoncée dans les gorges, à une époque où elle devait être complétement déserte, à cause des forêts vierges qui l'enveloppaient, elle aurait eu mieux sa place, au débouché de la route de Vénasque, au port Vieil, ou plus près du pont Ravi. Du reste, la tradition du pays est muette. L'autre opinion veut que ces ruines rappellent le souvenir d'une antique construction de Templiers. A son appui, elle raconte plusieurs faits extraordinaires. Entre autres choses, elle dit que, durant un affreux hiver, les loups, chassés des hauteurs des montagnes par les neiges, parcouraient affamés la contrée, portant partout la désolation et le ravage. Ayant senti une proie derrière les murailles des Templiers, ils en firent le tour, les cernèrent dans un cercle étroit, comme aurait fait un capitaine expérimenté. La faim faisant éprouver ses tortures, un chevalier, plein d'espérance dans la miséricorde divine, qui seule les protégeait depuis longtemps, sortit, ayant à la main une croix, et l'armée carnassière se dispersa par miracle.

Puisque l'occasion se présente de dire un mot des Templiers, j'en suis heureux. C'est toujours une bonne fortune pour un homme d'honneur, quand sa conscience lui en fait un devoir, de jeter un cri de défense pour une cause qui a soulevé les tempêtes de l'injustice et de l'impiété.

Cette cause des Templiers n'a fait tant de bruit que parce que l'on attaquait du coup les deux plus grandes puissances de la terre, la papauté et la royauté, et parce que l'on foulait dans la boue des chevaliers nobles de race et nobles de cœur.

Pour un grand nombre d'historiens, inspirés par la passion et par les troubles d'une conscience malheureuse, il était plus facile de salir que de défendre ces guerriers infatigables, qui mouraient en combattant pour leur pays et leur Dieu, et qui ont donné à la patrie une de ses glorieuses pages.

Que parmi ces quinze mille chevaliers, qui restaient après de nombreux combats où ils s'étaient battus en lions, il n'y eût quelques crimes, on ne saurait le nier ; du reste, c'était là un abus presque inévitable de la richesse et du temps ; mais il est impossible d'ajouter foi à toutes les monstruosités rédigées en acte d'accusation par Nogaret, profanateur sacrilége de Boniface VIII, d'intrépide mémoire. Il est impossible, au contraire, de ne pas croire à la culpabilité d'un Philippe le Bel, roi despote, cruel, et dont la soif insatiable d'un or nécessaire à ses plaisirs tua l'industrie et tourmenta le peuple ; de ce roi dont le souvenir suffirait pour faire détester le despotisme d'un seul, qui, pour étouffer les cruelles agitations de son âme et pour chasser l'horrible figure du démon sans cesse grimaçante devant ses yeux, recommençait les procès oubliés de la magie, et s'entourait de bûchers et de victimes expirant dans des supplices affreux, et qui mourait providentiellement dans le temps fixé par Jacques Molay, laissant à Louis XI un modèle de superstition et de cruauté.

Oui, malgré que dans ces temps, où la force enchaînait le courage, où la jalousie des légistes se réjouissait des grandeurs humiliées, il n'y eut pas une voix pour défendre les Templiers, il restera constant pour un homme impartial que, d'après les décisions des conciles de Ravenne, de Mayence et de Salamanque, *en dehors de l'influence du roi de France*, qui les déclarent innocents, leur grand crime fut leur gloire et leurs richesses.

Les Templiers étaient donc poursuivis et traqués dans toute la France. En 1313, tous les Templiers de Bigorre, ayant été conduits à Auch, furent exécutés avec leur dernier commandeur Bernard de Montagut. Il ne serait pas étonnant que plusieurs se fussent réfugiés dans les Pyrénées, et que quelques-uns eussent construit une habitation dans ce petit vallon, perdu au sein des forêts et des montagnes, et dans un pays qui appartenait tantôt à l'Espagne et tantôt à la France, puisqu'il n'a été réuni définitivement à notre couronne qu'en 1453. Et on ne peut douter que ces hommes, énergiquement trempés, ne dussent développer dans cette solitude austère leur forte nature, mieux encore que sur les champs de bataille, le sabre au poing.

Un ormeau solitaire a poussé sur ces ruines, et donne un abri aux oiseaux à l'heure de l'orage.

Après cette halte et ce retour sur le passé, on marche en avant sur un tapis de verdure, on se glisse à travers les arbres, on tourne une corniche de gazon, on entend le bruit de la cascade, et on la voit s'élancer large et d'un seul bond, pour fuir dans le ravin qu'elle s'est creusé.

Entre toutes les cascades, c'est la plus gracieuse et la plus aimable ; elle est l'écrin de la nature. Les rochers, couverts de charmilles, y sont tapissés d'une mousse infiniment moelleuse et délicate. Et ce riche tapis de la plus tendre verdure s'embellit et se pare des fleurs du fraisier, des coquelicots et des bleuets qui éclosent dans des oppositions ravissantes. Les églantiers y épanouissent leurs guirlandes fraîches et variées, les fraises s'y colorent ; les chèvre-feuilles parfument les airs, les scabieuses s'y livrent aux caprices des vents; tandis que les asclépias et les pâquerettes prolongent leur éclat très-avant dans l'hiver ; et enfin, pour saisir tout le charme de ce tapis, jetez par-dessus les couleurs de cette brillante palette le pétillement des gouttes de rosée, poussière de rubis.

Ce tapis, vrai chef-d'œuvre de la nature, est abrité contre les ardeurs du soleil par des arbres de toute espèce. Les buissons s'y couvrent d'une neige odorante ; les ronces laissent pendre leurs grappes d'un bleu mourant ; les merisiers sauvages embaument les airs, et semblent se couvrir de frimats au milieu du printemps ; le tilleul y balance délicieusement sa chevelure parfumée et se nouant en nombreux bouquets ; le sorbier tranche sur ces tons par le corail de son fruit ; les hêtres y déploient leur superbe feuillage ; le chêne s'y revêt le dernier de ses feuilles épaisses qui doivent résister aux tourbillons et aux gelées, et le sapin lance ses longues flèches par-dessus ce temple de verdure, et forme avec sa teinte sombre et perpétuelle le fond de ce riche tableau.

Les oiseaux se sont donné rendez-vous au sein de cette luxuriante végétation. On y entend le petit cri plaintif de la mésange, ce colibri de nos bois, s'agitant d'un continuel mouvement ; on y entend le ramage alerte et vif du chardonneret, le refrain mélancolique du linot, les notes gaies et tendres de la fauvette, le sifflet plaintif du bouvreuil et celui du merle plus retentissant ; et parfois tous ces chantres font silence pour laisser savourer le magique solo du rossignol.

C'est non loin de là que j'ai vu le pic-corbeau, armé d'un long bec avec lequel il troue les arbres. Son plumage est d'un noir à reflets; il porte sur la partie supérieure de sa tête une touffe rouge; sa taille est celle d'un corbeau. On y aperçoit aussi le titras-gélinote, de la famille de la perdrix, gentil oiseau dont la chape et la queue sont cendrées, avec de petits filets noirs en forme de caractères égyptiens; ses yeux sont bordés d'une frange rouge, et le noir et le blanc se mêlent agréablement sur sa poitrine.

Le geai, aux couleurs vives et variées, est surtout le grand crieur de cette contrée.

Rien donc ne manque au charme de cette cascade, et, en la voyant, elle fait rêver aux délices de l'âme pure dont elle est l'image. Volontiers on y séjournerait longtemps, si on ne redoutait le bain d'une vapeur glacée dans lequel on est plongé. Rarement on se retire cependant sans en avoir crayonné l'ensemble sur son album, et sans avoir enrichi son herbier d'une plante.

CHAPITRE XIV

LA GLÈRE.

De la cascade des Demoiselles, on peut continuer sa course du côté de l'Hospice, ou bien pénétrer jusqu'au cirque de la Glère.

Nous allons suivre cette dernière direction pour rentrer par la cascade des Parisiens, laissant l'Hospice pour une autre excursion.

La première fois que j'y suis allé, c'était à la fin du mois de mai, avec mon excellent père, pour y prendre le petit lait (1). Un soleil doux, celui des Pyrénées, riait sur l'herbe éblouissante, marquetée de boutons d'or, de bleuets, de primevères. A quelques pas de la cascade des Demoiselles, dans le creux d'un ravin, mon père me montra une vaste

---

(1) Ce meilleur des pères, qui sera toujours pleuré de ses enfants, s'éteignait, mon manuscrit fini, après m'avoir éclairé de ses souvenirs.

place jonchée de feuilles sèches ; elles faisaient l'office de nattes de paille, sur les plantes fragiles, durant les froids de l'hiver, avec cette différence que ces dernières repoussent la glace et que ces feuilles la conservent. Aux premiers jours du printemps, quand les neiges fondent, une avalanche périodique vient s'ensevelir là, et se couvre de ce suaire de feuilles afin de retarder la dissolution le plus longtemps possible. Ce glacier est l'approvisionneur des cafés et de la cascade. Et la Providence nous instruisant partout, nous fait ici un cours d'économie.

Nous étions dans l'intérieur du bois, égayé çà et là par la blanche et élastique colonne du bouleau, au chapiteau tremblant ; le silence n'était rompu que par les bonds agiles et capricieux de l'écureuil, par le clapotement sourd du ruisseau dans le ravin, par le cri fugitif d'un oiseau ou par le coup mesuré et retentissant de la hache frappant quelque centenaire vigoureux, lorsque tout à coup les rayons du soleil disparaissent, la nuit semble secouer ses crêpes funèbres, et nous sommes envahis, cernés de tout côté par un brouillard épais et humide, qui, en gênant notre vue, nous faisait trembler de tous nos membres.

Ce coup de théâtre est une des tristes décorations des montagnes. Dans ce moment il est bon d'avoir un guide sûr, car on ne pourrait plus marcher qu'à tâtons, et au risque d'aller heurter contre un tronc, une roche, ou de s'égarer et de tomber dans un abîme.

Cet entr'acte, ordinairement court, dure parfois toute une journée. Au moment où nous touchions au cirque de la Glère, cette sombre draperie se roulait et disparaissait, nous laissant voir une enceinte majestueuse, où paissent de nombreux troupeaux. En face, on a le port de la Glère, le plus court passage entre Luchon et Vénasque. Un peu à l'ouest, le pic des Taouas se dresse comme une gigantesque sentinelle aux frontières des deux nations. Pendant que j'examinais sa croupe arrondie et altière, je vis deux Espagnols rampant sur ses flancs abruptes, occupés à faire passer une à une un troupeau de mules. C'était des contrebandiers qui, pour ne pas payer 70 fr. de droits par animal, risquaient de tout perdre dans des abîmes vertigineux. Bien des fois le vautour, hôte habituel de ces demeures effroyables, y fait d'abondantes pâtures.

Nous arrivâmes aux cabanes des pâtres, bouges humains. Dans l'une on prépare les aliments d'une simplicité primitive, dans l'autre l'on essaie de dormir. Ces cabanes forment un angle; il n'y a qu'une toiture dont les bords reposent sur le sol; elles sont formées de branches de sapin, recouvertes de tranches de gazon, ce qui les fait ressembler assez à des tertres funèbres. Dans l'intérieur sont placés des lits de camp, superposés en forme de tiroirs; ces lits sont simplement des branches de sapin. Dans un de ces casiers, une nuit, nous étions quatre, et un égal nombre au-dessus. Et quelle nuit sur les arêtes de ces branches! il aurait valu tout autant se coucher sur des cailloux. Par surcroît, il y eut tempête. La foudre promenait son char retentissant sur les rocs ébranlés; les gros chiens de montagne ne cessèrent d'aboyer, les brebis se plaignaient, les pâtres criaient, le loup hurlait, c'était une scène cabalistique, quelque chose d'infernal.

Les premières lueurs du jour me trouvèrent sur pied, examinant si les montagnes ne s'étaient pas écroulées. Un des pâtres me dit que les loups, à la faveur de l'orage, avaient égorgé plusieurs brebis; et je vis, en effet, les restes sanglants de ce carnage.

Les garde-manger de ces lieux sont les glaces; on fait dans leur sein une tranchée que l'on recouvre d'une dalle ou de glace, et la viande se conserve parfaitement des mois entiers. C'est sur les bords de ces neiges que le fameux Cousoulet tua son troisième ours (1).

Je fus surpris encore de la manière dont on faisait cuire le lait dans ces cabanes. Les pasteurs mettent au feu un caillou rond et chauffé à blanc; ils le plongent incandescent dans un vase en bois, le lait bouillonne, se plaint, et on le sert; ainsi cuit, il a un goût exquis. C'est là que l'on fait un excellent fromage et un meilleur beurre.

Le petit lait, les sources de cristal, l'air vif et imprégné d'émanations suaves, constituent un traitement qui purifie, fortifie, rajeunit. Il est souvent mis en usage par les Luchonnais. On se plonge, on se baigne dans la nature, et on revient frais et dispos. C'est dans ces gras pâturages, fournis de plantes aromatiques, que l'on envoie pacager ces troupeaux, dont la chair est si justement appréciée. C'est là encore que les chevaux de Luchon viennent arrondir leurs lignes, et prendre des forces pour les fatigues de la saison.

(1) Ce chasseur intrépide vient de mourir victime de son amour pour la chasse. Tandis qu'il revenait le soir de ses excursions, il voit un taureau bondir furieux vers son chien. Coussoulet s'élance pour le protéger et reçoit sur la poitrine un coup de corne qui le tue.

En parcourant le cirque, je vis une roche immense formant saillie. Sous cette voûte de roc, mille moutons pouvaient s'abriter contre les orages qui éclatent dans ces régions à l'improviste, comme une décharge de mousqueterie. Dans le fond de la vallée étaient des restes de cabanes ruinées; on les avait délaissées, malgré le voisinage des sources, parce que chaque année elles étaient balayées par les avalanches.

Voici comment se forme l'avalanche, ce monstre des montagnes, plus terrible, plus désolant qu'un torrent gonflé de colère. Aux premiers jours de dégel du printemps, le soleil se fait sentir plus chaud, la neige se tasse, se fond, s'engraisse d'humidité, devient gluante. Alors la pierre des pics élevés au-dessus des pelouses est glissante; la neige se détache en petite boule. Cette boule, sur une pente fortement inclinée, roule, grossit et, arrrivée à un certain volume, elle presse sur la neige, s'enveloppe de plus en plus; bientôt elle grossit comme par enchantement; rien alors ne peut arrêter cette masse; elle déracine le gazon et les pierres; elle est immense. Elle emporte tout sur son passage, et dans sa course furibonde, le vent mugit si violent au-devant d'elle, qu'à une distance de plusieurs mètres, les arbres sont brisés, déracinés comme par une trombe. Enfin, après avoir tout ravagé sur son passage désastreux, l'avalanche tombe expirante et s'arrête. Elle a passé comme un conquérant, comme le crime, et maintenant elle n'est plus qu'un énorme cadavre roulé dans son linceul blanc et sali, que le soleil fondra. Les débris seuls diront ses exploits.

Quelques années après, j'étais venu de nouveau visiter

cette solitude. La vie y avait pénétré de toute part, et l'on aurait pris ces lieux pour le boulevard d'une grande cité aux toilettes nombreuses ; ou mieux pour un camp, aux costumes militaires, aux feux des bivouacs et aux chevaux errants. Le sentier en zigzag, qui se tordait jusqu'à l'échancrure du port, était encombré de piétons, de chevaux, de cavaliers, d'amazones. Au sommet se dressait, depuis la veille, une colonne de marbre, chargée de raconter à la postérité un grand rêve ou un grand fait accompli. Sur un immense brasier se préparait un festin homérique. Quarante poulets se doraient au contact de la flamme, et devaient flanquer un veau qui s'étalait tout entier sur une table, gémissant sous le fardeau.

On voyait, non sans étonnement, un autel se dresser sur un rocher, ombragé par quatre sapins, aux branches desquels flottaient des banderoles aux armes de France et d'Espagne. Le vent soufflait par rafales brusques, impétueuses, et dérangeait le programme de la fête. On craignait qu'il ne culbutât les sapins transplantés et l'autel improvisé. Le vicaire de Luchon, plein de confiance dans le Dieu des tempêtes, donne le signal du sacrifice ; La foule se range sur deux lignes ; le silence se fait, le recueillement gagne l'assemblée, le prêtre s'avance à l'autel, et le vent, obéissant à un ordre de Dieu, retient sa bruyante respiration et se tait.

Quel moment sublime !

C'était bien là le lieu qu'il fallait à un tel sacrifice. Les murailles du temple étaient des montagnes s'élevant jusqu'au ciel ; l'encens était les nuages rampant sur leurs cimes ; les forêts, les tapis de verdure ; les fleurs étaient la décoration ; l'harmonie, c'était le silence du désert, que semblait redoubler les notes qui s'élevaient de la forêt, du brin d'herbe, du ruisseau, de la cascade ; la voûte, c'était le pavillon azuré du ciel avec sa lampe radieuse et éternelle. Et tout cela entre deux grands peuples à genoux, réunis au pied du même autel.

On sentait que la divinité était là ; elle se communiquait plus puissante, plus intime que jamais. La prière s'élevait toute seule, d'un vol rapide, vers les célestes régions. On était plus près de Dieu, et il nous entendait mieux. C'était la nature et l'homme louant, adorant Dieu, seul grand, et lui chantant un hymne de reconnaissance et d'amour.

Quoique jeune homme du monde encore, je fus profondément impressionné par cette scène céleste, et elle me rapprocha plus que jamais de mon Dieu.

Le saint sacrifice fini, chose qui frappa tous les esprits, le vent tout à l'heure calmé, reprit de nouveau ses caprices impétueux. Qu'il y eût dans ce fait du miracle ou non, peu importe ; il jeta quand même du merveilleux dans cette fête ossianique.

Vint ensuite le tour du banquet; et pendant que la France et l'Espagne choquaient le verre, et que les bouteilles s'avançaient par escadrons pressés, des groupes nombreux s'échelonnaient sur les pelouses, et répétaient en échos fidèles, mais en notes plus simples, le solennel banquet.

La pensée qui animait cette fête, vraiment nationale, était une magnifique et grande pensée. Il ne s'agissait de rien moins que de réaliser ce grand mot, mais prétentieux, de Louis XIV : « Désormais il n'y aura plus de Pyrénées. »

Entre les deux nations s'élève une barrière de granit qui semble se poser, comme une muraille de séparation, entre deux sœurs essentiellement catholiques. Ce n'est pas là cependant l'idée féconde du progrès et de la civilisation ! elle tend au contraire à fusionner tous les peuples. Et cette fusion n'est-elle point le désir le plus ardent du christianisme? Pourquoi donc, avec nos moyens de percer les montagnes, n'ouvrirait-on pas une large voie unissant ces deux nations?

Si nous avons notre industrie, l'Espagne a aussi ses richesses; si notre sol a une belle page d'histoire, la patrie de Viriathe et du Cid a aussi ses glorieux souvenirs; si notre pays a des plaines fécondes et ses populeuses cités, elle a ses richesses, ses sites ravissants, sa Séville et son ciel ; si nous avons des génies et des noms célèbres dans les arts, elle a aussi ses savants et sa littérature chaude, imagée, et ses toiles inimitables de Murillo. Les uns et les autres nous n'aurions qu'à gagner de voir nos montagnes offrir un passage libre et facile aux populations. Et alors pour Luchon quel glorieux avenir !...

Dans les Pyrénées centrales, une étude sérieuse et en dehors de toute puissante influence, toujours préjudiciable à de telles entreprises, a prouvé que le lieu le plus convenable pour le tunnel était le cirque de la Glère. Cette voie déboucherait vers Balbastro et l'Ebre. Voilà pourquoi cette fête applaudissait à un plan approuvé par les deux nations, et pourquoi les autorités de Vénasque et de la Haute-Garonne se félicitaient dans un discours réciproque d'un avenir heureux. On traça sur la roche, en peinture noire, la forme de la future ouverture.

Si jamais le tunnel se fait, c'est là qu'il doit être percé ; outre que c'est l'endroit qui présente le moins de difficultés, ce qui est prouvé par des notes sérieuses; c'était encore la pensée de Napoléon Ier, de ce vaste génie, dont le regard, quand il n'était pas voilé par les vapeurs de la passion, sondait les difficultés les plus ténébreuses et les éclairait de ses rayons.

La fête vint se terminer à Luchon avec les dernières lueurs du jour, et la colonne qui se dresse à l'angle des quinconces doit en perpétuer la mémoire.

Nous aurions été heureux de voir graver sur cette colonne le nom de M. Soulérat, qui le premier, par ses écrits, ses voyages en Espagne, s'était occupé vigoureusement de cette affaire ; mais le moissonneur fera toujours oublier l'homme de peine !

Dans le temps où le projet du chemin de fer agitait les âmes, on perça la route de l'Hospice à la Glère. Cette route, qui facilement deviendrait carrossable, a été une œuvre prodigieuse ; il s'y est accompli des faits d'une audace incroyable. Nos soldats, franchissant les Alpes toutes couvertes de frimats, sous le prestige de leur général de vingt ans et les enivrements de la victoire, ne montrèrent pas plus d'intrépidité courageuse et constante que nos jeunes pionniers montagnards. Dans plusieurs endroits, malgré le parapet qui protége du vertige, vous sentez le frisson de la peur parcourir vos membres. Il y avait des roches surplombant des gouffres affreux; pour les tailler, les entamer, les trouer, le pic s'y brisait impuissant; il fallait la mine, et des jeunes gens, suspendus sur des gouffres horribles, la mettaient en œuvre. Quand le feu brûlait la mèche et que la détonation allait éclater, on les hissait, et puis ils redescendaient pour continuer ce travail pénible et périlleux, durant des journées et des mois.

Cascade des Parisiens.

C'est par cette route, à descente presque insensible, que nous arrivâmes près de la cascade des Parisiens, à quinze minutes de l'Hospice. M. Paris, à qui Luchon doit une petite brochure, en fut le premier visiteur, et comme enfant de la capitale, il la dédia à ses aimables compatriotes. Au voisinage de la cascade, les lieux deviennent sauvages et se couvrent de forêts. Tout s'assombrit, et volontiers on dirait que l'ours y a établi sa demeure.

La cascade a un cachet tout particulier; sans rien de grandiose, de majestueux, elle plaît par sa toilette originale, par son décor artistique. Elle s'amuse de ses ondes : elle les jette en cascade, les reprend dans un bassin de pierre et de mousse, pour les éparpiller de nouveau et les captiver encore par des bords fleuris et enchanteurs. Par trois fois elle répète ce caprice d'indépendance folâtre et de douce servitude, jusqu'à ce qu'enfin elle s'échappe en fusée blanche à travers le feuillage des arbres et dans le silence d'une antique forêt de hêtres. On la salue en souriant et l'on revient aux ruines des Templiers, en laissant sur sa gauche une carrière de ces ardoises bleutées qui rendent nos toitures si gentilles.

CHAPITRE XV

ROUTE DE MONTNÉ.

Pour ne pas trop fatiguer le lecteur par le bruit des cascades, nous allons changer de scène.

Le Montné, avec son lever du soleil, était une course rêvée depuis longtemps ; enfin je dois l'exécuter avec des condisciples de la vallée d'Oueil.

Pour y aller, on suit l'allée des Soupirs, la route de Bigorre par la montagne. En passant, on remarque une grande maison qui s'effondre, autrefois une scierie et un polissoir de marbre du pays. L'industrie refuse de se marier avec la poésie de nos sites. Tout à côté sourit un petit pavillon où sont sous clé les ondes qui jaillissent vives et pétillantes des fontaines de la ville. Au moment de franchir le pont de Mousquères, sous une toiture de planches, il y a un ouvrier de Gérusetz qui travaille le marbre avec facilité et intelligence. Il vous vendra des souvenirs de montagne, d'autant plus précieux que vous les aurez vu façonner sous vos yeux.

Au pont, un instant d'arrêt ; il rappelle de fâcheux accidents ; il raconte des histoires gaies et riantes, et il présente au regard une nature sévère et séduisante.

Quelques pas plus haut, avant que la route n'eût changé l'aspect du lieu, on voyait une roche à plate forme, ombragée de tilleuls. C'était là que le bailli de Fronsac, chef-lieu de Comminges, venait jadis rendre la justice aux habitants des vallées voisines. Trop heureux eussent été les paysans de ces contrées, si le champêtre du paysage avait rappelé la bonne et paternelle justice de Louis IX de sainte mémoire. Mais trop souvent le sans façon du décor n'était qu'une image trop fidèle de la légèreté de la justice, quand toutefois elle ne se vidait pas par une vigoureuse bastonnade. Et malgré des passe-droit inhérents à la faiblesse humaine, la justice, quoique enfermée dans les murs étroits d'un édifice, est moins libre de suivre les caprices d'une conscience injuste.

De cette plateforme, l'on jouit d'une vue parfaite sur Luchon, gigantesquement encadré de montagnes. Ses toits d'ardoise brillent, les fumées voltigent un instant au-dessus comme de légères gazes cendrées, et s'évanouissent. D'autres fois elles s'épaississent comme des nuages et se déroulent comme une tente de pasteur.

La route est rendue intéressante par ses forêts de sapins et de hêtres, au sein desquelles s'épanouissent les verdoyantes prairies de Gouron, et par la montagne de Cazeril, toute hérissée d'écueils, aux échancrures desquels se cramponne le hameau, comme un naufragé au récif du rivage. Tout à côté blanchit son petit clocher, comme l'étoile de son espérance. A gauche, au fond d'une gorge profonde et resserrée, le torrent de l'One roule ses eaux avec fracas ; par ses noisetiers et ses ombrages, il rappelle celui du Lis, avec quelque chose de plus sauvage. Sans la muraille qui défend contre les précipices, plus d'une fois on éprouverait le magnétisme du frisson. De distance en distance, les ondes sont arrêtées par des remparts de granit ; impatientes, elles s'échappent impétueuses et elles ne s'avancent qu'en combattant.

Après avoir vu défiler des deux côtés, des cerisiers, des ormeaux, une longue muraille, on arrive à un pont qui enjambe lestement, comme un montagnard, le flot tapageur. Jamais Salvator Rosa n'a rien fait de plus pittoresque.

On marche de surprise en surprise jusqu'au petit pont qui mène, par un lit de pierre, torrent en temps de pluie, à la chapelle de Saint-Aventin. Ce pont défait, rongé, brisé, déchiqueté et toujours solide comme un roc, n'est pas une des choses les moins curieuses de la route, par sa vieillesse et son entêtement doublé de mastic romain. Pour moi, je le préfère à la gentillesse élégante du second pont de Trébons, à côté d'une prairie toute bosselée, à sillons profonds, comme s'il y avait des géants enterrés et dont les crêtes sont arrosées par un filet d'eau.

Nous sommes en face du promontoire de la vallée de Larboust et de la vallée d'Oueil. Nous entrons dans la vallée d'Oueil, ainsi nommée à cause de sa forme topographique et qui, dans les anciens titres, se trouve désignée sous le nom de *Vallis oculi*.

Ayant trouvé par hasard la relation que j'écrivis, il y a huit ans, sous les impressions de cette course, je vais la reproduire littéralement. Elle aura un cachet d'enthousiasme juvénil assez agréable.

Le jour éteignait ses dernières lueurs, quand je frappai, de mon bâton ferré, à la porte d'un ami de Benqué, l'une des natures les plus heureuses que l'on puisse rencontrer sur le chemin de la vie. Taillé à la façon des rochers dominant son village, il est docile comme l'agneau des troupeaux de son père. Contraste singulier que l'on trouve parfois dans nos vallées. Faire plaisir à ses amis, voilà sa volonté; ce fut donc sans peine qu'il se joignit à moi.

La mort vient de nous le ravir.

Un autre abbé voulut être aussi de la partie. La même eau, le même air, la même vie lui donnaient une très-grande analogie avec le premier.

Nous nous mettons en marche.

La nuit devenue épaisse rendait les sentiers pénibles et dangereux; mais la gaieté des trois voyageurs, éclatant en bruyants et joyeux refrains, donnait de la rapidité à nos pieds et de l'entrain à nos cœurs.

Le firmament redoublait surtout notre plaisir : pas un nuage ne se montrait, heureux présage d'une belle matinée. Des millions d'étoiles rayonnaient dans le sombre azur du dôme céleste, et leur éclat était d'autant plus vif, que leur reine tardait de se montrer. Les douces émanations des herbes odoriférantes parfumaient l'air calme et tiède. C'était une de ces nuits où l'on serait resté des heures entières sur le gazon à méditer les merveilles de la nature et la bonté du Créateur.

A Saint-Paul nous fîmes halte un instant au presbytère. Outre le besoin que nous avions d'une longue-vue pour notre excursion, la gaieté du curé et sa générosité proverbiale nous faisaient un devoir de lui demander une petite anecdote pleine de sel et un léger viatique. Le curé, au coin du feu, un livre à la main, attendait que le modeste repas du soir fût prêt. Notre vue l'épanouit. Il nous reçut comme un bon père, et rien ne fit en lui mentir la renommée qu'il s'était faite d'excellent cœur. Il voulut même nous accompagner quelque temps.

Prêtres des montagnes, que vous êtes admirables et dignes du ciel! Votre vie ne vous appartient pas ; toute entière vous la sacrifiez à quelques paysans. Le monde vous ignore, parce que vous vivez dans l'obscurité ; mais Celui qui a dit : « Heureux les humbles, » saura trouver la perle au fond des mers, et elle sera un brillant de plus dans les splendeurs des cieux.

Peu de temps après avoir pressé la main du bon curé, nous étions à Mayrègne. Mayrègne est un joli village, élégamment incliné sur le penchant d'une pelouse toujours verdoyante. Çà et là quelques groupes d'arbres l'encadrent comme un nid de fauvette. Les habitants ont sur leur figure la fraîcheur et la gaieté de leur paysage. Dans sa vieille et lourde église romane, derrière le maître-autel, se conserve inconnue une Annonciation, original précieux de Despax.

Nous entrâmes dans une maison dont la propreté et l'ordre modeste respiraient l'aisance et le travail. Nous fûmes introduits dans la chambre commune. Je crus être transporté dans une de ces patriarcales familles, que l'on ne trouve presque plus que sur les livres. Le foyer était vaste, des tiges entières y brûlaient. Il fallait cette ampleur. Le père et la mère comptaient de nombreux et vigoureux enfants, magnifique couronne qui a bien sa splendeur et qui donne sa large part de bonheur au foyer domestique. L'union de ces cœurs était si forte, qu'on les aurait crus à jamais inséparables.

Cependant une place restait vide au foyer. Une jeune vierge était partie par delà les mers, vers des régions inconnues, à l'âge où le monde n'est qu'une peinture riante, où les horizons sont sans nuages et où le cœur a des pulsations rapides et des rêves brûlants. Pour toute défense elle n'avait que la vertu, et pour ressource que la charité. C'est qu'il y a un amour plus fort que celui de la famille; il donne de l'héroïsme à la faiblesse, parce qu'il se confond avec l'amour de Dieu. Cet amour, qui n'est qu'une folie aux yeux du vulgaire, a pris son origine sur l'arbre de la croix, et une pure et sainte tradition l'entretient dans les âmes comme un feu sacré.

Quelques jours après, une autre place devait se faire, et cette fois c'était pour ne plus se remplir. Le Ciel ne veut point laisser à l'homme trop de bonheur, afin qu'il ait toujours les yeux tournés vers lui. La mort vint visiter la demeure, et la bonne mère s'endormit doucement dans le Seigneur entre les bras de ses enfants chéris. Les larmes furent abondantes, mais la douleur fut calme, tempérée qu'elle était par l'espérance. Pénibles épreuves, qui par deux fois, coup sur coup, devaient briser mon cœur de fils!

Mais pourquoi de tristes souvenirs? la route n'est-elle pas assez difficile par elle-même, pour y jeter encore des pierres et des ronces? Essuyons donc cette larme et revenons à notre plaisir. Là, où le Seigneur est aimé, le voyageur est reçu comme un frère. Le nom d'étranger y est inconnu. Nous grossîmes le cercle, et la conversation roula bruyante et pleine de charme. Chacun avait son bon mot et sa petite histoire à narrer. Le temps s'envola et la cloche du village sonna minuit. Tous nous tombâmes à genoux, tournés vers un Christ antique, et le diacre, enfant de la maison, dit à haute voix les touchantes paroles de la prière du soir.

Le moment du départ venu, nous prîmes congé de l'honnête famille, et nous continuâmes notre marche avec deux nouveaux compagnons. La nuit devenait plus sombre.

Généralement la causerie prend la couleur locale, et elle s'inspire de tout ce qui l'entoure. On prend un intérêt indicible à raconter des impressions semblables à celles que l'on éprouve. Comme tout était mystérieux, fantômes et peurs, on parla d'histoires de revenants.

Les lieux même où nous passions avaient été le théâtre d'une de ces scènes d'outre-tombe. Dans ce ravin on entendit, pendant plusieurs mois, des sanglots et des gémissements; et l'imagination, avide de tout ce qui est fantastique, croyait entendre ces plaintes dans la chute du torrent, dans la fuite des eaux, dans le bruit des feuilles. Là, dans cette forêt, une voix lamentable poussait des cris déchirants, et à la même heure une lumière étrange s'y montrait; objets mystérieux qui avaient défié inutilement la plus intrépide jeunesse de la contrée. Et pour ne point voir cette lumière apparaître à travers les sapins, nous nous frottions les yeux à plusieurs reprises. L'explication de ce phénomène a été donné par Nérée Boubée.

Au-dessus de Maylen existe une grotte profonde, ouverte à fleur de terre, comme une trappe. Cette grotte est remplie d'ossements. Plusieurs animaux tombent dans cet abîme, surtout en hiver, et y périssent. Il y a dans cette grotte une source dont l'eau, qui s'en échappe, va mouiller le chemin à côté de Maylen. La décomposition des animaux donne naissance à divers gaz, notamment à de l'hydrogène phosphoré. Ces gaz suivent la même voie d'infiltration que l'eau; ils arrivent à l'air libre sur le même point où l'eau paraît. Là, s'enflammant ou développant simplement leur phosphorescence, ils se montrent lumineux, et enfin, devenant libres, ils vacillent dans l'air, au gré du vent, et disparaissent.

De la vue de ces flammes viennent les frayeurs de la contrée et nos propres frayeurs du moment. Les narrations allaient toujours leur train. L'un racontait des scènes tragiques, des histoires de voleurs et de contrebandiers. Il n'y avait que des coups de carabines, des poignards, du sang, des morts.

Une autre fois, c'étaient des fantômes enveloppés dans des draps blancs, exécutant des rondes infernales. Et les yeux, comme fascinés, de chaque arbre se dessinant à peine dans la nuit, voyaient sortir des bandits armés jusqu'aux dents, et le bruissement des feuilles n'était que le frôlement des draps.

Aussi nous marchions, palpitants d'émotion, sans en être jamais fatigués. Le merveilleux est le grand fascinateur des âmes.

Une fois nous crûmes être réellement spectateurs d'une scène lugubre. Il était une heure après minuit ; à quelques pas d'un village, une église isolée nous apparaît toute illuminée. En tremblant nous approchâmes ; le cœur battait. Nous pensions assister à quelque office des morts, à quelque procession d'âmes revenues de l'autre monde ; et ce n'était que la lampe du sanctuaire qui veillait et priait pour les hommes. Heureux ceux qui sauront, comme elle, se consumer devant Dieu.

Si, par hasard, quelqu'un était passé par là et qu'il eût vu cinq soutanes noires, marchant sur les tombeaux du cimetière, je crois qu'il aurait cru aux revenants. Le pays se serait disputé cette histoire ; et, à coup sûr, nous aurions été de pauvres morts errants ou des démons malfaisants. Avant de quitter ce lieu du repos, nous tombâmes à genoux sur le gazon, recouvrant les cendres d'un de ces amis que le cœur n'oublie plus. Trois ans avant, je suivais avec lui le même chemin. La pensée de la mort était bien loin de nous. A dix-huit ans, lorsque des torrents de vie bouillonnent dans les veines, on croit à l'immortalité, et non aux spectres des sépulcres. Il avait tout ce qui dans le monde peut donner de la gloire : un cœur noble et généreux, une imagination volcanique, une ambition dévorante, des plans vastes comme l'espace, et tout cela admirablement secondé par une opiniâtreté invincible pour le travail. Né sur ces monts où se forment les orages et les tempêtes, son âme en avait pris la majestueuse et terrible âpreté. Né sur ces monts d'où les torrents jaillissent et se précipitent avec fureur, son esprit en avait saisi la fougueuse allure, et, comme eux, il prétendait aller se jeter à l'océan de la gloire. Son œil avait souvent contemplé l'aigle volant à ses pieds et s'élevant ensuite, d'un coup de son aile d'acier, jusqu'à la région des nuages ; et cette liberté du roi des airs, cette sublimité dans son vol lui avait donné un amour passionné pour l'indépendance. Il aurait voulu, habitant des hautes régions, voir toujours la terre de loin.

Mais comme cette tige qui s'élève en pyramide audacieuse sur la croupe des montagnes, et dont la sève vigoureuse veut porter jusqu'aux nues sa cime altière et promet en lui, au peuple de la forêt, un géant protecteur, devient subitement la proie d'une violente rafale et couche son front dans la poussière, tel mon jeune ami, avec tous ses beaux rêves et ses dix-huit ans, fut renversé par le souffle de la mort et couché dans la terre. Heureux si à ses rêves d'ambition il joignit quelque pieuse pensée et quelque action vertueuse. Alors le verre d'eau froide donné au mendiant a son salaire, et le jet le plus lumineux de la gloire n'est plus qu'une ombre fuyante. « Les morts ne connaissent plus rien, ne jouissent de plus rien, et leur mémoire est livrée à l'oubli. Et l'amour, et la haine, et l'envie, ont péri avec eux, et ils ne prennent aucune part à ce siècle et à tout ce qui se fait sous le soleil. » (Ecc.) Heureux si sa dernière pensée fut pour Celui dont il voulait être le serviteur. Heureux moi-même ! j'ai toujours devant les yeux cette vanité des choses du monde, et si ce coup de la mort peut sans cesse me tenir en éveil, comme une sentinelle, et me persuader que cela seul est stable qui vient de Dieu et retourne à Lui.

Rien ne distingue sa tombe de celle des autres, le gazon seul fait tout son ornement. On dirait que la nature a pris plaisir à l'effacer tout à fait. Jamais une main inspirée par l'amitié n'est venue planter l'humble croix de bois sur ses cendres, ni y semer une fleur! Il y a des familles où la délicatesse du cœur passe pour une chimère.

Mais pourquoi oublier encore le chemin du Montné pour la pensée de la mort? C'est que lui aussi avait dépeint ce magnifique spectacle que nous avions contemplé ensemble. Et quelques jours après, le soleil n'avait plus d'aurore pour lui; qui sait s'il aura pour moi un coucher? Et puis, quand un bouquet est dans la main, il n'y a pas de charme à en jouir tout seul; et l'âme d'un ami semble se consoler, en effeuillant quelques roses sur une tombe aimée.

Et puis encore l'idée de la mort a aussi son ivresse; l'amour et les fêtes la rappellent, et l'émotion d'une joie vive semble s'accroître par l'idée même de la brièveté de la vie.

La prière des morts finie, nous nous levâmes en silence, comme si nous craignions de troubler le sommeil de la tombe, et en s'acheminant pensif, chacun donnait un regret et un soupir à celui que le ciel avait déjà trouvé mûr. Nous l'avions tous appelé notre ami.

Le chemin devint plus difficile. Nous entrions dans le bois; la pente était rapide et hérissée de pierres mouvantes; le pied n'était jamais sûr. De distance en distance, il fallait s'arrêter pour prendre haleine. Cet escalier trop long et ses saillies scabreuses brisaient notre respiration.

En temps de pluie, ce sentier devient le lit d'un torrent. Les branches de sapin formaient sur nos têtes un dôme obscur ressemblant assez à un drap funèbre. Nous avancions comme des aveugles, le bâton en avant. Il semblait que nous étions dans le péristyle de la mort. Les plaintes, les soupirs, les gémissements arrachés par le vent au tronc des arbres, à leurs branches et à leurs feuilles, étaient propres à nous maintenir dans cette lugubre pensée. Mais de temps en temps, à travers une déchirure de la voûte, une étoile nous apparaissait dans tout son éclat, et donnait un peu de vie à cette nature lugubre. D'autres fois, c'était un ver luisant, éclairant de sa douce lumière une roche contre laquelle nous aurions pu nous heurter, ou le bord d'un précipice. Rien n'a échappé à la bonté de la Providence : Au pilote elle a donné l'étoile, au pèlerin le sourire de l'espérance, et au chemin la fleur et le ver luisant.

Enfin les arbres cessèrent, le ciel se montra de nouveau et nous pûmes marcher sur le gazon. Le silence était complet, la cigale elle-même, fatiguée, dormait. Subitement l'un de nous pousse un cri perçant qui va réveiller les échos d'alentour, et se perpétuer à l'infini. Les gros chiens de montagne, veillant à la garde des troupeaux, redoutent l'ennemi et répondent par de longs et terribles aboiements. Tout alors semble se réveiller : les brebis bêlent, les bœufs poussent de pénibles mugissements, l'oiseau de nuit fuit le vieux tronc en jetant un cri sinistre. Les échos se multiplient, et ce bruit s'engouffre dans les vallées comme des éclats de tonnerre, et mêlé au calme de la nature, à l'obscurité, au sauvage des lieux, il faisait éprouver des sensations indéfinissables.

J'écoutais, immobile, les dernières notes de ce vacarme, quand j'aperçus, au fond d'une gorge, un grand feu. Tout autour du brasier étaient assis ou couchés des pâtres en habit de bure ; ils bivouaquaient comme nos soldats la veille d'une bataille. Le feu, en les préservant de l'humidité de la nuit, éloignait du bercail les bêtes fauves. Une pensée mélancolique envahit mon esprit en comparant la vie de sacrifice, de privation et de fatigue continuelle de ces pâtres avec la vie du prêtre au presbytère.

J'aurais peut-être médité longtemps cette pensée, si une violente secousse, occasionnée par une pierre, ne m'en eût arraché. Cette pierre n'était pas seule : une plus élevée que les autres se dessinait sur le ciel, elle semblait veiller sur toutes. Une autre, non loin, s'allongeait plus que ses compagnes.

Dans l'ascension que je fis avec mon cher Vincent, ces pierres isolées et dont la blancheur tranchait, d'une façon singulière, sur un beau tapis de verdure émaillé de fleurs, m'avaient vivement surpris et captivaient mon attention. L'ami devina mon idée, et il me raconta cette légende, fille de la nuit des temps, et qui passait intacte à travers les âges, tant elle était gravée dans le cœur des pâtres du pays. Lui la tenait d'un octogénaire, histoire vivante et conteur le plus intrépide du bivouac des montagnes :

« Un jour, il y a bien longtemps, Jésus, le fils de Dieu, sous l'habit d'un mendiant, la besace sur l'épaule et le bâton à la main, parcourait la contrée ; il voulait éprouver la charité des montagnards. Arrivé au village situé de l'autre côté du versant, fatigué et tourmenté par la faim, Jésus s'assit sur la borne du carrefour, implorant la pitié du passant ; plusieurs passèrent et aucun ne mit l'aumône dans sa main. Dans l'espérance d'être plus heureux, il alla frapper aux portes, où sa prière fut repoussée par ces mots inhumains : « Continuez votre route, on ne donne pas ici. » Le divin mendiant, la douleur dans l'âme, s'éloigna de cette bourgade inhospitalière, après avoir secoué la poussière de ses sandales. La dureté du cœur est un bien lourd fardeau, elle écrase celui qui le porte. Ce n'est pas sans souci de l'avenir que l'on peut repousser Celui qui a donné sa vie pour les hommes. Aussi, à quelque distance de là, le mendiant étendit sa droite sur le village, et, l'anathème prononcé, le village disparut tout entier dans les entrailles de la terre avec ses habitants, et un lac déroula ses flots limpides à sa place. On y voit encore ce lac.

« Le pauvre reprend sa marche pour s'arrêter, cette fois, à l'endroit où ces pierres nous ont frappé ; un pâtre était là avec son troupeau, il crut que ses haillons trouveraient plus de sympathie à côté du gazon, et il lui demanda un peu de son pain pour l'amour de Dieu. Le pâtre, enfant de cette bourgade maudite, insulte le pauvre et anime le chien contre lui. Jésus dit un mot ; et pasteur, chien, troupeau, tout se métamorphosa en pierre. »

Heureux ces temps où de telles légendes naissent et se répandent ; elles affirment l'immense charité de ces populations et une foi bien plus agréable à Dieu dans sa simplicité, que la raison orgueilleuse et impie de notre siècle, qui n'a de force que pour enfanter l'égoïsme et étouffer le bien. Tout en rappelant cette histoire, nous étions arrivés à un mamelon, espèce de bastion inexpugnable. Nous faisons halte et nous nous consultons pour savoir s'il faut franchir à pic le géant qui se dresse devant nous, ou si modestement nous devons le tourner. La voix de l'expérience, pour la jeunesse, n'est que trop souvent la voix de la faiblesse. Bouillants de courage, nous fûmes jeunes, nous méprisâmes la voie battue, et nous donnâmes tête baissée contre la difficulté. Une fois de plus, nous devions apprendre que l'expérience est la mère de la sagesse et que la jeunesse est la sœur de la folie. Pendant quelques minutes nous gravîmes sans sourciller ; mais bientôt la pente devint si rapide, que les jarrets pliaient, en dépit de leurs nerfs. La sueur se répand sur tout le corps, la tête dégoutte comme si elle sortait de l'eau ; la poitrine devient haletante ; les bâtons ferrés fléchissent sous la pression du corps chancelant. Tout à coup, semblable à un cheval qui se cabre et se dresse sur ses pieds pour renverser le cavalier, la montagne se dresse et un énorme rocher menace d'écraser nos têtes à chaque instant. Les bâtons deviennent un embarras, il faut ramper sur la poitrine et monter à la force du poing et des ongles. L'herbe âpre et rabougrie, aiguë comme des pointes d'acier, glissante comme du verglas, ensanglantait nos mains et repoussait nos pieds. Quelquefois les secousses étaient si violentes que l'herbe restait aux mains, et il fallait se coucher à plat ventre pour ne pas rouler à la façon d'un rocher. D'autres fois les mains n'ayant rien à saisir, les pieds ne pouvant trouver un appui, nous enfoncions dans le sol le fer du bourdon et tout notre corps reposait sur lui ; ce moment était le plus critique, un brin d'herbe aurait pu rompre notre équilibre et nous lancer à plus de mille pieds de profondeur. Il était nuit profonde.

Un morne silence succéda à notre gaieté, interrompu seulement par la bruyante respiration qui s'échappait à flots de nos poitrines oppressées et par les pierres qui fuyaient de dessous nos pieds. Plus nous approchions du rocher, plus nous rampions difficilement, et il semblait vouloir nous étouffer sous ses débris : il penchait comme les murs d'un antique château ruiné par la dent impitoyable du temps ou par le boulet destructeur. Impossible de le franchir. Il fallut le tourner ! Ayant trouvé un appui, je respirais un peu, j'essuyais mon visage inondé, quand tout à coup mon point d'appui s'ébranle et cède ; on ne peut se figurer mon affreuse situation dans ce moment. Jamais aucun de ces cauchemars épouvantables qui tourmentent leurs victimes, dans des tortures raffinées, n'a été si mauvais. Déjà j'avais poussé un cri ; c'en était fait ! Une racine me sauva. Un compagnon me tendit son bourdon ; je le saisis, repris l'équilibre, et une minute après nous pouvions nous reposer ; nous étions sur un vaste plateau.

Durant cette ascension infernale, maintes fois j'aurais été tenté de maudire cette course ; au plateau, je n'y pensai que pour plaisanter. Le Français sera toujours le même, soit que son cœur batte sous le froc ou sous la tunique, soit qu'il monte à l'assaut, insultant la mitraille ; soit qu'il gravisse les pics, méprisant les précipices : il ne pourra longtemps garder un nuage sur son front. Un moment de répit suffira pour noyer sa bile dans un bon mot et fondre le nuage dans un sourire.

Cependant, lorsque le jour se fut levé, nous ne pûmes voir sans pâlir le danger que nous avions couru. Cela m'expliqua plusieurs faits merveilleux et effrayants d'audace qui n'eurent d'autre mérite que d'avoir été accomplis sous le manteau de l'ignorance. Un magnifique coup-d'œil nous attendait sur ce plateau, il nous remit sur pied. Trois incendies avaient éclaté dans les bois. La gorge de Luchon apparaissait, comme une immense cassolette d'où s'échappait une vapeur blanchâtre, qui pressait les flancs des montagnes et couvrait la vallée. On aurait dit que l'astre solitaire des nuits y avait laissé son manteau. Ce spectacle que nous donnaient quelques sapins en feu, nous faisait présager quelque chose de sublime dans le lever du soleil. Tandis qu'un de ces incendies nous donnait une idée de cet astre, lorsqu'il s'élance de l'Océan, secouant sa chevelure de feu sur les flots éblouissants. Un pâtre avait jeté un tison enflammé sur les bruyères, le feu se répandit avec rapidité, de proche en proche, et se communiqua à une forêt de sapins dont les pieds étaient baignés par le lac maudit. Le lac s'était changé en une plaque rougeâtre, et cette métamorphose nous parut si extraordinaire, que nous fûmes quelque temps sans pouvoir nous l'expliquer.

Enfin, le dernier incendie apparaissait dans le lointain, sur la cime d'une montagne, comme un phare sur la grève, ou comme le panache ondoyant d'un dragon équipé.

La fatigue oubliée, nous reprîmes la marche. Un dôme gigantesque était devant nous, et dans la pensée que c'était le dernier, nous prîmes à deux mains toute notre énergie pour en finir au plus tôt; mais arrivés au sommet, un autre se dressait un peu plus loin, puis un autre. Un instant nous crûmes être le jouet d'un rêve, et que nous poursuivions une chimère. A force de courage, notre patience se vit couronnée de succès; nous étions épuisés. Le Montné nous élevait dans les airs à plus de trois mille mètres, au-dessus du niveau de la mer. Jamais conquérant n'avait eu un tel socle. Tout ce qui nous entourait était à nos pieds, et le ciel semblait s'être rapproché.

CHAPITRE XVI

LEVER DU SOLEIL.

Le silence de la nature présageait quelque chose de grandiose. C'était le recueillement de la pensée, avant de jeter à la lumière quelque grand dessein ; c'était l'immobilité de l'Océan avant de déchaîner les fureurs de sa formidable colère ; c'était le calme de deux armées en présence qui se mesurent du regard avant de croiser le fer, et de donner aux oiseaux de proie une abondante pâture.

Cependant le zéphir, d'autant plus frais que notre corps ruisselait de sueur, nous faisait craindre quelque accident. Pour y remédier, nous cherchâmes des broussailles, des genêts, des racines, et nous y mîmes le feu. Bientôt la flamme s'éleva pétillante ; nous nous approchâmes les uns des autres, tournant le dos au foyer et le visage à l'Orient. Il était trois heures et demie.

Au terme de notre voyage, il ne nous restait plus qu'à jouir de la scène la plus émouvante de la nature.

Lever du soleil.

Une partie de l'horizon s'éclaircit par degrés, et écarte avec soin les ombres de la nuit. Sur ce fond, les montagnes commencent à mieux se dessiner. La lumière se répand davantage, et le ciel, autour d'elle, prend une teinte bleutée, puis cendrée, puis jaune et blanche. A l'instant il s'opère un changement merveilleux, comme produit par une fée : une ligne de pourpre, vaste ruban, se déroule horizontalement sur la chaîne des Pyrénées-Orientales. Sous cette ligne une autre se forme plus large, couleur orange. Au-dessous encore une troisième se dessine semblable à la première, mais d'un coloris plus forcé ; elle tranche comme une goutte de sang sur une quatrième ligne de la largeur de la seconde et d'un noir mat.

Pendant plus de trois quarts d'heure, ces lignes, tout en conservant leur forme, s'étendirent de plus en plus et entourèrent l'horizon d'une immense ceinture, semblable à l'arc-en-ciel. Quelquefois elles paraissaient se fondre les unes avec les autres, d'autres fois les arêtes étaient aussi vigoureuses que si elles eussent été solides. Les couleurs de la seconde ligne variaient comme celles du prisme, où se jouent les rayons du soleil. Tantôt, d'une blancheur éblouissante, elle s'empourprait par enchantement, comme une bandelette au front d'un guerrier frappé d'un coup de sabre, tantôt, feuille de rose ; elle prenait ensuite le velouté de la pensée ; et, le plus souvent, elle n'était qu'un mélange harmonieux des tons les plus purs et les plus agréables.

Le ciel prenait une teinte plus accentuée, et se couvrait de son magnifique voile d'azur. On voyait çà et là quelques légers nuages, dispersés en flocons d'une laine imprégnée de carmin. Cette lumière, qui se répandait à flots dans le lointain, avait repoussé les ténèbres, et la nuit roulait en diligence ses crêpes funèbres ; elle était vaincue à son tour. La nature, fatiguée de silence et de repos, commençait à s'agiter et à respirer plus à l'aise. L'épervier battait des ailes autour de nous, et guettait sa proie ; Les troupeaux, parqués au flanc de la montagne, secouaient les clochettes dont les notes montaient pures et argentées dans les airs ; l'insecte essayait son cri. Cette agitation nous rendait plus attentifs, et l'espace devenait pour nous une vaste toile où le grand artiste, celui dont le génie est sans rival, crayonnait une scène splendide.

Déjà il y avait mis quelques couleurs ; nous attendions dans l'extase le dernier coup de pinceau, dont le sublime devait nous transporter.

Tableau magique, que tes détails sont beaux et que les jets lumineux de l'inspiration humaine la plus éblouissante sont pâles et ternes auprès de toi ! Chaque coup de pinceau, donné à la partie droite du tableau, était une merveille. Là, c'étaient des montagnes à l'infini ; leurs crêtes, toutes dans l'ombre, se découpaient sur l'aube blanchissante en festons dentelés. La variété et la bizarrerie du dessin y faisaient voir à l'imagination des châteaux avec leurs bastions et leurs tourelles, des basiliques avec leurs flèches à perte de vue, des dômes, des minarets, jusqu'à des animaux fantastiques.

Ici, c'était un spectacle plus imposant que celui de l'Océan : des milliers de montagnes étaient à nos pieds, et chacune portait sa tête haute pour mieux respirer; chaque cime était frappée par un jet de feu s'échappant des lignes rouges. Ce jet lumineux produisait un effet indéfinissable; les montagnes, d'un côté, semblaient être couvertes d'un manteau de pourpre, tandis que de l'autre elles étaient plongées dans une complète obscurité. On aurait dit des vagues gigantesques et immobiles, frappées à leurs crêtes par les rayons du soleil couchant. Des nuages sereins balancent au-dessus leur duvet de neige; la transparence de l'air les entoure d'une gloire angélique, et leur vol immobile fait penser aux âmes du Dante arrêtées en extase à l'entrée du paradis.

Tout à coup, au milieu de la ligne noire, brille un point rouge comme un charbon enflammé; il me rappela ce ruban que l'honneur seul devrait mettre à la boutonnière. Ce point devient une virgule, et placée à l'extrémité d'une montagne, on l'aurait prise pour la flamme d'un volcan en ébullition. Elle force tous les tons de plusieurs degrés. Au bout de cinq minutes, elle s'allonge en une ligne de deux mètres, puis elle se ramasse sur elle-même et forme un coin. Ce coin brise la ligne noire qui prend sur son passage une teinte de sang. Il disparaît quelques instants pour se montrer de nouveau, au-dessus de la seconde ligne, en demi-circonférence. Il monte, il monte, et puis il s'étale en un globe du vermillon le plus éclatant. L'œil pouvait encore le contempler; aussi mes yeux y étaient rivés et l'émotion faisait battre mon cœur fortement. Ce globe de feu changea plusieurs fois de dessin; tantôt il se rétrécissait et s'allongeait en ovale, tantôt il prenait les gracieux contours d'une urne de Corinthe, pour revenir et se fixer à sa première forme.

Après s'être ainsi montré plusieurs minutes, ses bords blanchirent insensiblement comme un fer chauffé à blanc; le vermillon diminue, s'efface et disparaît.

Alors l'œil de l'homme est forcé de se baisser; le globe est devenu étincelant. Le soleil commence sa course triomphale dans son char flamboyant. Jusqu'ici pas un seul rayon n'avait jailli; maintenant ils inondent l'espace et dévorent les dernières ténèbres qui se disputaient encore avec les premières lueurs du jour, au fond des gorges et des vallées. Il n'y a plus ni vermillon, ni carmin, partout ce n'est que de l'or. Les montagnes sont drapées de ce riche métal, et sous ces feux jaillissants du soleil, les vastes glaciers de la Maladetta étincellent comme des plaques d'argent polies; la lumière en ruisselle par torrents.

Ce n'est qu'un océan de flammes, et l'astre du jour, en monarque indompté, s'empare des cieux.

La nature entière a secoué sa léthargie, et avec son flambeau divin, elle s'éveille, renaît. La pelouse brille comme un manteau royal, tissu d'or, de soie et de pierreries. Chaque brin d'herbe a sa perle et son rubis. L'oiseau secouant ses ailes se mire à la goutte de rosée qui scintille dans le feuillage, et en notes harmonieuses, il chante un hymne au Créateur. L'hirondelle a repris sa course vagabonde et capricieuse, et paie de son cri joyeux son tribut de reconnaissance et d'amour; l'insecte bourdonne sa prière; les fleurs ont ouvert leur calice parfumé et exhalent leur encens le plus pur; l'air est embaumé d'exquises émanations; les chiens vigilants font aussi éclater leur joie par leurs bruyants aboiements; le bœuf y mêle sa note grave et sévère, et la brebis sa voix tendre et plaintive; les forêts elles-mêmes résonnent sous le souffle de la brise, et imitent les mélodies d'un orgue dans le lointain.

Nous ne fûmes pas moins sensibles que le brin d'herbe et que l'insecte; nous tombâmes à genoux; et le cœur, ivre d'amour, fit monter vers notre Père le parfum de la prière, suave entre tous.

Seigneur, que ta puissance est grande, que tes œuvres sont belles, et que ta bonté est touchante!!... Un instant, le spectacle fut si sublime que j'étais ravi d'admiration; mon âme n'était plus, pour ainsi dire, dans mes organes; elle ne respirait plus sur ce sol; elle était passée tout entière dans ce magnifique tableau. Que son langage était éloquent! Il chantait avec l'accent le plus inspiré la gloire et la puissance de Dieu.

De tous les phénomènes physiques, aucun ne m'avait donné une idée si frappante de l'existence d'un Créateur tout puissant. C'était bien là l'ornement le plus beau et le plus persuasif de cette nature, trône extérieur de la magnificence divine. C'était le sceau irrécusable de l'Eternel.

Tout cet océan de feu m'apparaissait comme une image visible de mon Dieu, et me faisait soupirer après les torrents des voluptés célestes. Que le soleil de l'éternité doit être splendide, lorsque je me sens impuissant à retracer la beauté de ce rayon terrestre!

Oui, devant cette page, où est inscrit le nom d'un Être sans commencement et sans fin, il faut baisser son front dans la poussière et adorer. En face de ce globe éblouissant, l'impie oubliera ses blasphèmes et chantera un hymne d'enthousiasme et d'amour. Ah! si une âme restait insensible en présence de cette grande scène de la nature et qu'elle ne sentît en elle aucune fibre tressaillir, rien se remuer, je la plaindrais! Dieu seul sera assez grand pour donner à son œil une larme et à son cœur un soupir.

Hymne.

Roi du monde, dont le printemps est éternel et qui règnes sans rival, devant toi tout pâlit. Les filles de la nuit qui nous charmaient de leur lumière veloutée ont fui, et avec elles, leur reine majestueuse. Tu vivifies toute chose, le brin d'herbe et le géant de la colline. Tes rayons donnent à la plaine les moissons dorées, les fruits, les tapis émaillés de fleurs; aux montagnes, leur chevelure ondoyante. Sous ta féconde influence, tout mûrit et renaît : des milliers de fois tu as vu les palais s'écrouler, les cités anéanties, les royaumes détruits; et tu as prêté ton flambeau aux funérailles des générations. Tu as vu tout changer sur la terre; toi seul comme Dieu, dont tu rappelles l'image, tu règnes dans l'immobilité.

Partout les vœux des mortels te font cortége. Quand la tempête impétueuse éclate et rugit dans les airs; quand la terre est oppressée et étouffe sous d'épais nuages; quand les vents font rouler, au milieu des éclairs, le char retentissant du tonnerre, et que la foudre écrase et brise, tu parais, et ton sourire doré rend au matelot et au laboureur la douce espérance. Les ombres et les brouillards en vain formeront-ils des digues pour t'enfermer ; tu secoues ta blonde chevelure et ton éclat n'en est que plus radieux.

Maintenant que ton regard a plongé dans la vallée, que de soupirs n'as-tu point apaisés, que de nuages n'as-tu pas étouffés! Mais c'est lorsque tes rayons bénis pénètrent dans la prison que tu es chéri ; là tu réveilles la mort et tu fais aimer la vie.

Plus heureux que les mortels, puisses-tu ne jamais t'éclipser ; et, toujours docile à la voix du matin, ne jamais trouver ton suaire dans les plis d'un nuage glacé.

CHAPITRE XVII

UN SPLENDIDE PANORAMA.

Quatre ans avant j'avais fait cette ascension avec cet ami mort, dont je vous ai parlé. Dans cette course, arriva un des phénomènes extraordinaires des montagnes. Déjà nous dominions le port de Pierre-Fitte; encore un effort, et nous allions toucher au terme de nos désirs, lorsque Vincent me dit : « Vois-tu ce point noir dans le lointain, en moins de cinq minutes il nous enveloppera. » En effet, dans quelques secondes le nuage étendit dans l'espace ses grandes ailes noires, et rapide comme l'étincelle qu'il portait dans ses flancs, il nous ensevelit dans une nuit épaisse. Outre que j'étais de mauvaise humeur de voir mes efforts inutiles, la position ne me paraissait pas du tout rassurante; il me semblait assister à un combat; je voyais l'éclair, j'entendais autour de moi les éclats de la foudre;

de larges gouttes de pluie mouillaient comme du sang. Et quoique j'aie toujours aimé la poudre et la bataille, et que si je n'eusse été prêtre j'aurais été soldat, je n'étais pas à mon aise ; je ne pouvais me battre contre des nuages, et il eût été ridicule de montrer le poing à la foudre.

Toute dangereuse que pouvait être cette scène, puisque les cimes attirent les décharges électriques et que les fluides auraient pu nous prendre, sinon pour des géants, au moins pour des aiguilles de rocher ; il nous fut donné de jouir, à travers une déchirure de nuages, du plus joli effet d'optique que j'aie jamais vu. Plusieurs villages espagnols, perchés sur le versant d'une montagne, nous apparaissaient comme une île de verdure flottant au milieu des vagues de l'Océan. Ce tableau riant, dans son cadre ossianique, valait beaucoup plus que la course. Je remerciai Dieu de sa bonté, et nous redescendîmes à Bourg à tâtons et avec des précautions infinies ; à cinq pas, on ne pouvait plus distinguer les objets. Nous renvoyâmes le lever du soleil à une autre fois ; mais, comme vous l'avez lu, le soleil devait se lever sur un tombeau. Que de rêves vont se briser contre cette pierre lugubre !

Quelques années après je refaisais à cheval cette ascension avec Octave. Séduit par ma description, il voulut en connaître par lui-même la réalité, et doubler le charme d'un grand spectacle par les délices du cœur. La course fut heureuse : le temps calme, le firmament sans nuage, diapré d'étoiles, tout nous présageait une fête ravissante. Il n'y eut que déception ; et nous pûmes observer que le soleil devait être de la race du génie, et avait lui aussi des éclipses. Toutefois, de même que le génie ruiné a encore de nobles et majestueux lambeaux, notre soleil, tout usé et gelé qu'il paraissait être à son lever, eut quelques restes passablement magnifiques. Longtemps il flotta à l'horizon comme un cadavre noyé ; longtemps il se montra uniforme, rougeâtre, sans rayonnement, sans parure, sans éclat.

La saison était trop avancée, et les nuits froides l'avaient transi.

Vers les sept heures nous eûmes un magnifique dédommagement. Du côté de la plaine, s'élevaient d'immenses vapeurs qui, sous les premiers rayons du soleil enfin réveillé, moutonnaient comme les ondes de l'Océan. Octave, qui avait eu l'heureuse fortune de visiter l'Italie, me disait que ce spectacle lui rappelait admirablement le lever du soleil, sur le golfe de Naples. Et ce qui redoublait la ressemblance, c'était le frémissement rauque et profond de la mer, imité par le vent s'engouffrant impétueux dans les gorges. Et moi, j'étais dans l'enthousiasme de contempler, au sein des montagnes, une des plus grandioses et des plus puissantes scènes de la nature.

Et ce spectacle nous plongea dans la mélancolie, dans ce mélange de sentiments qui proviennent de ce que les facultés de notre être ne suffisent pas à la vie ; et la surabondance des sensations inspire une rêveuse indolence, dont on se rend à peine compte en l'éprouvant.

Une nuit sans repos nous avait fatigués ; nous nous laissâmes aller sur le gazon, et le sommeil envahit nos membres, tandis que l'âme, devenue plus libre, continuait ses voyages à travers les féeriques décorations de la nature.

Nous fûmes réveillés par les brûlants rayons du soleil, qui avait parcouru la moitié de sa course. Debout, nous vîmes se dérouler devant nous un panorama splendide. Si le soleil, secouant son ardente chevelure sur les cimes des pics, a sa beauté, les plaines et les montagnes avec leurs aspects variés, leur profondeur sans rivage, ont aussi leurs merveilles.

La plaine s'échappe et s'éloigne du côté de la patrie d'Henri et de celle de Clémence-Isaure, dans des profondeurs incommensurables ; le regard s'y abîme, le télescope s'y perd.

Les montagnes sont comme les récifs qui bordent la côte.

J'ai vu l'Océan, là où il se fait le plus admirer, et je l'ai trouvé mesquin à côté de ce grandiose. Qu'est-ce que ces falaises et ces rocs que les vagues couvrent de leur écume ? Le flot baigne vos pieds, et vous dit qu'il vous méprise. Et devant cette insolence du flot, maître puissant, vous vous sentez petit comme le grain de sable que vous foulez, et l'immensité de l'eau vous dévore. C'est là, me direz-vous, le sublime majestueux de l'Océan : il subjugue et écrase notre orgueil. Et moi je trouve en cela quelque chose qui me déplaît.

Je veux que le vers du poète, heureuse traduction de la pensée du Créateur,

L'homme est un dieu tombé qui se souvient des cieux,

je veux que ce vers soit vrai partout, sous peine de briser l'harmonie des ouvrages de l'Artiste suprême. Dieu foudroie Adam et le chasse du paradis de délices ; mais en courbant son front sous le poids du châtiment, et en courbant ses reins vers un sol rebelle, en mutilant son cœur, il laisse au milieu de ces ruines une fleur, et au firmament de cette âme désolée une étoile, l'espérance.

Et lorsque plus tard il fera passer dans ses membres le froid de la mort avec la désolante pensée de l'enfer, est-ce qu'il ne soutiendra pas le roseau à demi-brisé; est-ce qu'il ne ranimera pas la mèche encore fumante par ce mot tout amour et harmonie, le ciel ?

Voilà donc pourquoi les montagnes me plaisent plus que l'Océan. Du reste, ne suis-je pas ici comme sur un esquif en pleine mer. « Les chaînes se heurtent comme des vagues. Les arêtes sont tranchantes et dentelées comme les crêtes des flots soulevés, ils arrivent de tous côtés, ils se croisent, ils s'entassent, hérissés, innombrables, et la houle de granit monte haut dans le ciel aux quatre coins de l'horizon. »

Ici je vois encore l'immensité de l'Océan : immensité qui me parle, que je comprends, et qui ne disparaît dans l'azur du ciel, dans la brume éthérée, que lorsqu'elle a dit adieu à mon regard, par les points de rappel échelonnés dans l'espace, par des souvenirs qu'elle me laisse dans les eaux qui pétillent, dans les villages, dans les villes, dans les dernières ondulations des montagnes ; je sens qu'elle ne s'en va qu'à regret, et là où elle disparaît, c'est l'infini qui me saisit. Je suis alors subjugué ; mais en même temps je domine : j'ai sous mes pieds un socle qui élève mon front vers le ciel, qui me fait souvenir de ma future destinée, dans ce moment même où les horizons sans limites de la plaine me disent ma petitesse et mon néant.

L'âme a de puissantes analogies avec la mer; mais elle se sent vivre tout entière dans les montagnes.

Voici ce que nous vîmes : la Maladetta avec sa vaste poitrine de glaciers ; les cimes dentelées de la Catalogne ; les masses neigeuses d'Oo, où l'on voit passer l'isard rapide ; les sombres gorges de Clarabide, où les rochers chantés par Roland s'élèvent comme des tours et forment des précipices si affreux, que les bêtes sauvages n'osent les aborder ; le pic d'Arbizon, où la mort en passant a bavé l'arsenic ; le dôme du Marboré avec sa roche pourfendue par le neveu de Charlemagne ; le mont Perdu, qui dresse comme un spectre sa tête blanchie par les frimas, et enfin le célèbre pic du Midi, qui pèse sur la riante vallée de Campan, comme l'épée de Damoclès. Cette vue, en un mot, est de la plus grande magnificence, puisqu'elle embrasse en plaine comme en montagne, tout ce qui est Pyrénéen, depuis le mont Mont-Vallier à l'est, jusqu'au Vignemale à l'ouest.

Nos yeux satisfaits, nos forces réparées et le verre de nos bouteilles brisé, nous saluâmes une dernière fois toutoutes ces grandioses créations de la Divinité, et nous partîmes.

La descente peut se faire prosaïquement par le même chemin, mais très-agréablement, si l'ascension a eu lieu de nuit. Ce n'est pas sans un étonnement joyeux que l'on voit la forêt de sapins de Bourg se dessiner, sur une longueur considérable, en arête vive, sur de vertes prairies, où paissent les moutons les plus estimés du pays.

On peut descendre aussi du côté de Larboust, en franchissant la crête qui sépare les deux vallées, et contempler à son aise les beaux glaciers du port d'Oo. On traverse de nombreux villages, rapprochés comme des nids au printemps. Dans un de ces villages, on ne peut s'empêcher de remarquer la *hount Moungeau*, la fontaine des Moines. La tradition voudrait qu'elle eût servi à tremper le pain des Bénédictins établis dans un couvent voisin.

Si vous avez l'humeur voyageuse et le courage de bonne trempe, vous descendrez à l'ouest, foulerez le sol de la Barousse, saluant sur votre passage les bains Ferrère, et viendrez planter votre tente à l'ombre des antiques murailles de Saint-Bertrand, pour revenir le lendemain à Luchon. Pour moi, je reprendrai le chemin de la veille et viendrai passer à Sacourvielle, dont l'église implore la charité, malgré le luxe d'une vieille charte qui lui fut octroyée, en 1315, par Bernard, comte de Comminges. Et j'arrive aux ruines de Castelblancat.

Castelblancat.

Il est possible qu'autrefois il méritât ce nom; de nos jours il a perdu sa blanche parure, et ne montre au regard curieux qu'un squelette debout. La vue y est séduisante, et malgré la sublimité de celle du Montné, dont l'âme est toute imprégnée, celle-ci fera encore plaisir. Je la recommande aux amateurs de bon goût : elle est trop négligée.

D'un coup d'œil, le regard plonge dans la vallée de Larboust et la vallée d'Oueil, d'autant plus gracieuses que l'arête qui les sépare est âpre et sauvage; volontiers je la comparerais à un monstre marin accroupi à l'entrée d'un jardin. En face l'on a la chapelle miraculeuse de Saint Aventin, se dessinant en ermitage, sur les pelouses de Superbagnères ; à gauche, est une échappée de vue remarquable sur la vallée de Luchon ; plus haut, ce sont les sapins, les hêtres et les prairies de Montauban ; dans le lointain, les montagnes d'Espagne se soulèvent un peu au dessus et respirent dans une atmosphère violacée. A l'harmonie de ce tableau viennent se joindre les notes bruyantes des torrents qui lavent le pied de la colline.

C'est dans ces vieux murs de Castelblancat que l'apôtre du pays avait été fait prisonnier par les Sarrasins. Au souvenir du martyr, on sent la foi se remuer au fond du cœur et volontiers on baiserait ce sol qui fut arrosé de son sang. Autrement puissants sont les souvenirs de la vertu, que les souvenirs du crime ou d'une grandeur humaine. Ce ciel met son sceau d'immortalité à tout ce qui lui appartient ; tandis que le temps jette sur tout ce qui est sien l'ignominie ou l'oubli.

CHAPITRE XVIII

SAINT-AVENTIN.

La vallée du Larboust tire son nom des nombreux arbustes qui la couvrent.

Mes lectures et certaines analogies me portent à croire que les vallées de nos montagnes étaient autrefois couvertes de forêts et de marécages, et n'avaient pour habitants que des animaux féroces. Elles furent d'abord découvertes et fréquentées par des bergers allant à la recherche des pâturages. Ils commencèrent par construire des huttes pour se mettre à l'abri des rigueurs des saisons, et marquèrent leur progrès en dressant des chaumières. Insensiblement, au bord d'une fontaine, sur le versant d'une pelouse, non loin des troupeaux, se groupèrent quelques demeures, où vinrent chercher le calme ces peuples errants que saint Jérôme appelle brigands, parce qu'ils n'avaient dans le cœur que l'amour de la liberté et de l'indépendance. Avant d'arriver à l'épanouissement de la religion chrétienne, ces bourgades restèrent longtemps esclaves du paganisme. Au quatrième siècle seulement, leur dieu Abelion fut renversé de son socle de pierre et ses débris roulèrent dans la poussière. Cependant les ténèbres de la superstition, protégée par l'hérésie de Vigilance, tête ardente de nos contrées, se mêlèrent encore longtemps aux lumières de la grâce. Enfin, la religion se purifia au contact des ardeurs du zèle de saint Exupère, glorieux enfant de la petite ville d'Arreau. Mais ce triomphe de la foi allait être troublé par l'invasion des Maures. Cette gymnastique guerrière trempa le tempérament religieux du Larboust. Bientôt de nombreuses églises surgirent de terre, et à l'ombre de leurs clochers à flèches légères, les vocations sacerdotales s'y épanouirent fortes et énergiques.

Les mœurs de ce peuple étaient d'une nature toute particulière. A deux pas de Luchon, il semblait en être éloigné de plusieurs centaines de lieues. Son langage est vif, pressé, métaphorique, mêlé de mots latins et grecs, et que n'ont pu entamer ceux des pays voisins ; sa nature paisible montrait qu'il vivait de souvenirs, et qu'après avoir été longtemps impatient de tout joug, il avait préféré le calme de la paix aux calamités de la guerre. Les troupeaux faisaient sa richesse ; aussi y avait-il chez lui quelque chose de patriarcal. On y voyait, surtout, le culte de la famille, le respect des cheveux blancs. Le vieillard était la divinité du foyer, et la religion sa seule passion.

Maintenant, la poésie de ses mœurs se flétrit et ses originalités aimables disparaissent. Depuis quelques années avec le bien-être arrive le goût du luxe. L'étranger, en passant, y a secoué un peu la poussière des grandes villes. Les fascinations luchonnaises y ont exercé leur séduction ; et voilà que ces habitants, heureux mortels dans des temps plus simples, sont dans un moment de transition, moment pittoresque pour l'œil malin, et bien triste pour l'homme de Dieu. L'histoire de la décadence des peuples et des nations sera toujours celle qui s'élabore dans l'âme des particuliers. Le bien et le mal, stables dans leurs principes, ne varient que dans les formes.

Ici vient se placer naturellement l'histoire de sain Aventin, le héros du Larboust. Son nom est trop en honneur dans le pays et dans notre cœur pour lui refuser une page.

Saint Aventin.

Qui sait si la tempête n'est pas nécessaire pour former la perle au fond des mers, comme les tourments de la vie sont indispensables pour façonner l'âme des saints ? Ce qui est certain, c'est que la vie est un combat, et Dieu n'est jamais si près d'accorder quelque faveur à une âme ou à un peuple que lorsqu'il frappe ; l'heure de sa justice est assez souvent celle qui précède l'heure de sa bonté. La naissance et l'apostolat d'Aventin en sont une preuve.

Les Gascons montagnards, ayant à leur tête le duc Loup, fils de Waïfre, se soulevant contre Charlemagne, venaient de faire pâlir, pour la première fois, l'éclat de ses armes victorieuses. Et ce fut au milieu de l'agitation et des horreurs de la guerre civile et des enthousiasmes sanglants de l'indépendance, qu'Aventin reçut le jour, dans le village qui porte son nom.

La tradition environne sa naissance de prodiges ; ce qui paraît possible dans ces temps si obscurs et si grossiers, où le miracle seul pouvait servir de véhicule à la foi, dans ces temps où le miracle était la flamme nécessaire de la foi. Un bas-relief, page indélébile, dit que les douleurs de l'enfantement de la mère d'Aventin ne cessèrent que lorsqu'elle eut trempé ses pieds dans l'eau sainte.

Ses premières années furent obscures pour le monde, mais riches pour le ciel et pleines d'enseignements pour les familles humbles. Uniquement occupé de l'amour de Dieu, il se retira dans la solitude pour causer plus intimement avec Lui ; et là il joignit la note vibrante de son amour au sublime concert de la majestueuse nature qui l'environnait. La solitude épure les cœurs, comme le feu épure l'or. Elle est l'amie des grandes âmes et les aide à s'élever jusqu'à la sainteté. On montre encore les ruines de son ermitage, près duquel un ours vint à lui familièrement, pendant qu'il priait, pour se faire arracher une longue épine, logée dans sa lourde patte.

La véritable piété n'est pas égoïste : elle aime par sympathie la solitude, mais elle sait la sacrifier au bien public, persuadée qu'elle trouvera la sanctification là où elle sent la volonté de Dieu. C'était la conviction de ces moines d'autrefois, qui descendaient de leur solitude, comme des torrents de grâce et de lumière, pour tout féconder et éclairer. Et voilà pourquoi Aventin va quitter son désert.

L'islamisme, porté sur les ailes rapides du fanatisme et de la licence, envahissait le monde comme une tempête ; c'était le vent des déserts franchissant les mers. Les soldats du prophète n'ont fait que courir et ils triomphent dans la Mauritanie ; le croissant apparaît au-dessus des plaines de l'Andalousie ; l'Espagne est vaincue, mais non subjuguée sur les bords de la Guadalette. En un instant leurs flots vivants battent les Pyrénées ; repoussés par Eudes, ils s'y cantonnent, rêvant la conquête des Gaules, lorsque la bataille de Poitiers, en les réveillant de leur rêverie, leur enleva tout espoir. C'étaient donc les Maures qui, comme des loups ravisseurs, ravageaient la contrée, plus ennemis des consciences que des hommes. Le cœur zélé d'Aventin se soulève d'une sainte indignation contre ce mal impie, et il va se jeter aux pieds d'Abraham, évêque de Comminges. Le pontife comprend l'âme ardente du futur athlète. Il le couche sur les dalles du sanctuaire, laisse tomber sur lui une parole sacrée, et le jeune montagnard se relève apôtre, chevalier du Christ. Ainsi armé pour les combats du Seigneur, il s'élance au sein de la mêlée comme un vrai lion de Juda. Il oppose sa poitrine, cuirassée de la foi, comme une digue de granit, aux désordres effrénés des adorateurs de Mahomet.

C'est bien ici le moment d'acclamer cette magnifique parole des saintes Ecritures : « Qu'ils sont beaux sur les montagnes les pieds de ceux qui annoncent la paix, qui prêchent le salut ! » Il multiplie sa force, et n'écoutant que les brûlantes aspirations de son cœur, il est sur la cime des pics au fond des vallées, il est partout ; et partout c'est lui qui soutient le faible, qui guérit le blessé, qui rend la vie au mourant.

Les Sarrasins jurent par Allah qu'ils tueront un homme si redoutable. Déjà ils le tiennent, ils l'ont poussé jusqu'au château de Castel-Blancat ; ivres de joie, ils vont le saisir, lorsqu'Aventin, par inspiration divine, d'un bond franchit l'abîme qui est devant lui, et tombe sur une pierre de granit, dans le territoire de Pons, y gravant l'empreinte de ses pieds, que le temps et l'impiété railleuse n'ont pu effacer tout à fait. C'est dans le creux de cette pierre, quand le respect humain était moins connu des paysans de ces vallées, qu'ils prenaient l'eau de pluie pour tracer sur leur poitrine le signe auguste de la croix.

Cependant, à la vue de ce prodige, les yeux des Sarrasins ne s'ouvrirent point. Leur fanatique fureur s'en accrut ; ils ne cessèrent leurs poursuites un seul instant. Enfin arriva le moment où la victime était prête et suffisamment ornée de mérites pour le ciel. Son sang devait féconder cette terre. Un soldat maure, l'ayant saisi, lui trancha la tête d'un coup de cimeterre. Aventin, priant pour son bourreau, ramasse sa tête, et, la tenant dans ses mains, il se dirige vers le lieu de sa naissance. Il lui donne un dernier adieu et tombe entre les deux vallées, inclinant du côté de Larboust, sa patrie. C'est qu'il n'y a pas d'âme plus patriotique que celle des saints.

Si le Larboust en deuil avait à pleurer un enfant, un apôtre, il n'avait pas à regretter un défenseur. Aventin était plus puissant du haut du ciel. Et bientôt Pépin, roi d'Aquitaine, secondé par les comtes Asnarius et Ebles, refoulèrent pour toujours les Sarrasins par delà les Pyrénées (820).

La religion, si en honneur dans nos montagnes, put reprendre ses solennités ; les voûtes saintes retentirent de chants pieux, et la prière, aux ailes d'azur, put s'envoler, plus libre, vers le ciel.

Saint Aventin était mort, mais le souvenir de ses bienfaits vivait toujours, et quoique les siècles eussent passé nombreux sur son tombeau, il était jeune et immortel dans les deux vallées. Et tandis que les grands noms de ces siècles lointains se sont éteints dans la nuit des temps, et que la pierre de leur sépulcre est muette, Dieu donnait une gloire nouvelle à son serviteur.

Des troupeaux paissaient sur les rives opposées de l'One, lorsque des pâtres s'aperçurent que tous les jours le même taureau s'éloignait pour se diriger vers le même endroit, et s'y coucher, après avoir creusé le sol de son pied et ébranlé les échos des environs de ses longs mugissements. On avait beau le ramener, il échappait à ses gardiens et revenait au lieu de ses prédilections. Cette singulière conduite du taureau se répandit bientôt, et une foule toujours nombreuse, quand il s'agit de quelque prodige, vint examiner la conduite de cet animal. Le taureau, s'animant à la vue de ces curieux, redouble ses mugissements, et creuse la terre avec plus de passion. Alors une voix inconnue fit entendre dans les airs, à la foule surprise, ces mots : « Ici repose le corps du bienheureux Aventin. »

Bertrand de l'Ile, évêque de Comminges, averti de ce fait extraordinaire, envoya de suite des commissaires, avec ordre de tout examiner scrupuleusement. Et on découvrit, en effet, le corps de saint Aventin mutilé et la tête dans ses mains. Le parfum exquis qui s'exhala de ces reliques prouva que c'était bien lui et dissipa tous les doutes. Les habitants des deux vallées réclamaient l'honneur de posséder ces restes vénérés. Pour mettre un terme à ces pieuses contestations, on eut la pensée d'attacher à un traîneau deux vaches. Chaque vallée avait fourni la sienne. Pleine liberté leur était laissée ; elles prirent la course et ne s'arrêtèrent qu'auprès d'un petit oratoire, à quelques pas de la demeure d'Aventin. C'en était assez ; le ciel semblait se prononcer. Dès lors, les fidèles de tous les villages se réunirent et élevèrent, comme par enchantement, à la mémoire du saint, un riche tombeau, qui est l'église de Saint-Aventin, que Bertrand de Comminges consacra avec bonheur.

Cette église est du style roman le plus pur ; elle est le chef-d'œuvre du pays. Ses nombreux reliefs, fouillés avec art, retracent la naissance, la vie et la mort du saint. Le porche est la partie la plus remarquable, malgré les traces regrettables du vandalisme révolutionnaire. Les amateurs d'antiquités étudieront avec satisfaction cette belle page d'archéologie.

La curiosité, les arts, la science peuvent donc se donner rendez-vous à ce sanctuaire antique ; mais la piété surtout vient y puiser de bien douces consolations. Les nombreux miracles que saint Aventin a opérés ont rendu sa mémoire toujours fraîche et toujours bien chère. Les siècles et les révolutions sont passés, et ses reliques sont, comme les fleurs de sa vallée, brillantes et parfumées. Chaque année, à la fête du saint, il s'y passe un bien touchant spectacle. Ce jour-là il y a allégresse dans les deux vallées. Aux joyeuses volées de l'airain sacré, se mêlent les chants harmonieux de jeunes filles vêtues de blanc et les notes sonores des hommes. On ne voit que des processions sillonner les pelouses, bannières flottantes au vent et le pasteur en tête; elles viennent déposer aux pieds du saint amour et reconnaissance, et lui demander une bénédiction.

Avant que le souffle de l'impiété révolutionnaire n'eût troublé la limpidité des âmes, ce concours des peuples était plus nombreux; les Espagnols eux-mêmes franchissaient les hauts remparts des Pyrénées pour placer devant les reliques du saint un magnifique cierge, image de leur foi, et pour le remercier de les avoir sauvés du fléau qui les désolait. Les années et les siècles s'écoulèrent, et Venasque ne démentit jamais sa reconnaissance. Mais ce que les cimes escarpées des monts, les distances, les précipices et le temps n'avaient pu arrêter, fut paralysé et tué par le rire sacrilége de 93.

O Aventin! souvenez-vous que, né au sein de la discorde et de l'impiété, vous avez tout sauvé. Seriez-vous donc moins puissant dans vos éternelles demeures que dans votre jeunesse, sous la bure qui vous couvrait? Arrêtez donc le pays qui penche vers l'abîme, et envoyez dans ces contrées un autre vous-même.

Puisque nous sommes à l'entrée de la vallée de Larboust, nous allons poursuivre jusqu'au lac d'Oo.

CHAPITRE XIX

LE LAC D'OO.

On laisse sur sa gauche le petit village de Castillon, ainsi nommé, disent les historiens, du fameux Castellum ou château fort, que Bertrand VI, comte de Comminges, fit bâtir lors de la guerre contre les Aragonais. Au moment de quitter la route de Bigorre et d'entrer dans le village de Cazaux, vous ferez bien de visiter l'église qui est à vos côtés, toute isolée. Pour l'architecture elle vient après celle de saint Aventin. Rien de singulier comme ses peintures du quatorzième siècle ; il est impossible que l'imagination la plus féconde, du plus original des caricaturistes du jour, arrive à ce tour de force. Et cependant le peintre de cette époque était de bonne foi, et il représentait, avec une forte conviction, les pieux sujets de sa naïve croyance. A elles seules, ces peintures nous feraient saisir la religion et les mœurs du moyen âge avec presque autant de vérité que l'histoire la mieux rédigée et la plus consciencieuse. Il est à regretter que la piété du vénérable pasteur se soit alarmée, se soit scandalisée de certains dessins, dont bien des siècles n'avaient pas su rougir, et qu'il les ait cachés sous un triste badigeon.

Le gouvernement devrait sauver ces monuments, vieilles reliques du passé, par de nouvelles constructions.

Le morceau le plus curieux de ces peintures est celui qui représente l'ange du jugement dernier, poursuivant un démon hideux, qui fuit à toutes jambes, emportant dans une hotte plusieurs pécheurs effarés ; il va les jeter dans une vaste chaudière, placée sur un brasier vigoureux ; et dans cette marmite, on voit des pécheurs se tordre dans d'effroyables convulsions. Autour du foyer, grand nombre de démons attisent le feu pour que l'huile soit toujours en ébullition.

Après avoir vu ces peintures qui, malgré leur genre grotesque, jettent un cri d'alarme au fond de la conscience, par la vérité qu'elles traduisent, on descend le village, par une rue étroite, en donnant un coup d'œil à une croisée du quinzième siècle, placée au-dessus d'un abreuvoir, où se dessine un écusson soutenu par deux cerfs, d'une sculpture presque irréprochable.

La route se continue toujours agréable, lorsque votre attention est fortement réveillée par de gros blocs arrondis, reposant sur des tapis de verdure, comme des animaux fabuleux.

Voici ce qu'a dit de ces rochers, pénétrés en tout sens de cristaux carrés, le savant Nérée Boubée :

« Cette roche est de granit gnésiteux porphyroïde, et

les cristaux qui la pénètrent sont du feldspath. Les montagnes du port d'Oo, depuis le massif de Crabioules jusqu'à celui de Clarabide, sont formés de cette roche qui n'existe telle, nulle part ailleurs, ni dans les Pyrénées, ni dans les autres chaînes de montagnes jusqu'ici décrites par les géologues. C'est donc incontestablement des montagnes d'Oo que proviennent ces blocs roulés. Mais quelle cause les a détachés de leur gîte et les a portés si loin ? quelle puissance leur a fait franchir les montagnes et les vallées? » C'est ce qu'il cherche à expliquer dans une étude profonde.

Ce village, qui a aussi son vieux château et sa vieille église, se fait remarquer par le pittoresque de sa position et de ses ormes à vaste feuillage. Tout, dans ce village, respire la gaieté et l'aisance ; et si l'âge d'or était sur la terre, on le croirait réfugié dans son sein.

On franchit le pont qui enjambe lestement le torrent, et on entre dans le val d'Astos. A votre retour, du côté de la croix de pierre, vous verrez un paysage tel que l'imagination le voudrait.

La dernière fois que je fis cette course, ce fut au commencement de juin : la nature était dans tout son éclat ; elle eut pour moi un charme incomparable. Cette partie de la vallée d'Astos n'était qu'un jardin délicieux. Il y avait dans l'air une fraîcheur et un parfum qui enivraient les sens. Les prairies regorgeaient de fleurs, et, sous le souffle de la brise, elles ondulaient avec tous les reflets de l'arc-en-ciel. Les oiseaux se vengeaient de leur long silence d'hiver par des chants prolongés d'harmonie. Et l'eau des torrents, grossie par la fonte des neiges, coulait à flots impétueux, tière d'une fécondité qui ne devait jamais tarir. Tant de richesses éblouissaient l'œil ; et, comme si la nature l'avait compris, elle tire la toile sur cette scène merveilleuse, et nous délasse par une décoration grave et majestueuse. C'est le silence du désert avec la sublimité des montagnes. Comme l'âme des saints est infiniment poétique, l'on comprend pourquoi Aventin avait placé son ermitage dans ce lieu. L'on y voit ses ruines à côté des ruines gigantesques d'une montagne qui, en s'écroulant, a comblé un lac de ses débris.

Nous sommes dans le pays des éperviers et des avalanches ; les voitures ne peuvent aller plus loin. Jusqu'au lac, il reste à faire une bonne heure, trop longue pour les poitrines faibles ; mais là même il y a des chevaux au service de l'étranger.

On attaque hardiment le chemin qui s'élève en spirale jusqu'au lac. Au-dessus de sa tête, on voit de grandes roches, à la surface polie et striée, qui attestent la vigoureuse action de la glace dans un temps bien éloigné, puisqu'elles sont couronnées d'antiques forêts de sapins. Sur la droite à pic, au fond de la gorge, le torrent, qui descend du lac, se tourmente et rage, blanc d'écume, à travers des blocs de granit qui veulent en vain lui barrer le passage. Sur le versant opposé, la cascade de la Madeleine s'étale sur le gazon et sur la roche, comme une abondante et blanche chevelure négligemment dénouée.

Au-dessus de cette cascade, s'élève la croupe moelleuse d'Esquiéri. Esquiéri est appelé, à juste titre, le jardin des Pyrénées. Cette montagne est d'une fécondité merveilleuse ; l'herbe y pousse abondante et haute, et les villageois viennent la faucher comme dans des prairies bien soignées. Au temps des fleurs, ses pelouses sont de vrais tapis d'Aubusson ; elles s'y épanouissent avec un sourire aimable et gracieux. Mais entre toutes ces fleurs, nourries de lumière et d'air pur, la plus précieuse est la rose sans épine. Jamais pétales n'ont formé une corolle plus frêle et plus mignonne ; jamais vermillon si vif n'a coloré un tissu plus délicat.

Et en se trouvant sur cette montagne, elle semble nous dire que le bonheur, qui est encore plus rare, n'habite que les régions pures et élevées.

A mesure qu'on avance, la nature devient de plus en plus imposante ; elle semble nous préparer à un grand spectacle par ses ondes plus grondantes, par ses rocs aux flancs grisâtres où étincelle le quartz et le mica, par ses arbres décharnés, brisés par la tempête et roulant dans les abîmes, par ses grottes profondes, où le lierre et le lichen, funèbres ornements, se balancent au souffle d'un vent froid et humide, et par ses scènes changeant d'aspect au détour de chaque lacet.

Enfin, on franchit un gouffre béant, on rampe autour d'une roche ferrugineuse, on monte quelques pas, et les yeux sont frappés par un des plus ravissants tableaux de la nature. On a devant soi une grande coupe, creusée dans le schiste micacé, tandis que le granit règne seul sur les fières cimes qui forment ses bords. C'est le grandiose dans son ampleur, dans ses lignes les plus hardies et les plus imposantes. On est comme fasciné sous le coup de l'impression, et le prestige se communique de plus en plus ; on se sent envahi par lui. On ne sait plus si l'on est sur la terre ou dans l'espace, en proie à quelque vision. On oublie la fatigue, l'espace parcouru ; on s'oublie soi-même, on ne sait plus que contempler et s'enivrer du spectacle. Peu à peu la vision se calme, la nature renaît, mais avec un feu animateur qui exalte les sens, enflamme l'imagination et agrandit les pensées. L'être tout entier s'est dilaté. Il y a en nous quelque chose d'inaccoutumé qui s'agite ; quelque chose passe dans notre âme comme ces éclairs qui donnent au génie sa puissance créatrice. Volontiers, poëte, on jetterait dans les airs une ode brillante ; peintre, on ravirait à la nature son secret; musicien, sur un luth inspiré, on chanterait un chant divin. Ensuite, on briserait son œuvre, pâle et défigurée, à côté de celle du Créateur. Et comme l'amour n'a qu'une note, l'enthousiasme n'aurait que ce mot unique : c'est beau !

Dieu, l'artiste souverain, n'a-t-il pas dit en face de son chef-d'œuvre, ce mot simple, mais parfait : « C'est bien. »

Les sentiments profonds sont tous les mêmes ; ils n'ont qu'une vibration, qu'un cri : vibration qui se prolonge et cri qui retentit sans cesse ; et voilà pourquoi l'on redit : c'est beau !

« Quiconque parcourant les Pyrénées, dit M. Laboulinière, se sera laissé émouvoir à l'aspect des environs de Gabas et du pic du midi d'Ossau, du lac de Gaube, de Vignemale et de Gavarnie, éprouvera encore ici de nouvelles sensations. Il sera forcé d'avouer que rien de supérieur, rien d'égal, rien de comparable ne s'était encore présenté à ses regards. »

On a à ses pieds une vaste nappe d'eau d'un bleu foncé; au fond, la cascade la plus considérable de toute la chaîne, roulant sans cesse des troncs d'arbres, des quartiers de roche ; au-dessus, des neiges éternelles et la cime rosée du pic Quairat, et tout cela se détache sous un dôme d'azur. A droite, sont des rochers où des volées de corneilles aux reflets d'acier, au bec jaune, tourbillonnent sans cesse, et jettent aux échos leur cri strident ; des pics sourcilleux qui surplombent presque en angle droit ; des pelouses vertes, égayées par des moutons d'une blancheur éclatante ; tout près, sur un rocher, on voit le pâtre sans souci, appuyé sur son bâton protecteur, laissant les heures s'envoler, comme si la vie était une chose indifférente. A gauche, les pentes, un peu moins escarpées, sont hérissées de roches, garnies de gravier mouvant, où serpentent des filets d'eau argentés ; çà et là des pins et des hêtres vieux comme les siècles, grêles, tourmentés par les vents, brûlés plus par le froid que par les ardeurs du soleil. On y voit aussi quelques touffes de bruyère à fleurs rosées, la grande violette, la campanule bleue, toujours mobile ; le safran y étale sa couleur vive et tranchée ; le grand pavot jaune s'élève de son pied luxuriant ; le bouillon blanc, chargé de ses longues quenouilles de fleurs soufrées, et que l'on décapite, avec un plaisir enfantin, du bout flexible de la cravache. Au milieu de toutes ces fleurs règne la fleur de nos montagnes, le rhododendron, la plus ravissante parure de nos pics, de nos rochers, de nos solitudes. Sa jolie fleur, d'un rose éclatant, forme des bouquets et des guirlandes ornées d'une verdure aux reflets bronzés.

Pour avoir une idée complète de ce tableau, que votre imagination y ajoute maintenant les grands effets d'ombre et de lumière, produits par les rayons du soleil ; le lac ayant une partie brillante comme une glace, et l'autre dans une demi-obscurité, reflétant les dessins festonnés des roches et des pics; la cascade se montrant, par échappées, étincelante, surtout à son sommet et au point où elle se brise contre les pierres, et laissant flotter au dessus d'elle, avec une grâce séduisante, son humide poussière en nuage vaporeux, où reluisent les teintes riches et variées de l'or, du rubis et du saphir... Ah! le soleil est le grand magicien de la nature, il est sa vie et sa gaîté. Il est à la nature ce que la pureté est à l'âme.

Aussi n'est-il pas inutile de choisir les heures de ses courses. Le soleil, ennuyeux et fatigant en route, devient, au terme du voyage, le grand fascinateur. De ses jets et de ses ondes lumineuses il agrandit, il poétise tous les sites. Comme à certains moments il les noie dans ses flots de lumière, ou les ensevelit dans la nuit de ses ombres!

Après les premières émotions, il est nécessaire, pour terminer la course, de traverser le lac en barque et d'aller au pied de la cascade en respirer la vapeur. Alors seulement vous vous expliquerez le grandiose de cette nature. « Par là, dit Nérée Boubée, vous apprendrez à rectifier une illusion de vos yeux, qui en présence de ces masses énormes des montagnes, ne savent plus évaluer ni les hauteurs, ni les surfaces, ni les distances. » Alors on comprend tout ce que peut avoir de puissance un torrent qui s'élance impétueux dans l'espace à une hauteur de 300 mètres, qui se pulvérise presque entier avant de tomber, et qui à une distance de mille pas vous couvre encore d'une ondée abondante. Cette élévation, considérée même d'en bas, fait éprouver un sentiment de terreur : on croit voir des abîmes suspendus au-dessus de sa tête. On comprend l'étonnement que doit produire sur l'âme ce lac, d'une superficie de quarante hectares, à une élévation de 1,600 mètres et encaissé par des rocs toujours nébuleux, et d'où, comme un vautour, s'élance la tempête. On comprend ce brun azur des eaux, quand on sait que l'on a sous ses pieds une profondeur de 80 mètres et qu'une planche vieillie protége de ce gouffre.

Comme souvenir de votre traversée, vous pourrez emporter un fragment de cette roche argentée, dont les débris gisent partout, entre le lac et la cascade, ou bien une de ces tourmalines noires di-séminées dans un granit blanc à gros grains. La tourmaline est une véritable pierre précieuse dont les artistes pourraient faire de très-jolis ouvrages.

Ne vous arrêtez pas à ce premier plaisir, vous que la course à pied n'effraie pas : d'autres beautés réclament votre admiration... Mais il faut aller les chercher encore plus haut.

Quand' vous aurez gravi la montagne de gauche durant une demi-heure par un sentier à perdre haleine, respirez et jetez un regard sur la cascade. Vous la voyez tantôt vive, impétueuse, se jeter éperdue dans l'abîme comme un troupeau de lions, tantôt tomber lentement comme un nuage qui descend ou comme un voile de mousseline qu'on déploie. L'air adoucit sa chute. Elle glisse le long du rocher et semble plutôt flotter que couler. Le soleil luit à travers son panache de l'éclat le plus doux et le plus aimable. Elle arrive en bas comme un bouquet de plumes fines et ondoyantes, et rejaillit en poussière d'argent ; la fraîche et transparente vapeur se balance autour de la pierre trempée, et sa traînée qui rebondit, monte légèrement le long des assises.

Quelques efforts encore, et vous arriverez au lac d'Espingo. C'est le sauvage majestueux. Quoique la grande végétation ait disparu, on y voit le rhododendron réjouir de son rouge éclatant la roche nue et noircie par la foudre. Les bords du lac sont enrichis d'un délicieux tapis de verdure, où paissent des troupeaux de brebis. Les pâtres qui les gardent surprennent plus que les fleurs charmantes, poussant dans les crevasses des rocs, par la finesse et l'esprit cultivé qui étincelle sous leur sayon, et sous des traits hâlés par la fatigue et le soleil.

Dans leur jeune âge, quelques-uns s'étaient assis au banquet de la science et en avaient savouré les douceurs. Mais préférant la liberté et leurs montagnes aux rêves intéressés de leurs familles, aux séductions d'une carrière qui les effrayait, après avoir dit adieu à la gloire, ils revenaient à leurs troupeaux.

Un de ces pâtres me racontait, avec une gaîté et un entrain que je partageais, la surprise de deux Parisiens qui se moquaient de ses sabots, de sa veste de bure, de son bâton ferré et même d'un air qu'il n'avait pas sous sa catalane de laine, et cela à sa barbe, en langue de Virgile. Après que la plaisanterie de mauvais aloi eut duré assez longtemps, le pâtre, en vrai Titire, remit à leur place nos aventureux Parisiens, qui, effrayés, pressèrent le galop de leurs montures. Ils publiaient dans une revue, quelques jours après, « que les pâtres des montagnes parlaient latin. »

Si le hasard ne vous fait pas rencontrer un de ces pâtres, pouvant méditer dans ce désert sur les grandeurs de Dieu et sur le néant de cette vie qu'ils voient de si haut et de si bas, vous y verrez toujours l'aigle royal ; c'est son domaine. De là, il s'élance dans les plaines de l'air pour fixer le soleil, et, fatigué de son audace, c'est aux ondes pures d'Espingo qu'il vient se rafraîchir.

Les pâtres m'ont dit que le plus souvent il se nourrit d'izards. Lorsqu'ils passaient sur ces bancs de neige qui vous environnent, l'aigle choisissait, de son œil perçant, le plus beau du troupeau, fondait sur lui, rapide comme l'éclair ; et, tandis que la bande se dissipait effrayée, il l'enlevait de ses serres de fer et l'emportait sur la cime d'un roc pour en faire son repas.

Il y a quelques années, un drame tragique s'est passé non loin du lac. Un pâtre ayant découvert l'aire d'un aigle, résolut d'enlever les petits ; il profite de l'absence de ce roi des airs, escalade les rocs, passe une corde autour de ses reins et se laisse glisser dans l'abîme. Il tient déjà l'aiglon dans ses mains ; mais sa joie est courte. Les deux aigles ont aperçu le ravisseur ; ils poussent des cris effrayants, tombent sur lui comme la foudre. Le pâtre se défend de son bâton, les aigles redoublent de fureur. Son sang coule, ses habits sont déchirés, ses forces s'épuisent. Tout vivant, il va devenir leur pâture. A ses cris de détresse, un braconnier accourt, il voit ce duel à mort au-dessus d'un gouffre horrible ; il saisit le danger, fait feu, et un aigle tombe en se débattant dans les convulsions de l'agonie. Le second, loin de s'effrayer, presse de plus près le pâtre haletant ; il comprend qu'il a une victime de plus à venger. Les combattants sont si rapprochés, que le chasseur craint d'atteindre l'homme ; mais le péril augmentant, et l'aigle faisant une fausse manœuvre, la balle part, et le terrible oiseau, frappé à mort, roule dans le gouffre. Le pâtre était sauvé, mais dans un état affreux !

Quelque temps après, un de ses camarades, plus heureux, prit, sans accident, un aiglon, qui devint une cause de nombreux et succulents repas. L'aiglon, attaché par une chaîne, non loin de son aire, fut reconnu par l'aigle même dans sa servitude ; sans doute pour lui donner la vie avec la liberté, ou la mort avec l'esclavage. La maternité est d'autant plus développée, que les instincts sont nobles et généreux.

Les vrais cœurs de lion sont les vrais cœurs de père.

V. Hugo.

Tous les jours il lui portait une abondante nourriture, et, le plus souvent, des quartiers de chevreau ou de faon. C'était du produit de cette chasse extraordinaire que les pâtres se fêtaient. Cela dura plus d'un mois.

Un jour que l'on venait, à l'ordinaire, prélever l'impôt du gibier sauvage, on trouva la chaîne brisée et le prisonnier parti. L'aiglon était devenu fort, et à deux ils rompirent les chaînes de l'esclavage.

A côté de cette tête couronnée de l'espace, par un contraste singulier, on trouve dans ces glaciers d'Oo la perdrix blanche. Par là Dieu semble nous montrer que la vertu habite les hautes régions, aussi bien que le génie. La Providence, pour mettre ce timide oiseau à l'abri de la rapacité de ses ennemis, lui a fait trouver une sauvegarde dans la couleur de son plumage. Parfaite image de l'innocence qui repousse le crime par sa candeur. Pendant toute la saison d'hiver, les plumes des perdrix sont d'un beau blanc de neige. Se confondant avec frimats où elles habitent, l'œil de l'oiseau de proie ne peut les distinguer. Tandis qu'elles prennent la couleur grise de la terre, à mesure que les neiges fondent pour échapper encore à leurs ennemis.

Une fois que vous avez laissé votre âme s'enivrer de poésie et de sublimes émotions, au contact de la solitude et du grandiose d'Espingo, si vous n'êtes doué d'un jarret de fer, si vous n'avez pas la passion noble et ardente du naturaliste ou l'avide curiosité du touriste hardi, renoncez aux fatigues extrêmes du lac glacé, aux blocs énormes, aux bancs de neige et aux glaces du port d'Oo ; ce sont là des sites pour le braconnier, le contrebandier et l'aigle. Et revenez au lac d'Oo. Vous serez d'autant plus émerveillé de tout ce que vous aurez vu, que vous ne serez pas brisé par la fatigue. Il est vrai que l'homme aime davantage les biens conquis par ses forces ; mais il sera toujours vrai, et l'expérience me l'a dit, que l'on jouit peu sur les montagnes d'une perspective que l'on a acquise par les frissons du danger, et par les brisements d'une course longue et hérissée d'écueils.

Au lac vous attend une nouvelle jouissance : le soleil a marché, et ce n'est plus la même scène du matin ; c'est un nouveau décor qui vous enchante et fait de cette course un jour de bonheur.

Enfant du pays, je n'aurais pas dit mon dernier mot sur le lac, si je ne vous avais engagé à y passer une nuit, quand le temps est calme et la lune au firmament. Ce serait le pendant du lever du soleil au Montné.

Rien de majestueux comme ces pics se perdant dans l'espace, fantômes gigantesques à moitié enveloppés de draps noirs et ayant sur leur dos des draps blancs ; rien de frappant comme la cascade reluisant dans l'obscurité comme l'œil d'un génie qui gémit et se plaint ; rien de saisissant comme ce lac, aux sillons lumineux, où se mire le nuage qui passe, l'étoile qui scintille, la lune parée comme une fiancée, et le ciel blafard et la silhouette dentelée des pics. Rien de sublime comme le silence de la nature, comme le repos des monts et des abîmes, comme le sommeil des troupeaux et des pâtres et comme le calme de la nuit. On entend seulement le bruissement du flot, respiration douce du lac, qui expire sur le rivage.

Et puis rien de magique comme la grande voix de la cascade qui semble se désoler, et qui de temps en temps, par secousses et soubresauts, devient plus rauque, plus bruyante, plus rugissante, lorsqu'elle roule et précipite des blocs de granit qu'elle détache et entraîne dans son impatiente impétuosité.

Passer une nuit au lac d'Oo, c'est éprouver à la fois tout ce qu'il y a de plus doux dans les sensations et de plus émouvant dans les émotions. C'est se réjouir dans une idylle, et frissonner dans une scène de Shakespeare.

Au retour du lac, m'étant arrêté au village pour donner une poignée de main à un ami, il me raconta un événement qui faisait grand bruit dans le pays depuis quelques jours.

Chaque commune de notre contrée a un ou plusieurs

chiens de montagne, de la plus belle espèce. Ces chiens suivent les troupeaux dans les pâturages et les défendent des attaques des bêtes féroces ; ils ont à leur cou un grand collier armé de grosses pointes de fer. A l'aide de cette armure, un bon chien peut mettre en fuite plusieurs loups.

Or, depuis deux jours, le beau chien de montagne d'Oo avait disparu, quand on le vit se traîner sur la place couvert de sang et affamé ; on comprit qu'il avait livré bataille, et on s'empressa de lui donner des soins. Le chien, restauré, se dispose à repartir. Quatre chasseurs bien déterminés se mettent sur ses traces pour lui prêter secours. Il les conduisit dans l'intérieur de la forêt à gauche d'Astos. Tout à coup, en face d'un taillis, le chien s'arrête, bat ses flancs de la queue, s'anime au combat, pousse des cris ardents ; l'ennemi était là. Il s'élance et bondit sur le chien. Une lutte désespérée s'engage ; la victoire est disputée avec acharnement ; le sang ruisselle ; des hurlements affreux réveillent les échos d'alentour ; et les chasseurs, émus, sont réduits au triste rôle de spectateurs, tant les deux combattants sont enlacés. Enfin le chien fait un suprême effort et terrasse son redoutable adversaire.

Les chasseurs secourent le triomphateur ensanglanté, et relèvent le cadavre d'un ennemi inconnu. C'était un lynx. Quarante ans avant, dans la Coume de Poumère, un chasseur d'isards, de Juzet, en avait tué un autre qui fut acheté et empaillé par Dore, pharmacien distingué.

CHAPITRE XX

SUPERBAGNÈRES.

La course à Superbagnères, tout en récréant délicieusement les touristes, les soulage des fatigues des grandes ascensions.

Superbagnères est cette montagne qui domine l'établissement thermal. Sous son ombre tutélaire repose Luchon. On peut la franchir à pic, en passant par la fontaine d'Amour, ou en laissant à droite le pont de Mousquères et attaquant courageusement le sentier qui s'élève, en plis et replis, à travers des prairies ombragées de noisetiers, jusqu'aux granges de Gouron. Ce sont là des chemins courts, mais bons seulement pour des pieds exercés. Il vaut mieux, puisque l'on voyage pour son agrément, jouir longtemps et se fatiguer moins, et suivre le sentier foulé et élargi par les pieds des chevaux. Ce dernier vous conduit à Saint-

Aventin ; là on descend à gauche. L'One franchie, on s'élève, par une pente insensible et par des paysages aimables, jusqu'aux granges de Gouron, dépendances du village de Saint-Aventin ; et bientôt on pénètre dans un bois de sapins, laissant à côté un ravin profond, où se tua un étranger en tombant de cheval. Les bergers qui l'avaient vu entrer dans la gorge, ne le voyant pas ressortir, soupçonnèrent un accident. Le voyageur fut trouvé sans vie ; le cheval, libre, broutait l'herbe à quelques pas.

Nous voilà donc dans le bois. De longues mousses pendent aux rameaux des sapins, pareilles à des barbes d'un vert pâle. On voit se poser fièrement devant soi un cordon d'arbres centenaires ; on dirait les ancêtres de la forêt. Ils sont majestueux et sinistres. Quand le vent les agite, ces burgraves échevelés gémissent et semblent pleurer sur les ruines du passé. Ils sont encore surchargés de lichens et d'agarics, fruits impurs qui pèsent sur ces géants, comme des chaînes de fer sur l'homme. Les chasseurs s'en servent comme d'étoupes pour bourrer leur fusil.

Bientôt on est dans l'épaisseur du bois ; les rayons du soleil n'arrivent plus que tamisés ; ils courent sur les feuilles et les troncs, empourprés et bleuis comme des vitraux d'église.

Il y a un charme infini à voyager ainsi dans un demi-jour, sous une voûte de verdure qui laisse, à travers des éclaircies, apercevoir un ciel lointain ; à coudoyer des troncs séculaires, les uns brisés par les orages et par le temps, les autres vigoureusement entamés par la hache du bûcheron, plus impitoyable que les siècles. Une senteur âpre emplit l'air, semblable au parfum des aromates. C'est l'impression que fait une cathédrale déserte, lorsque après une cérémonie l'odeur de l'encens flotte encore sous les arcades, et que le jour tombant dessine des figures bizarres dans l'obscurité de la forêt des piliers. Il y avait aussi quelque chose de mieux que les harmonies d'orgue : parfois les vents engouffrés dans les gorges, froissés par les rochers, se tourmentant à travers les troncs, avaient des murmures sonores, tristes, mélodieux, puissants ou imperceptibles qui semblaient, comme dit Lamartine, parcourir en quelques minutes toute la gamme des joies, des forces ou des mélancolies de la nature. On se sentait remué jusque dans les profondeurs intimes de son être. Puis, ils s'évanouissaient comme les conversations d'esprits célestes qui ont passé et qui s'éloignent. Des silences comme l'oreille n'en perçoit jamais ailleurs leur succédaient, et assoupissaient en vous jusqu'au bruit de la respiration. On aime ces silences mystérieux en harmonie avec le mystère de nos âmes. Tout ce qui est vague et indéfini a pour l'homme un attrait singulier. Ce n'est qu'à regret qu'on voit la lumière nous envahir, les arbres devenir rares et la végétation cesser. Pour nous arracher à cette mélancolie du regret, il faut toute la puissance du spectacle qui frappe nos regards. Luchon est à nos pieds, avec sa vallée et ses villages nombreux.

On gravit une pelouse rapide ; l'herbe fougueuse y est surmontée de plantes d'une rare vigueur ; des spirées de hauteur d'homme balancent leurs panaches au-dessus des élégantes houppes des pigamons ; les éréophores secouent leur soie sur les géraniums ; de brillants ornithogales se mêlent aux valérianes, et mille fleurs plus humbles nuancent la verdure.

A travers toutes ces fleurs, on arrive sur un grand plateau qui forme le sommet de la montagne. De tous les côtés le panorama y est magnifique. Bien qu'il n'ait pas le grandiose et l'ampleur de celui du Montné, on est heureux de le rencontrer si parfait à quelques pas de Luchon. Quelle fortune pour les promeneurs, lorsqu'ils y seront bientôt portés en calèche, par une route large et souverainement pittoresque ! Au midi, on voit le majestueux amphithéâtre des rocs et des glaciers de ces bastions inexpugnables, jetés là, par la puissante main du Créateur, entre l'enthousiaste Espagne et la France belliqueuse. Au nord, se déroule dans le lointain une plaine immense, se perdant dans la brume et fécondée par les belles eaux de la Garonne, fuyant sous des voûtes de verdure. A l'aide d'une lunette d'approche, on distingue les riches églises de Pau, les tours de son château, et les monuments de la capitale du Midi. On y voit les riches pelouses du Montné, le pic d'Arbizon qui, par sa majesté imposante, semble le protecteur des vallées de Campan et d'Aure. A gauche, le regard plonge dans le frais vallon de Burbe, et passant par dessus le Portillon, il aperçoit le val d'Aran, d'où se détache l'émail de plusieurs villages.

Cette circonférence se termine par le Gar, plongeant dans la nue sa cime argentée, et par les montagnes de Cagire, où l'ours brun règne en paix.

En gravissant encore pendant quelques minutes au sud-ouest, jusqu'à la crête rocheuse qui sépare la vallée du Lis de celle du Larboust, l'œil plane largement satisfait, depuis les Basses-Pyrénées jusqu'à la république d'Andorre, seul pays libre entre deux grandes nations, et seul pays civilisé où le citoyen soit à l'abri de l'impôt. Mais, malgré soi, le regard revient sans cesse vers les glaciers de la Maladetta, qui reluisent comme l'immense armure d'acier d'un géant fabuleux. On dirait que certaines natures ont un système comme les astres et font graviter les regards, les âmes et les pensées de leurs satellites dans leur propre mouvement. La beauté physique ou morale est leur puissance, la fascination est leur chaîne et l'enthousiasme est leur émanation. Le vulgaire lui-même est séduit par leur action magnétique, et se sent frappé par une puissance qui l'émeut et qu'il ne s'explique pas.

Il faut maintenant songer au retour, par le même chemin ou par la vallée du Lis ; la vallée m'a toujours paru plus agréable. A pied, et si l'on est pressé, on peut descendre perpendiculairement vers l'établissement.

CHAPITRE XXI

VÉNASQUE. — LA PICADE.

La course à Vénasque, comme toutes les courses aux sommets des montagnes, demande un temps calme et un ciel pur inondé par les plus brillants rayons de soleil; sans cela, on a pris une peine inutile. Arrivé dans la région des brouillards, on ne voit rien, il est nuit épaisse, et nuit sans poésie, sans horreurs, sans mystères.

Il ne faut pas cependant se laisser toujours intimider par les brouillards qui drapent de leurs sombres replis les forêts et les pics. Parfois, ils présagent un beau jour. Le montagnard exercé s'y trompe rarement. A la marche des nuages, à leur forme, il devine les rayons du soleil, et promet à coup sûr une journée d'autant plus magnifique qu'elle était peu espérée. Je me souviendrai toujours, qu'arrivés à l'Hospice, voulant faire l'ascension de la Picade, nous vîmes à notre gauche le pic se dresser comme un fantôme ; mais à notre grand désappointement, ce fantôme, dont nous avions vu le matin l'aiguille se dessiner à vives arêtes sur l'azur du ciel, était voilé d'un manteau de brouillard qui s'étendait sur tout l'amphithéâtre de Vénasque. Inquiets, nous demandâmes à un pâtre si le brouillard resterait là toute la journée? Quelquefois, nous répondit-il, dans la belle saison, le nuage se dissipe au souffle du vent d'Espagne, nous ne devons pas désespérer encore. En effet, le cirque commence à se dessiner un peu ; le vent d'Espagne se lève ; le nuage agité rampe sur les gradins de l'amphithéâtre ; la neige se présente comme une longue traînée d'écume ; les galeries de Vénasque font étinceler leurs glaciers bleuâtres ; le pic de Sauvegarde lui-même montre son front ; la toile tombe, la scène s'ouvre avec tout son panorama de prodiges ; le brouillard a disparu. Nous assistons au réveil d'un nouveau monde.

Voici un adage populaire des enfants du pays, et ils y tiennent d'autant plus que l'expérience leur en a montré l'exactitude : « Montagnes claires, vallées obscures, de la « pluie à coup sûr. » Si c'est le contraire, on peut se permettre de présager un beau temps.

Un phénomène assez étonnant et qui vaut la peine, à mon avis, d'une excursion, est celui qui se reproduit souvent à Vénasque. Tandis que le versant français est dans le brouillard, dans le froid et la pluie, le versant espagnol jouit d'un ciel serein et d'un soleil splendide. Il me semble que l'on voudrait volontiers voir le temps rire d'un côté et pleurer de l'autre, et se sentir grelotter à gauche et brûler à droite. Je dis le phénomène, je l'admire et ne l'explique pas. L'ignorance a parfois plus de charme avec son mystère qu'une science douteuse et souvent prétentieuse.

Touristes, vite donc à cheval, le soleil de ses premiers rayons baise la cime des pics, c'est le moment de partir et sans retard. Aujourd'hui vous aurez une moisson abondante de douces et puissantes émotions. Quelle course féconde!...

Jusqu'au pont Ravi, et jusqu'au chemin qui va à la cascade des Demoiselles, vous savez la route. Elle continue large, belle; les voitures, traînées par quatre chevaux, y passent à fond de train. Elle côtoie sans cesse de riantes prairies et des paysages enchanteurs. Elle a été tracée dans le cœur de luxuriantes forêts ; à gauche sont des pins, à droite des hêtres. Un bois de hêtres est curieux à voir. Les tiges de ces arbres, semblables à des colonnes de marbre bleuté, s'élèvent d'un jet vigoureux jusqu'à une hauteur de quinze à vingt mètres, pour s'épanouir en une magnifique voûte de verdure. C'est là que, selon les poëtes, l'architecture gothique serait venue puiser ses radieuses et solennelles inspirations. Cette forêt ressemble à un temple majestueux où réside la divinité. Cet ensemble, cette harmonie de colonnes et de feuillages, se doit à la nature du hêtre. A peine a-t-il pris racine, qu'il n'a plus que le désir de s'élever dans les airs, et de pousser jusqu'au niveau de ses voisins. Aussi il s'élance svelte et délié jusqu'à la voûte de verdure, et lorsque sa tête se chauffe au soleil et qu'elle peut regarder les autres sans se sentir humiliée, le jeune adolescent se repose et s'occupe de grossir. On dirait que ces arbres expérimentent sans cesse la pensée d'un grand homme : « le cachot donne du génie. » Prisonniers, ils s'élancent vers la lumière, vers le soleil.

En côtoyant cette forêt, on arrive au pont de Charrugat, jeté sur l'*arrieou des Laïrous* (le torrent des bandits), en souvenir des brigandages commis autrefois, dans la contrée, par une bande d'Espagnols, cachés dans cette gorge, rançonnant, dévalisant, assassinant les voyageurs. Maintenant on peut traverser ces lieux sombres et caverneux en toute tranquillité ; et, si un sifflet retentit dans le lointain, et si le feuillage s'agite, ne craignez autre chose que les folies de l'imagination. La sécurité la plus complète règne la nuit comme le jour dans tout le pays.

Trente minutes après, on débouche dans les pelouses de l'Hospice, bassin spacieux, au sein d'une nature tour à tour riante et sévère, gracieuse et sauvage, pastorale et grandiose. L'Hospice est à gauche ; en face de cette construction, à une telle hauteur (1,400 mètres), on éprouve quelques-unes de ces émotions que la vue de la Grande Chartreuse communique à l'âme du visiteur. Il est destiné à donner secours aux voyageurs des deux nations, passant par le port de Vénasque. Dans la saison d'été, sans avoir le relief de celui du mont Saint-Bernard, il en a, pour le moins, toutes les ressources, à cause des nombreux et grands personnages qui viennent y faire une halte. Dans la saison d'hiver, il n'y a que les provisions indispensables.

Avec quelques dépenses on pourrait y faire un établissement, où beaucoup de personnes se rendraient pour fortifier leur tempérament. On y respirerait l'air frais des hautes montagnes, on y boirait des eaux froides à briser le verre, on y prendrait le lait si parfait de chèvre et de vache, on y chasserait le coq de bruyère, au moment où s'épanouissent les glauques boutons du hêtre, dont il est si friand. Mille distractions, à certaines heures de la saison, éclatent dans cette solitude qui devient comme un boulevard de Luchon, et l'embellisent d'une parure extrêmement pittoresque. Cette faiblesse physique et morale qui suit les maladies pourrait-elle ne pas céder aux impressions délicieuses que produisent une nature superbe et des tableaux charmants, et à la salutaire influence d'un air toujours pur, balsamique et fortifiant, dont les anciens connaissaient mieux que nous le prix.

En face, se dresse à pic la montagne rocheuse de Vénasque, avec ses aiguilles élancées qui percent le ciel. L'ascension semble impossible à quiconque n'a pas fait connaissance avec la haute montagne. Des sensations d'effroi, de curiosité et d'admiration résultent de cet aspect, plus imposant le matin avec les grandes masses d'ombre et les jets de soleil.

On court un instant à travers la pelouse, on franchit un torrent au galop, on laisse à l'est une galerie qui s'enfonce dans la montagne jusqu'à une mine de plomb argentifère, et on entre dans un sentier pénible, rocailleux et dont les zigzags multipliés finiraient par fatiguer le voyageur, s'il ne marchait de surprise en surprise et d'émotion en émotion. Suivant les contours du sentier, le regard heurte contre des rocs affreux et désolés, contre des murailles de granit fendillées comme de vieilles ruines, ou s'échappe à travers des clairières et voit scintiller, comme des constellations égarées, le miroir de petits lacs, ou enfin il se réjouit sur les verdoyantes pelouses, au sein desquelles l'Hospice semble se reposer comme un cygne.

Bientôt le roc nous environne, le désert nous étreint, nous

luttons avec le sauvage. Çà et là quelques filets d'eau pure comme le cristal, où l'on trempe seulement les lèvres, et avec laquelle le muletier espagnol remplace dans ses outres le vin qu'il a bu dans son laborieux voyage.

On laisse à sa droite, un précipice rocheux, du nom de Culet ; c'est là que l'avalanche tourbillonne et mugit. On dit que, dans l'obscurité des nuits, les bergers qui bivouaquent sur les montagnes, y ont vu des feux mystérieux, des fantômes agitant leur blanc linceul, poussant de lugubres gémissements ; c'est que dans ce gouffre et tout à côté, dans le trou des Chaudronniers, il y a eu de nombreuses victimes ; et l'imagination, au souvenir d'une mort dramatique, peuple toujours la solitude de visions horribles et fantastiques. En proie au frisson causé par ces lieux de désolation, on arrive dans un petit vallon affreux, où se tient debout un rocher appelé l'*homme*, parce que seul, quand les neiges enveloppent les monts et les vallées, il reste nu et se détache en noir sur le fond blanc, comme un homme qui attend. Il semble vous dire de respirer un instant et de contempler à vos pieds, avec âme et sensibilité, et non comme lui, bloc de marbre, les quatre petits lacs qui étincellent ou pâlissent, selon la direction des nuages. Leurs nuances, graduées du vert émeraude au bleu outremer, contrastent agréablement avec les teintes grises et ocrées de la montagne. « Lorsqu'on les domine tous du même coup-d'œil, en montant le dernier rail du port, on admire avec enthousiasme. » — Souvent, à ce passage, on oublie les beautés de la nature, pour se défendre des rafales impétueuses d'un vent violent, assez puissant pour vous enlever et vous pousser dans les eaux du Boum, habité, disait-on, par une espèce de monstre marin.

On arrive, on touche l'échancrure; l'amphithéâtre, qu'on avait perdu de vue, commence à reparaître; et même, à dire vrai, c'est là qu'il se présente bien, que l'œil peut embrasser complètement l'ensemble du tableau, les cascades, les lacs, les gradins, les tours, les glaciers, toutes ces mille créations d'une si haute magnificence. Enfin, après un dernier et pénible effort à travers les débris qui jonchent le chemin, dont les cailloux anguleux arrêtent à chaque instant la marche, on arrive au sommet de Vénasque; c'est le port, et à un pas l'Espagne. On est en face du chef-d'œuvre des Pyrénées. Ce n'est pas l'immensité lointaine qui se déroule à vos regards; mais on a sous son œil l'immensité du travail d'une puissance infinie; et, sous l'empire du grandiose on est écrasé, haletant; on n'éprouve qu'un sentiment unique : l'admiration.

Sur la roche, le religieux espagnol a scellé une croix en fer. Aucun signe, aux frontières de deux grands peuples, ne pouvait être mieux choisi. La croix n'a-t-elle pas détruit toutes les frontières ; n'est-elle pas la seule grande prédication de l'égalité et de la fraternité?

J'aime la croix sur ces pics où les orages ont posé leur demeure; n'est-ce pas elle qui, dans les orages de la vie, met à l'abri de leur fureur et donne la paix?

J'aime la croix dans ces hautes régions; n'est-ce pas la croix qui domine toute grandeur et consacre toutes les gloires? Et puis, il est bon que la religion soit de toutes les fêtes et de toutes les joies ; là où elle n'est pas étrangère, on jouit deux et trois fois. Maintenant regardez ce vieux pic de Sauvegarde, nom heureux ; il est là, comme le phare au milieu des écueils ; il indique la route au voyageur, perdu dans cet océan de glaces ; il lui montre sûrement le port qui doit le sauver. On peut se perdre dans l'immensité des montagnes, comme dans l'immensité des flots, et les fausses routes dans ces domaines de la nature, comme dans les domaines de l'âme, mènent infailliblement aux écueils, aux abîmes.

Il est là encore comme une sentinelle silencieuse au sommet de sa tour ; il a l'air de se pencher vers l'Espagne, comme s'il attendait l'arrivée de nouvelles phalanges guerrières ; car ces lieux, tout solitaires que vous les voyez, ont eu leurs jours de combats ; ils ont été témoins de grands coups d'épées, de beaux faits d'armes ; ils ont vu des armées se heurter et se battre ; et peut-être aussi le grand Pompée ou le fameux Sertorius. Ce qu'il y a de certain, c'est que l'échancrure du port de Vénasque a été ouverte ou agrandie par les ordres des comtes de Comminges, ou par Pierre II, roi d'Aragon, lorsqu'il vint camper avec cent mille hommes dans les plaines de Muret, où sa mort aurait été glorieuse s'il eût combattu si vaillamment pour une cause plus juste.

Durant les guerres de l'empire, les Espagnols y avaient mis un corps d'armée, tandis que notre empereur avait placé une compagnie de chasseurs de montagne, tous enfants des rocs et des vallées, sur les pelouses du Cansor, au-dessus de l'Hospice. Un seul trait vous dira ce qu'étaient ces chasseurs de montagne, toujours prêts à tomber sur l'ennemi comme une avalanche, ou à fondre sur lui à l'improvisto comme des aigles. C'étaient de vrais braconniers enrégimentés.

Le soleil baissait à peine à l'horizon, derrière les pics de la Glère, quand un chasseur descend à l'Hospice ; et, protégé par l'obscurité, remonte les pentes escarpées du port comme un chevreuil, se glisse jusqu'aux Espagnols endormis, tue la sentinelle, prend huit escopettes à large gueule, jette l'alarme au camp, et chargé de ce lourd trophée, le porte, avant le crépuscule du matin, à son capitaine, qui n'en paraît pas du tout surpris.

Ces rochers seront toujours destinés à raconter des histoires du passé. Naguère ils furent les témoins d'une scène sanglante. Des révoltés espagnols, ayant à leur tête Contreras, fuyaient, gagnant le port, devant les troupes nombreuses de la reine. Au moment de franchir la frontière, un jeune et bel officier, qui paradait quelques jours avant sur les allées de Luchon, se retourne du côté de l'Espagne, et commande à ses hommes de saluer une dernière fois les soldats de la reine d'une décharge de mousqueterie. Comme il parlait, la vengeance dans le regard, car son père avait été tué combattant pour l'indépendance, une balle le frappe en pleine poitrine et le punit d'une imprudente et folle témérité.

Durant cette triste affaire, plusieurs touristes furent dérangés de leur déjeuner par des balles égarées, qui venaient mourir à leurs côtés. Et cet incident, quoique pénible, ne fut pas un des moins intéressants de la course.

Ainsi, à une nature si extraordinaire il fallait des actions extraordinaires, des prodiges d'intrépidité et d'héroïsme, des souvenirs surprenants. Il fallait qu'à l'aspect du port de Vénasque le voyageur put dire : « Voici la brèche des merveilles. »

Deux autres faits viennent se grouper autour de ces pics, et ils sont trop captivants pour demeurer dans l'oubli.

Il y a quelques années à peine, deux Anglais arrivèrent à l'Hospice, accompagnés de trois guides. Par une originalité toute nationale, ils imposent aux guides la défense de les suivre, les laissent à l'hôtellerie et seuls se dirigent vers le pic de Sauvegarde, à travers des sentiers hérissés d'écueils, et ils abordent non sans de nombreux et pénibles efforts. Après un peu de repos, ils veulent tourner le pic, chacun suit le sentier dicté par le caprice, et ils se donnent rendez-vous à une petite pelouse formant le fond du précipice affreux. Celui qui avait pris le chemin le plus long, mais le plus sûr, arrive et s'étonne d'être seul. Il appelle son compagnon, et le silence et l'écho répondent. Il cherche, il appelle encore ; efforts inutiles. Comme la nuit arrivait, il se résigna à s'en retourner seul.

En descendant, il rencontra les guides qui, dans leur impatience, s'étaient avancés à la recherche des touristes.

A peine l'Anglais a-t-il parlé, qu'ils s'élancent comme des zouaves à l'assaut de Sauvegarde. Leurs recherches les plus minutieuses furent inutiles, et les ténèbres firent renvoyer au lendemain de nouvelles perquisitions.

Cet accident fit grand bruit le soir à Luchon.

On se livra à toutes sortes de commentaires. Une discussion que les deux Anglais avaient eue la veille, leur entêtement à refuser les guides, faisaient soupçonner des choses tristes, un noir complot.

Le lendemain, aux premiers feux de l'aurore, de nombreux curieux se dirigeaient vers le port de Vénasque ; on aurait dit que Luchon n'avait pas d'autre but de promenade. Plusieurs guides étaient arrivés avec des cordes, des pics, et tout ce qui était nécessaire pour escarper la roche et plonger dans les abîmes. Enfin, après avoir longtemps fouillé dans les profondeurs des précipices, dans les plis et replis des rochers, dans leurs anfractuosités, un guide aperçut sur la pointe d'une pierre des lambeaux de chair et des touffes de cheveux. Il s'approche et, à deux pas, découvre le cadavre de l'Anglais couché sur le gazon. Sa tête avait été brisée contre un bloc. Sans doute, après une première chute, il s'était relevé pour aller tomber un peu plus loin et rester en place. Ce fait désolant, qui s'expliquait de lui-même, emportait les noirs soupçons comme un coup de vent emporte les nuages.

Voici quelques détails que je tiens de l'excellent commissaire de cette époque et qui donnent un singulier intérêt à cet événement. Le jour même où la mort frappait à une hauteur si considérable cet Anglais, ministre protestant, des dépêches arrivaient à Luchon et lui annonçaient sa nomination à un évêché d'Angleterre. Bien plus, le commissaire trouva dans sa valise des manuscrits où le ministre s'escrimait à frapper contre la religion catholique des coups mortels. Ce travail devait avoir quatre volumes, et le dernier était déjà presque fini.

C'est ainsi que Dieu se joue des hommes. La mort plane sur les grandeurs comme un oiseau de proie, et les cimes les plus élevées sont les plus noircies par la foudre.

Demain, c'est le jour incertain, ou plutôt c'est le jour de Dieu, le jour de la justice, le jour qui brise le masque sur la figure de l'hypocrite, le jour qui dévoile le mensonge, le jour qui foudroie l'impie et qui rend à la vérité son éclat et sa gloire.

Le ministre protestant était loin de penser que son voyage serait le dernier, et qu'il ne gravissait les sommets élevés que pour paraître plus tôt devant le tribunal suprême d'un Dieu qu'on ne joue plus. Quelle suprise ! et quel réveil ! Aussi serait-il bon que tout voyageur s'approvisionnât, non-seulement pour le voyage du temps, mais même pour celui de l'éternité. La course n'en serait que plus joyeuse et plus paisible ; on serait à l'abri de toute fâcheuse éventualité.

Peu de temps avant cet accident, le 20 juillet 1849, M. Lézat, l'auteur du magnifique relief dont nous avons parlé, tout en herborisant à travers les fissures du pic de Sauvegarde, vit sur le bord d'une petite caverne une fleur, d'un bleu d'azur clair ; la joie monte au cœur de l'homme de la science ; il croit enrichir sa brillante collection d'une fleur nouvelle, inconnue jusqu'à ce jour. Mais il y eut déception, sans toutefois regret ; l'émotion n'avait fait que changer de nature. Il n'était plus captivé par une fleur, c'était tout un drame qui se déroulait dans le passé, dans la nuit des temps. M. Lézat tenait dans ses mains un grand chapelet en verroterie bleue, portant deux croix, l'une encadrée de cuivre, l'autre en bois plaqué d'écaille. A la chaîne en cuivre il y avait des fragments de batiste ; et sur le sol, tout autour du chapelet, étaient des débris d'ossements humains.

A coup sûr il y avait là quelque chose d'extraordinaire. A son retour, il fait part de sa trouvaille, et bientôt, dans toute la ville, il ne fut plus question que de cette singulière aventure. Les imaginations donnèrent un libre cours à leur fécondité, et elles manœuvrèrent d'autant plus à leur aise, que nul souvenir historique ne pouvait leur limiter l'espace. Mais l'évêque d'Agen, à Luchon dans ce moment, ayant dit que ce chapelet appartenait aux religieuses du Sacré-Cœur, ce fut un trait de lumière pour Mme Sacarrère; les ténèbres se dissipèrent, et l'histoire vraie du chapelet fut connue. Enfant, elle avait joué avec lui.

Vous vous rappelez sans doute un château en ruines que nous avons vu à Saint-Mamet. C'était autrefois un manoir habité par M. Sacarrère, homme de cœur et de foi. Il avait caché dans ses plus sombres appartements un proscrit et une jeune religieuse fuyant les horreurs de 1793. Epoque lugubre où la raison humaine triomphait; ses autels étaient des ruines; ses hymnes, des blasphèmes et des chants de proscription; ses prêtres, des bourreaux; son culte était la mort; et le néant, l'espérance de ses adorateurs.

La générosité de M. Sacarrère est dénoncée; la délation était alors une vertu. Mais, averti et sauvé par le dévouement de M. Rey, son ami et maire de Luchon, il fait partir les émigrés, sous la protection de ses deux fidèles domestiques.

Le temps était sombre et un vent glacial fouettait le visage. Après bien des fatigues et des terreurs, la caravane arrive à l'Hospice. La religieuse, au chapelet bleu, est à bout de force; elle conjure les guides de ne pas aller plus loin.

Impossible de lui obéir; car s'arrêter c'est se livrer aux satellites du pouvoir révolutionnaire, et se dévouer à une mort certaine.

Encouragée cependant par l'idée que la frontière et le salut ne sont plus qu'à peu de distance, elle se ranime et reprend sa marche. Il y avait en elle plus d'énergie, de volonté que de forces physiques. Ce ne fut qu'après des prodiges inouïs de courage, à travers ce sentier bien plus mauvais qu'aujourd'hui, que l'on put traîner la religieuse au bout du port. Elle était mourante ; la vie errait à peine sur son visage pâle et défiguré, comme ces étincelles que l'on voit sur les cendres d'un papier brûlé. Ses pieds, meurtris et déchirés par les pierres aiguës du chemin, étaient couverts de sang ; ses membres glacés se roidissaient comme à l'heure de l'agonie. Le froid précurseur d'une mort certaine lui avait communiqué un tremblement nerveux et faisait claquer ses dents.

A bout de courage, elle recommande sa belle âme à ce Dieu, objet de ses souffrances, et se laissant tomber sur le sol, elle dit : « Mon Dieu ! je me sens mourir ; Mon Dieu ! ayez pitié de moi ! » Rien ne put la ranimer et la remettre sur pied ; ni les premiers rayons du soleil illuminant la terre hospitalière, ni les bonnes paroles de ses guides et de son compagnon d'infortune, ni même le cliquetis des armes des sans-culotte, « qui, ayant flairé l'odeur du gibier, s'étaient lancés à sa poursuite. » C'était bien cette prostration complète qui éloigne toute peur, toute crainte ; on se sent dévoré par la mort, et la mort ne dévore pas deux fois.

Le péril était imminent ; les guides et l'émigré, quoique avec regret et la douleur dans l'âme, s'éloignent en lui disant : « Que Dieu vous protége contre la brutalité du soldat. »

Ce mot, plus fort que la mort, la ranime un instant ;

elle se lève, erre quelques secondes comme une ombre à travers les rochers et disparaît. En vain, quelques jours après, on essaya de la retrouver.

Des années passèrent nombreuses, lorsque la découverte du chapelet vint raviver le souvenir de cette histoire, et indiquer le lieu où cet ange du sanctuaire était venu s'endormir du sommeil de l'éternité, sous le regard aimé de son Dieu, de qui elle s'était rapprochée par l'élévation de la montagne et plus encore par l'élévation de sa vertu. « *Sursum corda.* » Et qui n'admirerait cette puissance de l'âme et de la volonté contre les douleurs de la mort? Un sacrifice quel qu'il soit est plus beau, plus difficile que tous les élans de l'âme et de la pensée. L'imagination exaltée peut produire les miracles du génie; mais ce n'est qu'en se dévouant à son opinion ou à ses sentiments qu'on est vraiment vertueux. Alors seulement une puissance céleste subjugue en nous l'homme mortel.

Pendant que le guide vous raconte toutes ces choses, on descend quelques minutes, et au bord d'une source excellente vous étalez sur le gazon votre déjeuner que l'on mange toujours de fort bon appétit. Vous êtes sur le territoire espagnol, et la Maladetta semble être sur votre tête. A coup sûr, quelque Aragonais, pour donner à votre déjeuner le luxe des grands hôtels, viendra vous offrir son chaleureux Malaga, son chocolat aromatisé et son cigare en renom, et plusieurs autres fantaisies, telles que soieries et grands couteaux qui font peur.

Si vous voyez passer non loin de vous des hommes armés jusqu'aux dents, aux traits énergiques, au teint hâlé, à l'œil brillant comme un éclair sous leur casquette, aux habits en désordre et sales, soyez sans crainte ; ce ne sont pas des bandits, mais des soldats espagnols patrouillant sur les montagnes. Si parfois ils faisaient les récalcitrants, leur fureur se calme infailliblement à l'aspect d'une pièce de monnaie.

Avant de songer au retour, un regard encore pour la Maladetta et pour ces gorges profondes entourées de pics inaccessibles, et où l'on n'arrive que par les roches grisâtres de Penna-Blanca. « C'est l'endroit le plus âpre, le plus sauvage des Pyrénées. » Autant la vue d'un séjour aimable est propre à nous inspirer la joie, autant la vue d'un affreux désert nous inspire la tristesse. Là des masses de rochers dépouillés de verdure; des blocs énormes entassés partout, et gisant sur le sol pêle-mêle, avec des pins gigantesques portés par les avalanches de la forêt de Paderne. Tout ce chaos d'objets désolés fait passer la tristesse par tous les pores. Victor Hugo avait sans doute vu ces lieux d'horreur, quand il a écrit ces vers dans sa belle ode des *Deux îles :*

Ainsi quand vous passez au pied d'un mont sublime,
Longtemps en conquérant vous admirez sa cime,
Et ces pics que jamais les ans n'humilieront,
Ces forêts, vert manteau qui pend aux rocs sauvages,
  Et ces couronnes de nuages
  Qui s'amoncellent sur son front !
Montez donc et tentez ces zones inconnues !
Vous croyez fuir aux cieux. Vous vous perdez aux nues,
Le mont change à vos yeux d'aspects et de tableaux :
C'est un gouffre obscurci de sapins centenaires,
  Où les torrents et les tonnerres
  Croisent des éclairs et des flots !

Dans cette forêt de Paderne (grosse bûche), où la hache n'a pu se faire jour, et que les frimas peuvent seuls désoler, se passa, il y a plusieurs années, une scène bien terrible. Les braconniers intrépides du pays s'y étaient donné rendez-vous pour chasser l'ours. La chasse était organisée avec art ; tous les hommes étaient à leur poste, lorsque retentit, en ondes bruyantes, une forte détonation. L'ours avait été vu et pointé. On se presse de ce côté. Un chasseur de Saint-Mamet, qui avait vieilli sur les glaciers, à l'affût de l'izard, entend les branches craquer à sa droite ; il regarde : l'ours descendait vers lui blessé et furieux. Il l'attend de pied ferme. L'ours se dresse, et lorsqu'il n'est plus qu'à un pas, le chasseur lui présente les canons du fusil ; l'animal les saisit ; aussitôt les balles partent et lui fracassent la moitié de la mâchoire. Blessé à mort, l'ours veut expirer avec une victime : il se précipite avec rage sur le chasseur. La lutte s'engage corps à corps ; elle est effrayante ; le sang coule, la chair déchirée tombe par lambeaux ; l'homme crie, l'ours rugit. Trois chasseurs assistent, du sommet d'un rocher, à ce combat sanglant, à ce duel à mort. Ils ne peuvent secourir leur compagnon à cause du précipice qui les entoure, ni faire feu sur l'animal, sans risquer de tuer l'homme. Enfin le vieux braconnier se laisse glisser sous l'ours épuisé, et lui mettant ses deux pieds sous la poitrine, il heurte de toute l'énergie d'un homme au désespoir, et se débarrasse de l'animal qui roule jusqu'au fond du ravin où il expire.

Le chasseur, meurtri et ensanglanté, fut porté à l'hospice de Vénasque, où, après un mois de soins, il recouvra la santé. La renommée porta bientôt à Luchon cette triste nouvelle, mais sous les plus sinistres couleurs. Comme on ignorait encore la victime vraie, au retour, les femmes se portèrent en foule à la rencontre des chasseurs. Quelle scène désolante éclata, quand la femme de la victime ne vit pas son mari ! J'en ai été le témoin; mais je n'essaierai pas d'en dépeindre le poignant désespoir...

De Paderne on peut arriver au *Trou du Taureau*, gouffre épouvantable, où tombent et s'engloutissent les eaux des glaciers de la Maladetta, pour reparaître trois heures après dans les gorges d'Artigue-Tellin. De là vous pouvez pousser jusqu'à la petite ville de Vénasque. Le sentier de Vénasque, jusqu'au petit hospice espagnol, est raide et rendu pénible par les cailloux roulés. Cet hospice mesquin attire votre pitié, surtout au souvenir d'une avalanche qui le rasa en 1826, emportant dans ses flancs cinq femmes et trois enfants, qui passèrent des bras du sommeil dans les bras de la mort. Longtemps après, la neige ayant fondu, l'on put voir les tristes restes des malheureuses victimes.

On entre à Vénasque par un pont gracieux et sous l'impression des cascades remarquables qui mugissent et écument à votre droite. Cette ville, toute petite qu'elle est, a un certain charme pour le touriste, par son cachet franchement espagnol. On y est aussi espagnol qu'à Madrid; toutefois avec un peu moins de propreté. Elle est emprisonnée dans des montagnes arides qui s'élèvent de tout côté à pic comme d'immenses murailles de granit. Au-dessus des maisons, chamarrées de bas reliefs et d'écussons antiques, des toitures grisâtres et vieillies, un fort étend, comme un vautour, ses sombres ailes de bastions et de créneaux, où parfois étincelle et gronde le feu des batailles. Durant la brillante expédition du duc d'Angoulême, Vénasque, tombée au pouvoir des rebelles, fut reprise par nos canonniers. Cette ville, solide et vieille porte d'Espagne, fournirait à l'historien plus d'une page intéressante. Nos soldats ne pourront jamais aimer son castel aux larges assises de pierre.

Le commerce des mules fait maintenant sa principale richesse; elles passent le matin et le soir en escadrons nombreux et bruyants par des rues abominables. Une tête d'homme y est représentée par quatre têtes de mules; et l'on compte cinq cents habitants. Il coule dans leurs veines du sang Bédouin. Le touriste mangeait, il y a quelque temps, chez M. Ferras, renommé par ses singulières manies et par son chocolat hors ligne. On y était servi dans une vaisselle d'argent. Aux richesses de ce peuple, on dirait qu'un flot d'or du Mexique est venu mourir et s'engouffrer dans cette gorge. L'église, riche d'or, d'argent, de soie, serait belle s'il y régnait un peu d'ordre et de propreté.

En repassant au Trou-du-Taureau, je vais vous raconter sa légende curieuse, pour vous distraire des fatigues de la route.

Un pâtre espagnol, du nom de *Pount-Arroun*, gardant des mérinos aux environs du gouffre, s'aperçut que son mouton chéri, le roi du troupeau, tombait dans l'abîme. A l'aide d'une corde, il plonge dans les noires entrailles du sol au secours du bélier, et il est assez heureux pour l'en retirer. O suprise! sur sa blanche laine brillent mille parcelles d'or qu'il recueille avec soin. Le pâtre intelligent descend de nouveau dans le gouffre, et au bord d'une pelite fontaine il ramasse ce sable étincelant. Chargé de cette précieuse trouvaille, il franchit la frontière, paie à la douane les faibles droits exigés pour les matières premières (1), et il vient demander à l'orfèvre de Luchon « si son métal est de l'or. » Sûr de son trésor, il porte à Toulouse cette marchandise toute nouvelle. La vente, réitérée plusieurs fois, augmenta considérablement sa fortune; et le pâtre devint grand seigneur. A son lit de mort, il appela son fils aîné et lui confia le secret de sa richesse, qu'il n'avait jamais laissé transpirer, quoiqu'il fût la fable du pays.

Quelques mois après, le cadet, surveillant toutes les démarches de son frère, l'accompagna de loin et à la dérobée jusqu'au Trou du Taureau, où il le vit y entrer, et bientôt en ressortir chargé. L'aîné ayant aperçu le cadet, et furieux d'être découvert, saisit l'escopette, sa fidèle compagne, et fait feu sur lui. L'ayant manqué, et voyant le secret découvert, il roule une grosse pierre dans l'abîme et s'en va.

La pierre a sans doute fermé l'ouverture de la source qui apportait le sable d'or; car depuis plus de cent ans, on n'a pu retrouver ce précieux métal.

Quatre Luchonnais intrépides, il y a peu d'années, voulurent descendre dans les humides boulevards de ce gouffre pour en sonder le mystère. Ils y allèrent armés et munis de tous les instruments de mine; ils voulaient arracher de force aux ténèbres et à la roche leur secret. Pour celui qui connaissait le sang froid, l'audace et la ténacité de ces

(1) Ce procès-verbal est dans les registres des douanes, à Luchon.

quatre chercheurs d'or montagnards, en les voyant partir, ainsi déterminés, il pouvait croire qu'ils seraient plus heureux que les chercheurs de la pierre philosophale, ou que ces fameux esprits sondant les mystères insondables de la nature et de la religion.

Et voilà que leur déception fut profonde et amère!... Il y eut une désolante leçon ; et ce qui est triste, ils ne furent pas vaincus !... L'idée du trésor ne put s'éteindre sous le souffle puissant du malheur. Vivants, ils rêvent encore leur rêve déçu. Rien d'humain ne peut assouvir la soif de ce métal.

Ces lieux sont encore plus féconds en végétation luxuriante qu'en histoires. Les descriptions chaudes et variées que j'ai lues des forêts du nouveau monde seraient ici dépourvues de coloris. Les grands arbres portent bien haut leur tête altière, et étendent au loin leurs vastes rameaux enlacés de plantes grimpantes. Ils s'y pressent comme des soldats dans une mêlée ; à peine de loin en loin quelques rayons de soleil glissent dans leur sein, et font reluire les flots d'une cascade fougueuse. La flore y est ravissante : sur un tapis vernissé par l'humidité et brillanté de fleurs, on voit de grandes gentianes, la renoncule sconit, des lis de toute espèce qui élèvent leur tête charmante et parfumée au-dessus des roses sans épines, ce problème de la vie.

La Picade.

Au lieu de revenir par Venasque, nous allons passer par

la Picade et faire ainsi deux grandes et magnifiques courses dans un jour. En remontant par le pas de la Scalette, tracé dans une roche qui mérite l'attention du savant, on foule un banc de neige que ni la pluie, ni le soleil, ni les siècles ne peuvent fondre. Et là, sur le gazon qui s'échappe de sous les glaces, vous rencontrerez, à coup sûr, des pâtres espagnols, appuyés sur leur bourdon, les jambes croisées ou sommeillant sur un bloc, avec leurs gros chiens à côté. Rien de sauvage comme leur aspect; leur figure rude, à la peau olivâtre et huileuse, est coiffée d'un morceau d'étoffe nouée comme une cravate. Leurs larges épaules sont couvertes d'une toison coupée en veste; ce qui les fait confondre avec leurs moutons; leurs jambes, un instant emprisonnées dans une culotte de bure sale, s'échappent bientôt libres pour montrer des molets nerveux et indomptables à la marche. Un morceau de peau de vache, en spadrille, met leurs pieds rapides à l'abri du tranchant des pierres.

Tout est alpestre chez ces pâtres, comme les lieux qu'ils habitent. Ils supportent avec une égale facilité la pluie, la neige, les orages, le soleil; leur corps semble bâti de bois et de pierre. Qu'ils aient seulement la tête à couvert et un *cigarro* entre des dents blanches comme le lait de leurs brebis, ils sont contents, et mille fois plus heureux que les habitants des lambris dorés. Mais sous ces écorces de rocher bat un cœur bon et généreux. En passant, donnez-leur un regard de curiosité ou d'admiration, mais ne les plaignez pas et surtout ne les méprisez pas.

Vous arrivez de nouveau sur les frontières de France et d'Espagne, et sur les limites de l'Aragon et de la Catalogne. On se sent grandir sur ces monts si élevés de toute la majesté de deux ou trois royaumes.

Il convient de faire à pied cette partie de votre course ; la marche ne fatigue point à ces hauteurs ; on est déchargé de la plus grande moitié de l'atmosphère, et on jouit du plaisir de courir les montagnes et de fouler de son pied victorieux ces grandeurs de la terre ; car c'est une de nos secrètes et petites jalousies de fouler ce que l'on ne peut atteindre. « Il n'y a rien, dit Nérée Boubée, qui puisse se confondre avec ce que produisent les basses plaines que nous habitons. Les plus petites fleurs, les moindres herbes, les lichens, les insectes, les mouches même, tout, en un mot, ou à peu près tout, y présente comme le sol lui-même des formes particulières qui offrent à l'étude le plus haut intérêt. »

C'est exactement le phénomène qui se produit dans les hautes régions de la vertu : toutes les actions des saints, même les plus petites, ont quelque chose de singulier qui séduit et attire. Tout y est l'œuvre de l'humilité, de la charité et du sacrifice ; trois grandes vertus qui ne sont jamais dans les bas fonds de la vie.

C'est là encore que l'on voit les véritables roches, images des âmes qui vivent depuis longtemps au sein de la lumière céleste. Le roc qui vit à l'air depuis des siècles, où la lumière a tous les jours déposé et fondu ses teintes métalliques, est l'ami du soleil. Il en porte le manteau sur ses épaules ; il n'a pas besoin d'un manteau de verdure ; s'il souffre des végétations parasites, il les colle à ses flancs et les empreint de ses couleurs. Les tons vigoureux dont il s'habille conviennent au ciel libre, au paysage nu, à la chaleur puissante qui l'environne ; il est vivant comme une plante ; seulement il est d'un autre âge, plus sévère et plus fort que celui où nous végétons. Donc rien ne donne l'idée des âmes héroïques, sans cesse inondées des rayons du soleil de justice, comme les rocs de ces crêtes.

Aux monts blancs et aux monts noirs qui surgissent autour de vous comme par enchantement, et qui vont se perdre jusque dans les horizons les plus lointains, il semble que l'air soit peuplé par tous ces clochers gigantesques qui s'élancent vers le ciel, et qu'une ville aérienne, habitée par des génies, plane avec majesté sur les villes de la terre. On croit assister à la scène d'un rêve plutôt qu'à la réalité. La plaine a disparu, il n'y a plus qu'un vaste océan où flottent des pics et des glaces. Nous sommes aux extrêmes frontières de la nature.

Je vais vous familiariser avec les principaux de ces monts en citant un passage de Nérée Boubée, qui, de son marteau, avait frappé à toutes les roches et avait eu l'art de leur arracher leur secret. Voyez « la Pique qui est tout près de vous, et qui de Luchon a tant de fois attiré nos regards, peut-être même excité notre envie, nous la dominons en quelque sorte ; quelque pas de plus, nous la foulerions aux pieds ; dans le lointain et sur la même direction, vous distinguez le Moutné, et en suivant de gauche à droite, comme d'habitude, vous voyez le Montespé et les autres monts rocheux de la Barousse ; Bocanère et, dans le fond, le pic du Gar aux sept pointes ; ensuite le pic d'Arros dans la vallée d'Aran, et derrière lui, les montagnes de l'Ariége que domine le mont Vallier ; tout près de nous le pic de la Picade, asile privilégié de la perdrix blanche ; il nous cache plusieurs montagnes qui surgissent entre l'Aragon et la Catalogne jusqu'au port de Vieille, toujours neigeux; puis les Nigrons, remarquables par leurs noires cavernes que surmonte un petit glacier; le pic de Poumère, formé de cristal de roche où se cache le lynx, dont la race est presque perdue dans notre chaîne; la pique Fourcanade, l'une des plus belles montagnes des Pyrénées, riche de plusieurs filons précieux; la Tus-de-Bargas et derrière elle la Maladetta; enfin à nos pieds, la coume de Poumère, un ravin profond qui descend aux belles sources de la Garonne. »

Artigue-Tellin.

Quelquefois des voyageurs, libres de leur temps, aux limites de l'Aragon et de la Catalogne, peuvent prendre à droite et se diriger vers l'ermitage d'Artigue-Tellin, redescendre ensuite par Castel-Léon et tomber à Bossost, ou bien cotoyer le flanc de la montagne en suivant le chemin des contrebandiers, déboucher en face du corps-degarde des douaniers espagnols, et rentrer par le Portillon.

Artigue-Tellin n'attire ordinairement que des pèlerins espagnols, que des chasseurs ou des voyageurs égarés; j'y suis allé à ce dernier titre. Enveloppés par un brouillard épais, nous aperçûmes que nous avions fait fausse route aux quatre cascades sortant à gros bouillons et s'élançant en un torrent fougueux, qui, par ses bonds et ses mugissements, semble vouloir se venger de ses trois heures de captivité dans les entrailles de la terre. Nous étions à une source de la Garonne et à Artigue-Tellin. On peut jouir d'un magnifique spectacle à cette source, la plus abondante et la plus pittoresque de la Garonne, au sein de la végétation la plus luxuriante. Observateur téméraire et ami du danger, je me posai sur un bloc que les flots déchaînés attaquaient avec colère. Debout sur ce socle impassible, je me riais des efforts et des bouillonnements impétueux de ces ondes éblouissantes ; leur fracas, leurs bonds, leur écume, leur fureur ne pouvaient m'émouvoir : j'étais sur le roc, comme le chrétien debout sur les assises de la foi. Mais les secousses réitérées me firent craindre le vertige et me firent comprendre, aux éblouissements qui passaient devant mes yeux, qu'il ne fallait point jouer avec le danger, notre vertu si grande soit-elle.

L'ermitage offre tous les avantages d'une bonne hôtellerie bourgeoise. Souvent les braconniers luchonnais s'y donnent rendez-vous pour chasser l'ours. Cette chasse est trop dans les mœurs du pays pour que je n'en dise pas un mot.

Tous les ans, vers la fin du mois d'octobre, au moment où la neige couvre pour la première fois les montagnes de son blanc linceul, et qu'on y a vu l'empreinte du sauvage habitant des bois, une chasse à l'ours s'organise. Des jeunes gens et des hommes résolus, au nombre de trente à quarante, sont sur pied. A les voir, on dirait une escouade de tirailleurs. On cerne la montagne où la trace de l'animal a été découverte, et les traqueurs montent insensiblement, resserrant le cercle et faisant un tapage d'enfer avec cornes, trompettes, tambours, cors de chasse ; ils cherchent à effrayer l'ours et à le faire sortir de sa tanière pour le pousser peu à peu jusqu'à des passages, où se trouvent postés les chasseurs qui doivent le saluer d'une décharge mortelle. Les endroits les plus dangereux, ceux qui doivent presque nécessairement attirer l'ours, sont confiés aux braconniers qui ont dans l'œil et dans le cœur le plus de sûreté et de sang-froid.

Cette chasse peut durer plus ou moins longtemps; quelquefois on est assez heureux pour débusquer l'ours, quelques heures après le départ.

Un douanier me racontait qu'un jour, étant en embuscade sur la montagne et à l'attente des contrebandiers, il vit sur le versant opposé l'ours tranquillement assis à l'ombre d'un bouquet de noisetiers, sur une roche avançant comme un cap sur l'abîme; tandis que les traqueurs faisaient le plus de vacarme possible et qu'ils mêlaient les détonations de vieux pistolets au bruit de la conque marine qui ébranlait les échos de sons rauques et aigus, comme ceux de la vague mugissante tourmentant les écueils du rivage. L'instinct de la conservation lui disait qu'il était en sûreté, et il semblait se moquer, dans sa sagesse de farouche solitaire, des bruits de guerre s'élevant jusqu'à lui. Ce ne fut qu'à la fin du troisième jour que les douaniers, ayant pu sortir de l'embuscade, dénoncèrent aux chasseurs la citadelle où le seigneur de la forêt se croyait inexpugnable. Bientôt après, les chasseurs firent l'escalade du rocher, et pour se venger du calme stoïcien de l'ours, ils l'assassinèrent dans sa tanière.

Quand les chasseurs ont pris l'ours, ils rentrent triomphalement à Luchon. Celui qui l'a frappé le premier marche en tête, le front ombragé d'une couronne de chêne, comme autrefois les triomphateurs romains. Ils annoncent leur arrivée par trois salves de mousqueterie. Alors la joie est universelle : tous ont des parents ou des amis au nombre des chasseurs ; cette chasse qui remonte à des temps très-reculés est éminemment patriotique.

CHAPITRE XXII

ENTÉCADE. — ONTÉNAC. — BOCANÈRE.

Après les riches panoramas que je viens de dérouler à vos regards étonnés, la course à l'Entécade est peu attrayante, à part les vallées d'Aran que vous voyez dans leur ensemble et dans leur détail. On compte quinze villages échelonnés en amphithéâtre sur la pente des pelouses. Elle offre les mêmes beautés, déjà admirées ailleurs, avec de légères variations ; mais vous connaissez ce mot familier et vrai : « *Bis repetita placent.* » Les bonnes et belles choses plaisent toujours.

Quant à moi je vous en parle, parce que j'y ai été le témoin d'un de ces rares phénomènes de la nature qui touchent l'âme jusque dans ses profondeurs intimes. Nous étions arrivés au sommet ; depuis quelques minutes mon regard étudiait la *Tus-de-Maupas*, et je me disais « que les

Tus-de-Maupas (mauvais pas) n'étaient que trop nombreuses dans la vie, » quand un nuage se détache du pic de Poumère, étend ses noires ailes et s'élance dans l'espace ; il se dilate avec la rapidité de l'électricité qu'il porte dans ses flancs ; en un instant il s'est déroulé comme un crêpe funèbre au-dessus des vallées. Notre pic dominait ces flots noirs qui pressaient ses flancs, comme un roc au milieu de l'Océan. Bientôt la foudre fit entendre sa voix formidable ; elle avait des hoquets sinistres et des explosions semblables à des décharges d'artillerie. Les éclairs sillonnèrent la nue et se croisèrent dans tous les sens, laissant apparaître dans une blancheur livide des blocs entassés, des arbres se tordant accrochés aux roches, des pics déchiquetés et grimaçant comme des spectres. C'était un orage épouvantable éclatant sous nos pieds, et tandis que l'eau creusait, ravinait les montagnes et les vallées et que la grêle brisait, saccageait tout, nous avions sur nos têtes un ciel d'azur, un soleil splendide. Çà et là, quelques pics élevaient leurs cimes noires ou blanches, comme des bâtiments qui auraient roulé leurs voiles ou les laisseraient flotter. Il y avait dans cette scène une beauté étrange qui faisait monter jusqu'à notre cœur des sensations inaccoutumées ; il y avait quelque chose de si effrayant, de si solennel, de si magnifiquement beau que nous semblions pris de vertige et rêver. Nous étions à la fois poussière sous le soleil, et dieux au-dessus de la tempête. Spectacle magique qui agitait notre âme comme le tourbillon agite un champ de blé. Il y avait dans la tête un océan d'enthousiasme et dans le cœur presque de l'effroi. Les nuages montaient, montaient toujours ; encore un peu et nous étions comme le naufragé qui voit le rocher où il a cherché un abri, envahi par les flots, et qui sent la vague mortelle passer par-dessus son front et l'engloutir.

Mais la tempête avait épuisé sa rage : les éclairs s'éteignirent, le tonnerre fit silence, et le vent d'Espagne soufflant impétueux balaya les nuages qui nous laissèrent voir la nature ravagée. Aucune scène ne m'avait jamais mieux fait saisir l'état de l'âme qui a placé en Dieu sa confiance.

Tandis que le vent des passions agite les hommes et les bouleverse ; tandis que le malheur les remplit de tristesse et de désolation, que la misère les tourmente et les renverse à terre meurtris et mutilés, et que le flambeau de l'espérance éteint, elle remplit l'espace d'une fumée vertigineuse et homicide ; l'âme qui espère en Dieu est calme et sereine ; au-dessus de sa tête brille le ciel éblouissant de l'amour ; et les tempêtes du monde avec toutes leurs fureurs viennent impuissantes expirer à ses pieds. Et que pourrait-elle craindre, elle est avec Dieu !

Depuis cette course, l'Entécade a laissé dans mon âme un souvenir de fête.

Onténac.

On arrive à Onténac par le village de Saint-Paul. A peine a-t-on passé le presbytère du vénérable pasteur, que vous connaissez, on prend la droite ; le cheval grimpe un instant, avec de pénibles efforts, sur une pente rocheuse. L'ascension se fait à travers des champs et de gras pâturages ;

tout y est champêtre, pastoral. Quelques minutes avant qu'on n'atteigne la cime, le mont se drape avec une délicieuse coquetterie dans les plis abondants d'une bruyère rosée, et la belle montagne, loin d'être fière de ses agréments, vous ouvre, avec une facilité charmante, les sentiers qui conduisent à ces trésors. Rien de si chatouillant que les ondulations de ces bruyères dont les petites fleurs se dessinent sur le fond vert bronzé de ses feuilles, lorsque le vent vient les tourmenter; l'air est parfumé de leurs enivrantes émanations. Onténac est la parfaite et ravissante miniature du Montné, avec cela de particulier, qu'on plonge sur la vallée de Luchon et sur celle de Cierp, comme des bords d'une galerie aérienne. On y voit un immense rocher qui semble comme un coursier fougueux s'élancer dans l'espace. Il est comme une menace continuelle suspendue sur le village de Cier-de-Luchon.

Pendant que nous étions à examiner les sites attrayants de la vallée d'Oueil, avec la rapidité d'un coup de théâtre, le soleil déroba sa lumière, le bleu du ciel disparut et un brouillard froid et épais nous enveloppa; pour nous réchauffer nous allumâmes un grand feu et nous attendîmes avec patience la fin de ce lugubre entr'acte; le guide nous assurait qu'il ne serait pas de longue durée. Peu de temps après, le brouillard, en effet, se dilata et perdit de ses ténèbres, le soleil se montra à l'horizon, comme un noyé flottant sur l'eau. Le froid se dissipa et la vapeur, dans un instant, ne fut plus qu'une légère gaze voilant, avec une séduction piquante, les charmes de la nature, et puis tout finit et tout reparut sous les derniers efforts du vent. Il y avait eu tant de jouissances dans ce décor inattendu, que nous n'aurions pas donné cette journée pour de longs mois de la vie ordinaire.

C'était la tristesse de l'âme, dans les inquiétudes d'une conscience troublée qui songe à revenir vers le devoir, et qui, enfin, reçoit le baiser de son Dieu; baiser de paix et de réconciliation. La descente a encore plus d'agrément que l'ascension : l'œil s'enivre de verdure et plonge sans cesse dans les glaciers de Crabrioules et de la Maladetta; et l'âme contemple en se berçant dans une douce rêverie. Une mélancolie divine monte au cœur : délicieuse poésie communiquée par les grandes œuvres de Dieu.

On peut faire cette course par Montauban ou par Juzet, voie ordinaire. A cheval, passez par Juzet et Sode, et vous irez descendre dans la direction de Cier-de-Luchon ; moi je vais suivre le chemin de Montauban, pour revenir par où vous êtes montés. Un sentier en lacets vous élève de ravissements en ravissements jusqu'aux prairies d'Erran ; le vert tendre de ces riches pâturages vous plaît d'autant plus qu'il tranche sur le bleu outremer des éternels sapins dont les rangs pressés et innombrables promettent l'aisance à la commune. Erran, en souvenir de son paysage, a toujours tinté à mon imagination comme une rêverie d'ermitage. Tout y semble propre à recevoir un solitaire, et à le mettre en communication directe avec le Créateur : les beautés des horizons, le monde bruyant et vaniteux de la saison des bains, les hauteurs qui rapprochent du ciel, les prairies où broutent l'agneau et la chèvre, le ruisseau qui jaillit sous une roche en un jet de cristal, les grandes forêts avec leurs murmures mystérieux et leurs solennelles symphonies; tout y séduit. Et je défie une âme mélancolique et ardente, qui apprécie le monde à sa juste valeur, qui ressent pour Dieu un amour vrai, de ne pas éprouver en parcourant ce site, un sentiment de solitude, une pensée d'ermitage.

Après avoir traversé la prairie, arrêtez-vous à la grotte du Chat, nouvellement découverte; elle mérite une visite par son cachet d'originalité. Nous la devons à un chasseur qui était à la poursuite d'un chat. Au moment de le frapper du plomb de sa carabine, le chat disparaît dans une fente de rocher. Le chasseur ne perd pas espoir; il remplit l'ouverture de feuilles sèches, y met le feu, espérant le déloger par la fumée qui, au lieu de ressortir abondante, semble s'en aller par un long couloir. Le chasseur constant comme un montagnard, aura le dernier mot de ce mystère et le lendemain il escarpe la roche, troue un passage, se glisse à plat ventre dans un corridor obscur, et, comme poussé par un génie, il avance toujours, quand l'espace s'agrandit et lui permet de respirer à l'aise; enfin il se dresse et se trouve debout dans l'intérieur de la terre, humant parfaitement un air frais et pur. Il allume alors une bougie; et grand est son étonnement, en se voyant dans un appartement vaste, tapissé de grappes de raisins étincelants, sous l'influence de la lumière, comme des diamants. Il ne pense plus à son chat, mais il se touche, il parle, il marche, il frotte ses yeux, il se figure rêver. Persuadé qu'il est debout sur ses deux pieds, avec sa raison et non couché dans son lit, il sort joyeux et court faire part de sa découverte. Il en fut naturellement constitué introducteur, et reçoit une redevance pour l'indemniser du chat perdu.

Cette grotte, à une telle hauteur et dans un pays de merveilles, devait avoir quelque chose d'étonnant. Et, en effet, ses cristaux, au lieu d'être blancs, ont la couleur du fer, une teinte générale au chocolat. Elle est ferrugineuse ; les parois de la muraille sont richement ouvrés comme une cotte de maille aux reflets de nacre.

Si cette grotte était restée intacte à l'abri du vandalisme des touristes, telle que le hasard l'offrit au chasseur, elle aurait été un bijou, un véritable écrin, mais elle a été dévastée ; chaque visiteur désirant un échantillon, a frappé brutalement sur ces beautés séculaires, formées goutte à goutte par la patience du temps ; et ces morceaux brisés, dépouillés de leur lustre, de leur frais et étincelant velouté, sur un chambranle ou dans un cabinet de savant ne ressemblent plus qu'à des pierres du chemin que l'on heurte du pied ou du bâton, ou à ces fleurs, ornements de nos jardins qui, séparés de leur tige, ne sont bientôt que des herbes desséchées et viles.

A la place, où la Providence les avait façonnées et encadrées, ces stalactites avaient un langage qui réjouissait l'esprit et le cœur. Dans les entrailles de la terre, elles ont de la vie, elles sont belles, et me disent des choses qui me plaisent dans leur idiome antique et profond ; là, au contraire, dans ces cimetières de débris et de morts, elles demeurent muettes, disloquées, brisées, difformes ; elles ne sont même pas des cadavres.

Laissons donc les choses à leur place : Dieu fait bien ce qu'il fait, et pour la vilaine satisfaction d'un égoïsme inintelligent, ne souillons pas le beau, et ne livrons pas que des ruines à l'admiration des hommes qui doivent venir après nous. Les plus petites choses sont grandes dans la nature; et en fait de délicatesse, de sentiments, rien n'est petit.

La grotte visitée, trois quarts d'heure après, on arrive sur la crête de la montagne, au col de Panech. Par là passèrent en Espagne de nombreux émigrés, durant la tourmente révolutionnaire. Cette route, trop difficile, n'est fréquentée que par le contrebandier, qui se rit de la fatigue et du danger. Un jour, pour notre plaisir, nous franchîmes ce col et allâmes dîner à Bossost. Quelle descente ! quel soleil ! quelle fatigue ! quelle journée ! à dix heures de la nuit seulement nous rentrions à Bagnères par le Portillon ; tous ayant une blessure, et promettant énergiquement que plus jamais nous ne referions une telle folie.

Enfin nous arrivons, par des pelouses, à Bocanère qui élève son dôme majestueux à notre gauche, entre la vallée d'Aran et les rives de la Pique. Bocanère, vue splendide, parallèle parfait du Montné : ils sont comme les deux observatoires des Pyrénées, placés au centre, pour que les voyageurs puissent s'asseoir, au somptueux banquet de la création, donné par cet ouvrier qu'on nomme l'Eternel. Ils semblent s'isoler des autres pics, pour qu'on puisse les voir d'un seul coup d'œil : on embrasse l'immensité qui s'étend du golfe de Gascogne jusqu'aux rivages de la Méditerranée. On n'aperçoit qu'un peuple de montagnes assises sous la coupole du ciel. Elles sont rangées en amphithéâtre comme un conseil d'êtres immobiles et éternels. Nulle part, comme de Bocanère, on ne saisit l'imposante beauté des glaciers de la Maladetta, ruisselants de lumière.

Cette course devrait être la course classique des amateurs de montagnes, et de tous ceux qui ont besoin de rajeunir leur cœur blasé, et de se rapatrier avec l'idée d'un être infini. En y trouvant le contre-poison de l'athéisme, on sentirait son âme s'ouvrir aux douces et célestes émotions. Oui, sur cette croupe, on apprend à aimer et à adorer ; et si votre cœur reste froid, cadavre pour cette vie, quelles seront vos angoisses après la mort ?

Nul repas ne se fait d'aussi bon goût que sur cette montagne. Il est à regretter que là, comme dans toutes les courses de sommet, on soit livré à toutes les ardeurs du soleil ; nulle part un arbre hospitalier, une roche en saillie. Pourquoi nos guides ne s'habitueraient-ils pas à porter de légères tentes ? elles seraient si utiles et si aimables. Il est encore à regretter que les sources, soient parfois si éloignées ; le vin a toujours des animations vives et redoutables sous un soleil de feu.

C'est là que j'ai vu un des plus effrayants précipices de nos montagnes ; pour le regarder on est obligé de se coucher sur la poitrine, et d'allonger la tête avec précaution. Debout, on serait gagné par le vertige. J'en ai vu un semblable à la Salette.

Cet abîme est si profond, si vertigineux, si aride, si rocheux, si lugubre, si désolé, si épouvantable, que la vie en semble bannie ; l'oiseau de proie, lui-même en a horreur ; c'est le domaine de la mort. Il est dominé par un énorme rocher, enveloppé de lichens noirâtres ; de loin on le prendrait pour une vache pétrifiée, pour la divinité monstrueuse de ce lieu maudit. De cette roche est venu le nom de Bocanère.

Je m'assis sur cette roche noire, les jambes pendantes sur l'abîme ; les yeux errants sur l'immensité lumineuse des glaciers et des pics qui se confondaient avec la lumineuse immensité du ciel. Je n'aurais pu dire, tant les deux lumières teintées de bleu, étaient confondues à la ligne de l'horizon, où commençait le ciel, où finissait la terre. Il me semblait nager moi-même dans le pur éther et m'abîmer dans un Océan universel. Mais, la joie intérieure dans laquelle je nageais, était mille fois plus infinie, plus lumineuse et plus incommensurable que l'atmosphère, avec laquelle je me confondais ainsi. Et cette joie était une lumière, un éblouissement, une ivresse sans vertige, une paix sans accablement et sans immobilité. J'aurais vécu dans cet état autant de milliers d'années qu'il y avait de brins d'herbe dans les montagnes qui m'entouraient, sans m'apercevoir que j'aurais vécu plus d'une seconde. « Ce doit être, dit Lamartine, la cessation du sentiment de la durée du temps pour les immortels dans le ciel ; une pensée immuable dans l'éternité d'un moment. »

Une goutte de rosée m'enleva à ma rêverie sans rivages, pour me plonger dans une autre qui ne manquait pas de charme. Une goutte de rosée dit à l'âme une multitude de choses. Il y a dans son petit sein de cristal, des histoires tristes et joyeuses, des fêtes et des drames sanglants. Une goutte de rosée, peut devenir, selon la disposition de l'âme et la fécondité de l'imagination, un rubis, une douleur, un bonheur, une étoile. La joie, comme la souffrance a des larmes ; les unes rafraîchissent comme la rosée, les autres brûlent comme le feu. Il y a des larmes que l'on aime et d'autres que l'on redoute. Ces dernières, sont moins redoutables cependant que les yeux secs. Des yeux secs, sont des sources taries, dans un désert désolé. Une goutte de rosée est l'image de l'enfance, par sa limpidité et par ses reflets. Je ne pensais pas, dans ce moment où elle étincelait de feux purs et radieux, elle résumait l'histoire de l'affection qui dilatait mon cœur. Car, comme elle, après avoir brillé un instant et rafraîchi une minute la plante qui la portait, elle s'évanouit. Mais ne valait-il pas mieux encore jouir d'une seconde de bonheur que de l'ignorer tout à fait? Beaucoup disent: que le regret est une souffrance. Vaudrait-il donc mieux n'avoir jamais connu?

Cette goutte de rosée était une larme sur l'abîme, un sourire sur un gouffre affreux. Que de vies qui brillaient comme elle au bord du gouffre où les a poussés la faiblesse, l'or, le désespoir ou le crime! Perles avant de tomber et fange après leur chute. Et je leur disais: courage! me souvenant de ces vers de Hugo: que je lui souhaite de relire et de méditer dans son âme:

> Pour que la goutte d'eau sorte de la poussière,
> Et redevienne perle en sa splendeur première,
> Il suffit, c'est ainsi que tout remonte au jour,
> D'un rayon de soleil ou d'un rayon d'amour.

De cet amour qui pardonnait et sauvait Madeleine.

Mais dans ce monde où toute pensée a une limite, où tout délicieux sentiment a son prompt réveil, il fallut songer au retour. De quelque côté que vous vous disposiez à descendre, il est prudent de marcher une demi-heure à pied.

En descendant par Artigues, on se donne une jouissance continuelle; on a toujours sous le regard les forêts de Superbagnères, les vallées de Larboust et d'Oueil, la dentelure du port de Vénasque, et la vallée de Luchon que l'on revoit sans cesse avec une nouvelle satisfaction ; on ne se fatigue pas des beautés que l'on aime ; c'est ce sentiment qui fera le bonheur du ciel. On traverse des champs, des prairies et l'on arrive au village d'Artigues, nid d'aigle au sommet des rochers. A quarante ans d'intervalle, il a été deux fois incendié par le feu du ciel. Lors du dernier incendie, j'avais huit ans : c'était le soir d'un dimanche ; nous étions à jouer sur l'allée de la Pique, quand nous aperçûmes les flammes qui dévoraient ce village ; l'on aurait dit l'éruption d'un volcan. Chose étonnante ! l'église fut seule épargnée, et cependant les ardoises du clocher étaient rougies par le feu. Tous les habitants étaient aux champs quand la foudre se jeta comme une torche sur les chaumes ; aussi ne vit-on dans cet incendie providentiel qu'un Dieu vengeur frappant un peuple de son mépris pour le dimanche.

Dans ce village et dans tout les villages des montagnes, perchés aux flancs des rochers, comme des aires d'oiseaux de rapine, faites respirer et vivre de longs jours un homme qui a de l'intelligence, un homme qui jusqu'à vingt-six ans, n'a fait que développer son cœur, son âme, son esprit par un travail continuel, et par les plus nobles et les plus belles études, placez autour de lui une population grossière, sans culture, n'ayant d'autre connaissance que celle des champs et des bestiaux ; ne pouvant choisir, au milieu de tout ce ce peuple rustique, une âme au contact de laquelle il puisse dilater la sienne, une âme qui devienne la sœur et l'amie de la sienne, une âme enfin qui le comprenne et avec laquelle il puisse causer la langue de son pays, et alors vous comprendrez la position du prêtre dans les montagnes.

Passer une vie entière ainsi continuellement tête-à-tête avec soi-même, ses livres, son papier, avec le rustre intéressé et égoïste; vivre, comme enseveli vivant dans un tombeau, il y a quelque chose qui dépasse la nature et que l'on ne pourrait envisager de sang-froid humainement parlant. Mais tout s'explique et devient clair, lorsqu'on laisse tomber un rayon de surnaturel dans ces ténèbres épaisses. Dans le cœur de ce prêtre intelligent, mettez l'amour de ses frères, l'esprit de sacrifice et de mortification et vous comprendrez cet héroïsme admirable.

Et ce prêtre est heureux, malgré ses épreuves et les difficultés qui l'environnent. Il est heureux parce qu'il fait le bien à l'enfant, le bien au jeune homme, à l'homme mûr, au vieillard, et le bien à tout instant; il est le civilisateur de ces âmes comme il en est le père. Il est heureux parce qu'il aime Dieu et qu'il porte en lui la paix du ciel et l'amour de ses frères.

Il est vrai qu'aux délices, aux séductions, aux enivrements du monde, il ne peut opposer qu'une vie pénible, laborieuse, une vie de consomption; mais la croix de Notre-Seigneur fait sa douceur, sa consolation, son espérance.

Voyageurs, mêlez ces pensées aux beautés des sites et vous rentrerez meilleurs à Luchon, et aussi plus heureux.

CHAPITRE XXIII

MALADETTA

L'homme créé pour la gloire, se laisse séduire par tout ce qui en est l'image. C'est ce qui explique son amour pour toutes les grandes choses et son empressement autour de tout ce qui a de l'éclat et de la réputation. Un grand nom, un magnifique monument, un site splendide, un phénomène extraordinaire l'attire, le séduit et l'exalte, laissant toutefois un vide au fond de son âme, qui demande pour être comblé quelque chose de plus divin : c'est le sentiment de l'infinie perfection qui s'éveille en nous, et prouve l'existence d'un être supérieur.

Quelque sommet que vous ayez déjà gravi, partout et toujours votre œil a admiré au loin les glaciers de la Maladetta, vous enivrant d'enthousiasme. Et ce nom de la Maladetta, vous l'aimiez parce que c'était le nom d'une puissance, d'un géant, d'un colosse, et ces glaces étaient pour vous le brillant diadême dont cette reine parait son front. Souvent, sans doute, la voyant étaler au-dessus des autres pics son éblouissante toilette de cristal, vous l'avez jalousée, et dans ces moments si naturels à notre humanité, qui vous saisissent malgré vous à l'improviste, comme elle vous auriez voulu dominer les grandeurs de la terre et dépasser toutes les cimes du génie.

Vous aimiez ces glaciers qui reflétaient les rayons du soleil et s'entouraient d'un vêtement de lumière, et, comme eux, vous auriez voulu resplendir à travers les siècles d'une éblouissante immortalité.

Vous aimiez ces glaciers vierges que l'homme n'avait pas foulé de son pied, ni terni de son souffle, et, comme eux, vous auriez voulu, libre de tout joug, de toute entrave, ne jamais connaître l'esclavage de l'homme, et la flétrissure humaine souillant votre cœur pur.

Maintes fois, ces glaciers, ont fait palpiter votre cœur et ont donné à votre âme un charme, une vie, une puissance inconnus ; et, après les avoir longtemps contemplés, vous ne les quittiez que tournant vingt fois la tête, pour leur dire : au revoir.

C'est que tout dans la Maladetta étonne, surprend. Elle possède et dépasse toutes les grandioses beautés que nous avons vu ailleurs. Elle a la nature des autres montagnes, mais une nature agrandie, développée. Au milieu de toute cette armée innombrable de pics, elle en est le Goliath, le Titan. Fille aînée du créateur, elle semble, d'un seul coup, en avoir presque épuisé la fécondité, tant elle a de force et d'ampleur. Nul lac, dans les Pyrénées, ne peut être comparé à celui que le voyageur rencontre au-dessus de la gorge de Grégonio. Ses ondes se suivent et se succèdent, dans une étendue d'une centaine d'hectares, et viennent laver d'immenses blocs de granit, répandus à profusion sur les bords. Ce sont ses éternels visiteurs, à défaut de touristes qui n'osent affronter sa hauteur de 2700 mètres. Le soleil, les pics, les nuages, la lune, l'aigle et les glaciers se mirent dans ses eaux bleues.

Les plus beaux sapins de toute la chaîne, ceux dont le front est presque toujours couvert de nuages, et qui ne se balancent qu'au souffle des tempêtes, et qui ne voient que l'aigle se reposer sur leur cime, ce sont les sapins qui drapent, de leur manteau à noir velours, la pente qui incline vers l'hospice de Viella.

Qui n'a entendu parler du fameux chaos de Gavarnie, visité par toutes les illustrations, applaudi et chanté par tout ce qui a une plume et une lyre ? Eh bien ! ce chaos n'est qu'un petit gravier, qu'un jeu d'enfant, à côté des rochers gigantesques entassés l'un au sommet de l'autre, dans le col de Salenques, à une hauteur à peu près de 3,000 mètres. La route qui conduit à ces débris de montagnes est un champ de glace.

Quand on a vu les précipices de la Maladetta, on n'ose plus nommer ainsi les autres gouffres. Volontiers, si on pouvait ainsi parler, on s'amuserait sur les autres abîmes, tandis qu'au souvenir du pont de Mahomet on sent encore le sang se retirer vers le cœur et les cheveux se dresser sur la tête. C'est bien, en effet, ce pont que le prophète plaçait entre le ciel et l'enfer. Suspendez une roche, à une hauteur de 3,400 mètres, large de 80 centimètres, sur une longueur de 30 mètres, brisée, entamée, disloquée par la foudre, le vent, la tempête et la glace, entre deux précipices plus profonds que la mer ; et puis passez là-dessus, fatigué, grelottant, entre les fascinations et les gémissements de la mort, et vous aurez une faible idée du pas de Mahomet.

Vous avez cru parfois, comme moi, rencontrer la solitude dans vos courses ; erreur : ce n'en était que le prélude, une ombre. La voici au-dessus de cet amphithéâtre de neiges éternelles, gémissantes sous le poids des pics, triste, désolée, profonde, immense, glacée. Çà et là la monotonie des plaines blanches est brusquement interrompue par des milliers de blocs, accumulés à la surface ou précipités en désordre au bas des glaciers. Dans cette immensité d'étendue, il y a encore l'immensité du silence, un hiver perpétuel, pas de vie, et celle qui est dans vos veines et dans votre poitrine semble diminuer ; vous sentez une oppression qui vous inquiète. La glace seule y a vie ; on l'entend agir sourdement, ronger le granit, et, mineur infatigable, elle le mord, le creuse, le brise en débris qui tombent sans cesse ; et ce bruit est la seule pulsation de ce désert. Cette solitude chasse l'isard, rejette l'aigle et se nomme la mer de glace.

Delille décrit ainsi cette nature :

Là le temps l'un sur l'autre entasse les hivers,
L'œil ébloui n'y voit que de brillants déserts,
Que des plaines de neige ou des rochers de glace
Dont jamais le soleil n'effleura la surface ;
Des frimats éternels et des brouillards épais

Éteignent tous ses feux, émoussent tous ses traits ;
Et soit que le jour naisse, ou qu'il meure dans l'onde,
La nature y sommeille en une horreur profonde.

Au sein de toutes ces horreurs, il y a une petite parure, un rayon de soleil, une fleur : la renoncule glaciale s'élance vigoureuse de ses riches touffes vertes, et dilate ses grandes fleurs pourprées. N'est-elle pas l'emblème de l'amour divin adoucissant les amertumes et les aspérités de la vie ? La Providence, dans sa délicatesse, n'oublie aucun détail.

Vous avez vu de vastes horizons se dérouler à vos pieds, et votre regard s'illuminait d'allégresse, sous le prestige de féeriques panoramas ; ici, sans exagération, vous avez les Pyrénées à vos pieds ; et, comme si les choses de la terre étaient trop petites pour être vues à de telles hauteurs, le regard ne plonge que dans l'infini ; il ne rencontre que le vaporeux éther. Vous êtes dans le domaine de l'imagination, et mieux dans le domaine du mystère. Dieu n'est mystère que parce qu'il est trop élevé au-dessus de la nature. Notre reine a cependant parfois des moments de transfiguration ; alors elle donne l'extase de la contemplation.

Extraordinaire dans ses sites, la Maladetta ne peut être gravie comme les autres montagnes. Pour arriver à son pic Néthou, il faut un pied, une jambe, une poitrine, une tête à part ; quelque chose dans son organisme de supérieur à la nature ordinaire. Il faut à ses pieds les spadrilles catalanes, ou une chaussure armée de crampons en fer qui, par leurs morsures dans la glace, vous mettront à l'abri de chutes continuelles. Souvent il faut la hache et toujours le bourdon pour sonder la glace et éviter les crevasses ; car elles dévorèrent Barreau, le doyen des guides. Ici on ne peut marcher séparé, sans risquer une mort infaillible ; il faut s'attacher par des cordes, à des distances de deux ou trois mètres, pour que les chutes ne soient pas dangereuses.

Il vient un moment où, sous un soleil d'été qui brûle votre front, le froid fait grelotter vos membres engourdis ; pour échapper à ces terribles sensations, pour ne pas en devenir la victime, il faut un costume complet d'hiver ; et il est d'autant plus nécessaire, qu'il faut camper deux nuits sur la glace, pour escalader cette immense redoute. Tout cela ne suffit pas ; car de même que l'homme sait voyager à travers les sables brûlants, parmi les écueils de l'Océan, dans les plaines de l'air, sur les routes de la terre, il doit aussi savoir se conduire et voyager à travers les gouffres, les crevasses et les nombreuses et périlleuses difficultés des glaces. Et ainsi équipé on arrive au sommet du pic Néthou, fier de ses 3,404 mètres.

Toutes ces difficultés vous expliquent pourquoi ces immenses glaciers sont restés si longtemps inconnus, et pourquoi ils ne furent foulés, pour la première fois que le 20 juillet 1842 par l'intrépide Français, M. de Franqueville, suivi du Russe, M. de Tchihacheff habitué aux vastes glaciers de la Sibérie et des monts Ourals. Ils mirent à faire cette ascension quatre jours et trois nuits. Depuis cette époque, plusieurs autres ascensions ont été exécutées, et le nom de ces intrépides touristes est inscrit sur un papier conservé dans un flacon, soigneusement placé sous une roche. Parmi les noms de ces triomphateurs des hautes cimes, le nom d'Henri Russell-Killough, brillera en première ligne. M. Lézat en a fait comme le boulevard de ses observations.

On comprend maintenant pourquoi ce colosse doit avoir la primauté sur toutes les autres montagnes pyrénéennes. Si la couronne n'est venue se placer que si tard sur son front sublime, l'ignorance seule en est cause. Pourquoi d'abord le Canigou, le pic du Midi de Bigorre, le Vignemale, le mont Perdu-de-Gavarnie, ont-ils eu avant lui les honneurs de la royauté, la gloire éclatante d'un triomphe sans rival? L'obscurité, les ténèbres épaisses qui enveloppaient d'un manteau d'humilité la cime du Néthou, en furent la seule raison. Et pourquoi s'étonnerait-on de cette erreur pour les pics, lorsqu'elle est si malheureusement répandue dans les appréciations des hommes? Pourquoi des esprits secondaires, même vulgaires, étalent-ils un éclat emprunté aux premiers rangs, aux premières dignités? parce qu'on laisse dans les ténèbres les esprits supérieurs; et de même que la faiblesse physique avait peur de la Maladetta, la faiblesse morale redoute ces intelligences; et comme l'éclat du soleil sur les glaces blesse les yeux timides, l'éclat de ces nobles âmes inquiète l'ignorance servile. Ce qui est plus malheureux, c'est que parmi les hommes les premières places ne sont dues, le plus souvent, qu'à la jalousie et à l'intrigue.

Enfin ce qui nous frappe encore dans la Maladetta, ce sont les immenses glaciers, d'une étendue environ de 6,000 toises, qui, en se partageant en vastes nappes, dans trois enceintes séparées, nous rappellent le souvenir de la Trinité, qu'on retrouve dans tous les grands phénomènes de la création.

Les glaces offrent, par leur nature peu connue, des détails intéressants. Tandis que leur volume augmente, à la superficie, par les couches de neige qui tombent tous les hivers, elles perdent de leur épaisseur intérieurement par suite de la chaleur qui existe sous elles, entretenue par la douce température du sol et par l'absence d'air froid ; de telle sorte qu'il se forme sous ces énormes croûtes de glace de vastes souterrains, des grottes gigantesques ; et, si l'on y descend par des crevasses, on est tout surpris de rencontrer sous la mort la vie, sous la désolation des frimais le charme et la poésie des vallées : il y a une douce température, des mousses, de petits arbustes, des gazons verts, même quelques fleurs. Poésie du cœur des vieillards sous la neige du temps. D'autres fois, sans y trouver des contrastes si aimables, on y admire des cavernes intérieures ; des gouffres épouvantables, creusés par l'eau dans la glace, où mugissent des cascades écumantes ; on y entend le grondement sourd des vents qui se mutinent d'être prisonniers dans ces humides cachots, et leurs éclats de rage, lorsqu'ils brisent les murs de ces prisons, et qu'ils en lancent au loin les débris comme un volcan déchaîné.

Voici comment Dulord, dans une assez noble poésie, nous montre ces phénomènes :

> Mais entre ces deux pics à sourcilleuse cime,
> A vos yeux effrayés s'offre un profond abîme,
> Quelle cause a formé le précipice affreux ?
> Serait-ce des torrents le cours impétueux,
> Qui parmi les rochers s'échappe d'âge en âge ?

Non, d'un agent plus fort cet abîme est l'ouvrage ;
Au centre de la terre, avec effort bridé,
Et dans ses souterrains par le feu débandé,
L'air frémit en vainqueur que l'obstacle courrouce,
Il s'élance, et soudain une horrible secousse
De la glace ébranlée a fracassé les flancs.
Elle s'est entr'ouverte : sous ses éboulements
On voit jaillir puissante une nouvelle source,
D'un rapide torrent ils ont troublé la course ;
Plus loin un mont superbe à grand bruit s'est perdu,
Et l'abîme effroyable à l'instant a paru.

S'il est vrai que le corps s'imprègne des parfums qui l'enveloppent, et que l'âme soit le miroir de tout ce qui l'entoure ; qu'elle soit comme le mystérieux clavier que font résonner les objets et les actions qui l'environnent ; s'il est vrai que le mal entre dans l'âme comme l'onde dans le navire après l'avoir pressé, tourmenté de ses flots irrités, et que le bien et le beau se communiquent également avec de fortes influences ; ici alors, avec une nature prodigieusement sublime, une nature à part, notre être tout entier devra se changer. En effet, quelque chose d'inaccoutumé s'agite dans notre âme, lui donne la fièvre, un de ces enivrements inconnus et profonds, dont les saints doivent seuls posséder le secret.

Il semble que l'on a laissé en chemin toutes les petites passions qui se remuent dans la partie inférieure de l'âme, comme des animaux impurs au fond des bourbiers. Dans cette voie, qui nous élève et nous porte vers le ciel, vers des beautés plus durables et nous éloigne de la terre, on ne pense plus à toutes les misères qui inquiètent, troublent et rapetissent l'homme ; on oublie même ces jouissances de la vie, semblables à ces petites étincelles qui courent dans les cendres. L'âme se dilate, l'esprit s'agrandit, les sentiments s'ennoblissent, les aspirations deviennent célestes. On sent le front se couronner, comme ces pics que l'on foule, de la couronne royale ; on sent que l'on est au-dessus de la nature, et on est convaincu qu'il y a un Dieu. Et avec Lamartine on se prend à dire : « Oh ! je m'en souviens, je n'étais plus un homme, j'étais un hymne vivant, criant, chantant, invoquant, remerciant, adorant, débordant en effusions sans paroles ; un cœur ivre, une âme folle, agitant, promenant aux bords des abîmes un corps qui n'éprouvait plus sa matérialité, qui ne croyait plus ni au temps, ni à l'espace, ni à la mort, tant la vie du céleste amour qui venait de jaillir en moi me donnait le sentiment, la jouissance anticipée et la plénitude de l'immortalité. »

Et enfin sur ces monts plus grands qu'une basilique, plus grands qu'un grand roi de France, plus grands qu'une mort fastueuse, on peut s'écrier bien mieux que le grand orateur chrétien : « Dieu seul est grand. »

CHAPITRE XXIV

FRONTIÈRES D'ESPAGNE : BOSSOST.

Nous allons descendre des cimes éthérées des pics, pour parcourir d'autres beautés qui, sans avoir leur éclat, leur splendeur, ont aussi leur charme, leur fascination; charme et fascination que l'on goûte d'autant plus aisément, qu'ils sont sans fatigue. Il est de notre nature paresseuse d'aimer à jouir à peu de frais; s'il faut trop dépenser, nous préférons faire le sacrifice de notre plaisir. Voilà pourquoi les joies de ce monde ont de si nombreux clients, tandis que l'on compte aisément les cœurs qui ambitionnent les félicités du ciel.

Venir, aux frontières d'Espagne, en voir les monts, en respirer l'air, en fouler le gazon et ne pas visiter une de ses villes, ce n'est pas possible? Ce n'est pas possible, quand on connaît l'histoire de ce pays, qui maintenant, comme un vieux vétéran, se repose à l'ombre des lauriers du passé;

ce n'est pas possible, lorsque l'on connaît les luttes et les combats que nous avons soutenus contre lui.

Il me semble qu'il y a des souvenirs historiques tellement puissants, que l'on donnerait une partie de sa vie, pour voir les lieux où ils se sont passés, et les hommes qui en ont été les héros ; mais si on ne peut voir la réalité, on veut toujours en connaître l'ombre, l'image et c'est avec bonheur qu'on respire leur air et on foule leur terre. Mme de Staël a écrit. « Les pays célèbres en tout genre, alors même qu'ils sont dépouillés de leurs grands hommes et de leurs monuments, exercent beaucoup de pouvoir sur l'imagination. Ce qui frappait le regard n'existe plus, mais le charme du souvenir y est resté. »

La ville d'Espagne la plus voisine et celle que l'on visite le plus facilement, est Bossost. Les calèches vous y portent et vous ramènent le même jour, par Cierp, Saint-Béat, et Fos. Nous, nous passerons le Portillon à cheval.

C'était un beau jour de vacance, celui qui nous avait réunis, au nombre de sept condisciples et qui nous voyait partir à cheval par le Portillon, pour revenir par Cierp.

La course est un peu longue, mais elle fut si riche en émotions variées, qu'elle passa rapide comme ces étoiles qui le soir changent de place et filent au firmament. Il n'y a rien de si joyeux qu'une troupe amie de séminaristes. Nulle part : au sein d'aucune autre jeunesse on ne trouve un rire si franc, si subit, si plein, si constant. Leur âme est tranquille, toutes les sensations s'y mirent, comme se mirent sur la surface paisible d'un lac limpide, l'arbre, le brin d'herbe, l'oiseau, l'insecte qui passe. Ils rient de ce rire qui est le bien-être de l'âme, la plénitude et le charme de la vie :

jamais il ne cache l'ombre d'une pensée triste. Ce rire est le rayon de soleil pur, sans nuage, folâtrant à travers un paysage délicieux. Le rire de l'homme du monde, ne vient qu'à certaines heures, il a toujours une arrière pensée, un alliage, un son faux, quelque chose de trouble ; celui du jeune homme du sanctuaire éclate, et toujours en éveil sur les lèvres, il s'épanouit comme la fleur ; il a en lui, un je ne sais quoi qui se communique ; on le regarde avec un bonheur jaloux.

Nous partions donc, riches d'une gaieté qui ne devait pas se démentir un seul instant. Au train du galop, nous traversâmes la vallée de Burbe et arrivâmes au Portillon, diminutif caressant, qui dit le peu de rudesse de son passage. Ordinairement on s'y donne la fantaisie de chanter, de lire ou de manger, un pied en France et un autre en Espagne. En passant, on admire un instant quatre sapins, vrais tambour-majors de la forêt : en vain le feu, la hache, les orages et les siècles sont venus les heurter de leurs flots dévastateurs, ils restent toujours debout, comme des vétérans morcelés par la mitraille. Après une descente rapide, on débouche en face d'une petite maisonnette, le corps de garde des carabiniers espagnols. Si vous vous souvenez de celui des Français, au pied de Castel-Vieil, dans la comparaison vous trouverez toute la différence des deux peuples, aux frontières. Le Français offre la propreté et l'urbanité, et l'Espagnol le demi-sauvage, une terre à moitié défrichée. Et le soldat, ce défenseur de la patrie, qu'on aime d'environner d'une auréole, de probité et de gloire, n'offre ici que le spectacle d'un mercenaire.

A la chapelle de Saint-Antoine, quatre murailles lézardées, la vue devient grandiose ; on s'y arrête instinctivement, pour jouir un instant d'un vaste et vigoureux tableau. En face, une montagne nous présente sa poitrine immense, recouverte de pâturages, de forêts et de roches ; au bas repose en paix une vallée luxuriante, fécondée par les eaux pétillantes du Gar, qui se déroule en nombreux replis, sur de verts gazons, comme s'il voulait tous les baiser, ou ne jamais quitter leurs bords enchanteurs. A droite, la vue plonge vers les sources de la Garonne, et s'éparpille à travers les nombreux villages, dont les murailles blanchissent sur la croupe des collines, comme des troupeaux de brebis; à gauche c'est Lez et Canéjean dont la montagne porte deux nations, et l'on se demande pourquoi ? Il y a des limites naturelles qui devraient faire rougir les caprices de la politique. Ce n'est pas sans des desseins particuliers, que la Providence a placé de distance en distance, comme des bornes, des montagnes et des fleuves, afin de parquer, pour ainsi dire, les peuples et les nations.

Il est singulier que notre Garonne, le plus beau cours d'eau des Pyrénées qui arrose les terres les plus fécondes et les plus poétiques, qui réjouit et égaie le peuple le plus spirituel et le plus fin de France ; il est singulier, dis-je, qu'il aille chercher son origine aux flancs de la Noguera ? A coup sûr, les Gascons n'eurent jamais voix aux nombreux conseils des deux nations ?

On avait cependant parlé, il y a quelques années, de réunir, au département de la Haute-Garonne, la vallée d'Aran, et de donner, en échange, une partie équivalente dans la Cerdagne ; mais ce projet a eu le sort de tant d'autres choses. Que de grains que l'on jette en terre et qui meurent !

Du reste, quoique les Espagnols du val d'Aran, trouvent plus commode de s'approvisionner chez nous, d'imiter notre costume, de parler notre langue patoise, ils sont loin d'être Français. Ils me disaient avec le patriotisme du Cid : « Plutôt, plutôt mourir, que cesser d'être Espagnol. » Et de tels sentiments sont nécessaires aux limites. Le sentiment national grandit avec les montagnes frontières.

Et puis les Espagnols de cette vallée, éloignées des grands centres vivent comme en liberté, dans une large indépendance des lois et de la police, et cela vaut bien son grand prix.

Il faut finir, devant la chapelle, ces raisonnements politiques, une rampe de cailloux mobiles, de lavasses glissantes, se présente à vous, et vous risqueriez, surtout à cheval, de heurter de la tête contre un fatal rocher. La descente opérée, nous entrâmes dans Bossost. Bossost ordinairement si triste, si enfumé, si déguenillé et si mendiant, semblait ce jour-là métamorphosé.

L'homme avait jeté sur sa tête son onduleuse catalane, couleur de feu ; il avait revêtu sa veste de velours noir et de vert foncé, où tranchaient des boutons cuivrés et à sonnettes ; il étalait sur sa poitrine sa large et longue ceinture de soie violette ; il avait chaussé sa légère spadrille et ses bas bleu-de-ciel, noués au-dessous du genou par des jarretières élégantes, aux extrémités desquelles pendaient des bouquets de grelots au bruissement argentin. Ce costume, avec un linge et une figure fraîchement lessivés, une taille élancée et bien découpée, donnait aux hommes un air délicieusement pittoresque.

Les femmes, surchargées de soieries et de dentelles, ressemblaient assez à ces vendeurs qui courent les foires, cachés sous les flots de leur marchandise. Leurs têtes étaient voilées à la façon des madones. Le sujet de cette réjouissance était légitime. Bien des jeunes gens et d'hommes mûrs avaient quitté la vie sans en avoir vu une de semblable. Depuis cinquante ans le sacrement de la confirmation n'avait pas été administré dans ce pays, et ce jour-là l'évêque d'Urgel réparait la trop longue négligence de ses prédécesseurs.

Ce qui nous frappa le plus dans cette longue cérémonie, ce fut la grande quantité d'hommes et leur profond recueillement. Tandis que chez nous l'homme, trop souvent, rougit de sa religion et qu'il a la faiblesse et la lâcheté de la railler et de la jeter aux enfants comme une vieillerie, l'Espagnol se souvient que les grands hommes et les grands courages de sa nation avaient la foi ardente; il se souvient de ses moines, la terreur de nos soldats, et en qui la bravoure et le patriotisme se développaient avec l'amour de Dieu; et qui nous ont durement appris qu'une nation de moines n'est pas une nation d'esclaves, une nation vaincue, même par le héros d'Austerlitz. L'Espagnol aime donc sa religion, persuadé qu'il y trouvera ce qui fait le charme véritable de la vie, et ce qui donne à son âme les nobles, les généreuses, les sublimes aspirations.

Le peuple d'Espagne sans religion serait depuis longtemps couché dans les fers, et se serait endormi du dernier sommeil dans une lâche servitude. Si maintenant il est assoupi, il aura son réveil; il a dans ses veines plus que le sang des Brutus, il y a celui de son Dieu qui régénère et vivifie; et quand il le voudra, il sera debout et prêt au combat. Cette pensée me préoccupait en voyant les rangs pressés de ces hommes qui se préparaient, dans le recueillement et la prière, à prendre place au banquet sacré, quand je fus distrait par un bruissement considérable de clochettes. Un instant je crus qu'un troupeau envahissait l'église. Le moment solennel du sacrifice était annoncé par une grande quantité de clochettes de tons variés et harmonieux, attachées à une roue mise en mouvement. Cette sonnerie originale surprend toujours la première fois.

L'église, vieux lambeau d'archéologie, étant visitée, nous nous dirigeâmes vers Lez, village intéressant par son château, ses eaux minérales et son site. Bientôt nous étions sous Canéjean, à quelques pas du Pont-du-Roi. Dans la nuit, les habitants de la contrée disent qu'on entend parfois, le long de la route, des gémissements et qu'on y voit des flammes errantes. Ces peurs ont leur côté vrai.

Depuis quelques mois avait éclaté, terrible et sanglante, une guerre trop funeste entre la France et l'Espagne. La vallée d'Aran, occupée par nos troupes, était devenue administrativement française; cependant l'Espagnol des frontières, comme celui du centre, frémissait d'impatience sous le joug de l'étranger, et le maudissait de toutes les puissances de son âme; on avait commis des horreurs et des représailles sanglantes, épouvantables, dignes des peuples les plus féroces et que ma plume et mon caractère se refusent à écrire.

Aux désolations de la guerre, la famine ajoutait en

France ses cruelles angoisses, redoublées par le blocus continental ; aussi la contrebande se faisait sur une grande échelle, et souvent les douaniers en venaient aux prises et aux coups de fusils avec les chasseurs de montagne. Voici un épisode de ces temps malheureux :

La nuit du 14 au 15 du mois d'août 1814, deux chasseurs de montagne, portant de la cassonnade d'Espagne pour la revendre en France avec un gain net de six francs par livre, entendirent, non loin du Pont-du-Roi, un tambour battant la charge. Ils n'osent avancer, ils craignent la rencontre de l'ennemi ; mais ayant aperçu, avec leurs yeux de contrebandiers, un tambour et un sergent espagnol, ils devinent le danger, tuent les deux ennemis de leurs balles meurtrières, et, rapides comme l'éclair, ils vont porter l'alarme à Fos ; déjà le trouble et la consternation gagnaient ce peuple, à la vue des cadavres que les flots du Gar roulaient comme des troncs d'arbres. Dans un instant les habitants de Fos sont sur pied, et attendent résolument l'ennemi. Il était temps ; ils venaient d'échapper à une ruine complète.

Des soldats espagnols, évitant nos sentinelles, arrivèrent à Canéjean, et soulevèrent cette population aux cris de vive la patrie ! vive l'Espagne ! mort au tyran ! Au nombre de deux cents, ils forment le projet de tomber sur Fos paisible sur la foi des traités, d'égorger les habitants sans distinction d'âge ni de sexe, et d'ensevelir les cadavres sous les ruines des maisons embrasées. Cette troupe barbare marchait, quand elle rencontra plusieurs chars portant des provisions et des tonneaux de vin et d'eau-de-vie, à notre garnison de Bossost. Les révoltés massacrent tous les conducteurs et en jettent les corps nus et mutilés dans le torrent ; et après avoir répandu le sang, ils burent l'eau-de-vie. Ces égorgeurs, tous ivres et incapables de se conduire, se débandèrent et jonchèrent la route et les champs de cadavres vivants. Le tambour et le sergent restèrent seuls debout, jusqu'au moment où ils divinrent les victimes de nos chasseurs.

Une vengeance éclatante punit ce massacre : tous les révoltés furent pendus le long du torrent et abandonnés en pâture aux oiseaux de proie. Canéjean en gardera éternellement la trace, comme le forçat garde l'empreinte du fer qui a marqué sa peau.

Fos est un gros village. On passe en jetant un coup d'œil sur son pont en marbre blanc et on arrive à Saint-Béat par un bassin large et fertile, où grincent et tapagent un grand nombre de scieries de planches, qui sont une des fortunes du pays.

Saint-Béat est vraiment une porte d'Espagne ; il est étranglé, aplati entre le Gar et deux rochers arides, taillés à pic et s'élevant, d'un trait, dans les régions des nuages. Le vent siffle et folie sans cesse dans sa longue rue. Il y a des maisons qui s'appuient sur la roche, et d'autres qui voient leurs murs lavés par les flots du torrent inquiété de cette pression et s'élargissant bientôt après. Habitant de Saint-Béat je craindrais pour mes jours ; on y est sans cesse menacé par des rocs qui s'éboulent, par les flots qui passent en grondant, par le vent qui tourmente et finit par vous démanteler.

J'aime deux choses à Saint-Béat : sa grande Vierge blanche, se détachant sur le gris blafard des rochers comme du sein d'un nuage ; céleste vision au-dessus de cette ville, pour la protéger contre les funestes et pernicieuses influences d'une demi-science et d'une demi-fortune ; et il me semble qu'elle est encore là pour nous défendre contre les ennemis de la patrie, si un jour l'Espagnol, obéissant au démon des conquêtes, voulait dilater ses frontières.

Quelle douce, belle et puissante chose qu'une vierge ainsi placée ; c'est bien le phare au sein des écueils ! Que l'âme généreuse qui en a eu la pensée soit à jamais bénie !

Ma seconde affection est pour le sanctuaire, bâti sur les ruines d'une antique forteresse. Là où grondait autrefois le bronze des batailles, là où la mort planait sanglante et lugubre, maintenant retentissent les hymnes d'allégresse et d'amour, la prière murmure ses accents pieux, le sang d'un Dieu réjouit et console, et le bronze sacré, de ses joyeuses volées, porte l'allégresse au loin dans la contrée.

La Vierge, la chapelle, les rochers, les montagnes, les ruines d'anciennes fortifications, le torrent et de vieilles charpentes forment un paysage magnifique.

J'aime encore à Saint-Béat sa carrière de marbre blanc ; elle est, sans contredit, la plus belle des Pyrénées. David d'Angers, dont le patriotisme était à la hauteur de son génie, après avoir frappé ces blocs du marteau, disait : « qu'elle était la première carrière de marbre statuaire après celles d'Italie. » Déjà de ses entrailles sont sorties beaucoup d'immortalités. Luchon lui doit sa splendide colonnade. Ce marbre serait très-précieux, si dans sa pâte ne s'étaient mêlés trop de petits grains brillants qui nuisent à la tranquillité des tons et au poli de la pierre. Nous ne pouvons passer sous silence la vaste carrière pyramidale de marbre brêche, couleur isabelle, de la Penne Saint-Martin, autrefois exploitée de la manière la plus grandiose par le peuple-roi. Saint-Béat est indistinctement appelé dans les vieilles archives : Clé de France, ou *Passus Lupi*.

Par une route ferme et sonore, nous passâmes à côté d'un étang, où l'on prend des bains salutaires, et nous arrivâmes au joli et gracieux village de Marignac, la patrie de Vivés, qui, par sa librairie religieuse, lutte vigoureusement contre l'invasion de l'impiété. On ne peut s'empêcher d'admirer son château fraîchement restauré, et qui resplendit de beauté et de grâce, au sein d'une verdure luxuriante. Au-dessus s'élève, comme un dôme antique, un mamelon noirâtre, que les savants croient avoir été jadis un volcan ; mais il faut que les laves soient depuis longtemps refroidies, attendu que le château de Saint-Martin, bâti dans la nuit des âges, y montre ses vieilles ruines.

Nous sommes à Cierp ; mais puisque le soleil se cache derrière la montagne et que les ombres de la nuit tombent dans la vallée, nous en parlerons une autre fois.

La course se termina au clair de la lune. Il ne manquait plus que ses ravissants effets de lumière argentée et d'ombres profondes sur les arbres, dans les champs, dans les ravins et sur les eaux tumultueuses du torrent, sur la route poudreuse ; il ne manquait plus que le silence et le calme que mène toujours avec elle la nuit pour couronner admirablement cette journée délicieuse. Mais, hélas ! comme toutes les choses de ce monde, elle a eu son côté désolant ; son souvenir n'est plus joyeux, la mort est venue le couvrir d'un crêpe funèbre. A peine se sont écoulées quelques années, j'ai eu la douleur extrême de perdre, sur ces sept compagnons de voyage, les trois de mes amis, les plus intimes, les plus chers. Je me console dans la douce pensée que Dieu les a trouvés trop beaux pour la terre et mûrs pour le ciel. Anges du sanctuaire, qui, sur cette terre d'exil, vous étiez assis un jour seulement au banquet de la vie et une heure au festin de l'Agneau, chantez les sublimes cantiques de l'éternité, offrez au milieu des vieillards le glorieux sacrifice, et dans vos joies enivrantes, n'oubliez pas le pèlerin de ce monde, qui vous a aimés et qui prie !

CHAPITRE XXV

VIELLA.

Viella étant un but de course pour les touristes luchonnais, nous allons, en la visitant, finir d'explorer la vallée d'Aran.

Trois heures de l'après-midi avaient sonné, lorsque je me déterminai à partir pour Viella, accompagné d'un cousin, abbé du grand séminaire de Bordeaux. Arrivés au corps de garde des carabiniers, nous prîmes le sentier à droite, qui se plonge dans la forêt ; un chemin de frondeurs. Le paysage y est des plus pittoresques et l'œil est presque toujours fasciné par le Gar qui écume et rage en vain contre de magnifiques masses granitiques, et disparaît parfois sous l'épaisse chevelure de gros arbres suspendus sur l'abîme. Nous arrivâmes en face d'un mamelon, couronné par les ruines d'un vieux château fort ; c'est Lasbordes, jadis, dans des temps plus heureux, magnifiquement nommé Castel-Léon, et commandant à toute la vallée d'Aran. Les villes suivent les destinées humaines. Il fut pris et ruiné en 1719 par le marquis de Banas, à la tête des Français, lors de la guerre de succession.

Dans ce village se passa, il y a quelques années, une scène intéressante d'amour conjugal.

Un Luchonnais, faisant la contrebande des mules, arrêté par les carabiniers, fut conduit à Bordes et jeté dans une prison en forme de four. Le vendredi saint il devait être mené dans l'intérieur de l'Espagne et certainement condamné à mort.

Ces tristes nouvelles venaient assaillir sa femme, comme des flots en courroux tourmentent un léger esquif. Toutefois cette femme énergique fut plus forte que la tempête, et malgré sa position des plus difficiles, elle conçut un projet héroïque. Elle part, armée de son Dieu et de son amour, les deux seules puissances du monde. A la faveur des ténèbres, elle franchit les montagnes, elle arrive à Lasbordes aux premières lueurs du jour. En femme adroite et résolue, elle s'informe de la prison, se fait prêter un marteau et une pince en fer, et tandis que toute la population est dans l'église, assistant aux offices divins, si touchants ce jour-là, elle se rend à la prison du côté du four, et d'une main ferme, exaltée par le péril de son époux, elle frappe à coups redoublés, perce le mur, ouvre un passage à son cher prisonnier et tous deux s'enfuient à travers les forêts par des sentiers escarpés, mais sûrs. Quand on s'aperçut de l'évasion du prisonnier et qu'on se mit à sa poursuite, il foulait le sol français. Une fois de plus il appartenait à sa femme.

La justice espagnole, ne pouvant frapper le contrebandier français, condamna à mort le maçon qui avait prêté le marteau et les pinces. Ainsi la justice des hommes engendre l'insensibilité, la dureté.

Le jour commençait à s'éteindre ; nous nous éloignâmes au plus vite de Lasbordes, espérant arriver avant la nuit profonde à Viella ; mais, demi-heure après, les ténèbres étaient épaisses, le ciel couvert de nuages ; nulle part au firmament, un rayon de lune, une étoile; et pour comble d'embarras nous étions dans un pays inconnu, misérable, incertains de notre chemin. Nous crûmes sage de nous arrêter à Aubert, que je soupçonnais être près de nous. Nous franchîmes une pente rapide, encombrée de cailloux, et longtemps nous fûmes à tâtonner dans des rues difficiles, scabreuses, sans distinguer une lumière. Nous n'osions frapper à aucune porte; et au silence lugubre, aux murs noirs, aux toitures basses, il nous semblait errer à travers des sépulcres abandonnés. Notre situation n'avait rien de rassurant ; et elle était devenue d'autant plus alarmante, que nous nous étions perdus dans le labyrinthe des rues, plus nombreuses que les maisons. Nous nous arrêtâmes indécis, lorsque, par une porte entrebâillée, un rayon de lumière providentiel nous rendit l'espérance ; nous frappions précisément dans la seule auberge du village. L'hôtesse, à mine rebondie, nous traita avec la plus grande affabilité ; mais pour tout repas, elle n'eut à nous offrir que du pain noir, du fromage et du vin servi dans un *pourrou*. Au bout de la table où nous mangions, deux Espagnols nu-tête, aux cheveux en désordre, à l'œil petit, dardant des éclairs par-dessous d'épais sourcils, au visage aplati et barbouillé de sueur et de fumée, n'ayant qu'une chemise débraillée et dont les manches retroussées laissaient voir des bras velus et musculeux, jouaient et vidaient des *pourrous*, criant, jurant et se livrant aux éclats d'une joie brutale.

Le modeste repas fini, on n'eut qu'un lit à nous donner ; il était bon et propre. La prière faite, notre arme de voyage sous le traversin, les joueurs nous paraissant suspects, nous nous endormîmes bientôt. Vers le milieu de la nuit, un grand bruit nous réveille. Les meubles étaient renversés ; il semblait y avoir lutte ; des mots durs n'arrivaient jusqu'à nous que coupés, inintelligibles ; deux ou trois paroles saisies par hasard me donnèrent le frisson. Je croyais qu'il s'agissait de nous. J'avertis mon cousin de se tenir sur ses gardes. Le tumulte s'approchait, la porte était secouée, un combat se livrait à côté de nous ; au moment de sauter hors du lit et de nous mettre sur la défensive, j'entends un corps lourd qui roulait par l'escalier ; ce bruit est suivi de gémissements, de cris de détresse, et, presque aussitôt, la porte du dehors se refermant, le calme se fit. Nous n'eûmes plus cependant l'envie de dormir, et, plus jamais, je n'avais désiré le jour avec autant d'impatience. A peine descendus, l'hôtesse se hâta de faire ses excuses sur le tapage de la nuit, occasionné, nous dit-elle, par une dispute des joueurs qu'on avait jeté à la porte en usant de violence.

Nous remerciâmes l'hôtesse, et quelques minutes après nous arrivions à Viella, où nous attendait une autre émotion. A peine entrés sur la place de cette ville, une vingtaine de jeunes gens firent cercle autour de nous ; les uns avaient un morceau de mouchoir roulé autour du front, les autres étaient coiffés de la catalane ; tous étaient chaussés de la sparteille découverte, rattachée à la manière antique. Ce costume, avec des gilets rouges et des boutons brillants, donnait à leur mine quelque chose de singulier et de farouche. Ils exécutèrent une farandole capricieuse et bruyante, poussant des cris à briser le tympan. Un instant nous crûmes être tombés dans une tribu de cannibales. Nous ne savions plus quel serait le dénoûment de ces cris et de cette gymnastique prodigieuse, quand je demandai, à celui qui paraissait être le chef, ce qu'il désirait. A sa réponse, je compris que c'était une ovation qu'ils nous faisaient ; et deux pièces les rendirent heureux. C'est ainsi que quelques degrés de plus de chaleur dans l'air changent les tempéraments et enveloppent l'âme de passions diverses. Ici tout est exalté, les éclats de la joie ressemblent aux éclats de la colère, et on se souvient que le généreux sang de l'Ibère circule toujours dans les veines de l'Espagnol.

Nous allâmes demander l'hospitalité à l'auberge de Giles, à gauche de l'église. Toute ma vie je me souviendrai de cette excellente famille. Giles, le maître de la maison, a été un condisciple ami de l'illustre Balmès. A notre arrivée, le fils aîné lisait *les Martyrs* de Châteaubriand, et parla notre langue comme un véritable Français.

Viella est la capitale de la vallée ; elle possède un grand *judex*, juge suprême ; et dans une forteresse toute modeste, restaurée durant la dernière lutte politique, réside le gouverneur. On a visité cette petite ville quand on a vu le pont, le marché, quelques belles maisons, quelques ruines et l'église. L'église en est véritablement le morceau le plus intéressant, par ses antiquités et par toutes ses richesses d'or et d'argent. Ces richesses, si nombreuses dans toutes les églises, surtout avant le vandalisme de nos armées, attestent qu'il y eut une époque où des flots de métal, roulés par les océans, inondèrent l'Espagne. On y passerait toute une journée à observer et à s'extasier devant tous les petits ouvrages d'orfévrerie et devant les ornements d'une soie admirable. Si le bon goût était à la hauteur des richesses, chaque église serait un chef-d'œuvre, une miniature merveilleuse; mais que d'or, d'argent, de diamants, de soieries, de peintures, de boiseries, n'offrant au regard que des ouvrages grotesques, qu'un mélange capricieux et burlesque de matières précieuses !

Durant les offices, on est surpris de voir les hommes et les femmes entièrement séparés. Les femmes, religieusement cloîtrées sous leur capulet noir, sont assises sur leurs talons. Il n'y a pas de chaises à l'église. Dans cet ensemble il y a quelque chose d'original et de piquant. Le clocher s'élance majestueusement dans les airs; sept cloches y forment une gamme complète. Ayant témoigné notre surprise de ne voir que des cloches neuves dans un clocher antique, il nous fut répondu que toutes les cloches de la vallée, brisées par nos troupes, avaient été changées en canons. Ainsi le bronze qui, par ses joyeux carillons, annonçait les fêtes et augmentait l'allégresse publique, qui annonçait en gais refrains l'épanouissement de la vie et les tressaillements de la maternité, et qui disait en notes mélancoliques et tristes l'heure suprême, ne devait plus avoir de tendresse et de sensibilité; et avec le bruit du tonnerre, il ne devait plus annoncer que les horreurs de la guerre et ne vomir que le feu, la mitraille et la mort.

Dans l'histoire de ces cloches, ma pensée ne vit plus que l'histoire du cœur de l'homme, quand il passe des douces émotions de la pureté aux poignantes sensations du vice.

Le tableau magique qui se déroula à mes yeux du côté de Betren, m'enleva à cette pensée. Jamais je n'avais vu une vallée plus fraîche, plus verdoyante, plus franchement poétique; elle m'impressionna tellement, qu'elle resplendit encore devant mes yeux plusieurs années après. Presque partout elle est émaillée de riches troupeaux mérinos.

Les *ganaderos*, ou pasteurs, forment en Espagne une vaste et très-ancienne association; ils jouissent de priviléges très-étendus.

La vallée d'Aran appartenait autrefois aux comtes de Comminges. En 1192, elle devint espagnole par le mariage de Béatrix, héritière du comté, avec un seigneur de la maison régnante d'Aragon. Cependant, jusqu'à la Révolution, les Aranais avaient continué à dépendre, pour le spirituel, de l'évêque de Comminges. Allons donc visiter Comminges.

CHAPITRE XXVI

SAINT-BERTRAND-DE-COMMINGES

J'ai gardé cette dernière course comme bouquet. La route de Luchon à Saint-Bertrand, très-belle à toutes les époques, a quelque chose de plus ravissant dans les premiers jours d'automne, alors que les teintes sont plus variées, plus chaudes, plus éclatantes. Cette route, que l'on néglige trop souvent à cause des soucis et des préoccupations inséparables d'une arrivée ou d'un départ, est une des beautés et des magnificences du pays. On doit la parcourir en touriste, au moins une fois, pour jouir de toutes ses séductions. Elle offre presque tous les sites des autres courses, et bien des coups de pinceau remarquables qu'on ne trouve nulle autre part.

Par un temps clair, pour ne pas vous fatiguer et pour jouir à votre aise de tous les sites qui vont se dérouler, nombreux et variés, à vos yeux ravis, faites cette course en voiture découverte.

Le pays a cela de curieux, qu'il a toutes les apparences d'une aquarelle, et mieux, d'une galerie de paysages du Poussin et de Salvator Rosa. On frapperait volontiers sur les arbres pour s'assurer qu'ils sont en bois et véritablement debout ; volontiers, on tremperait ses lèvres aux sources qui jaillissent des roches, et on froisserait de ses mains les gazons pour s'assurer que c'est bien de l'eau et de l'herbe. Et si l'on n'entendait pas le murmure des flots sur les cailloux, au fond du ravin, on croirait que la rivière entre dans la composition d'un décor.

Les chaumières aux flancs des montagnes, les troupeaux qui broutent le foin, la chèvre immobile au sommet d'un rocher, au-dessus d'un abîme ; les ponts de pierre et de bois lestement jetés sur les ondes tombant en cascades, tout concourt à l'illusion.

A votre droite, ce ne sont que prairies et champs traversés par des ruisseaux rocailleux, souvent à sec ; mais au temps des orages de vrais torrents échevelés. Ils sont ombragés par des arbres tantôt petits, tantôt gigantesques, aux rameaux desquels la vigne, robuste comme des lianes d'Amérique, suspend ses pampres et ses raisins. Rien d'animé et de saisissant comme ces pampres jaunes ou rouges, quand les derniers rayons du soleil glissent sur les pentes rapides.

La route est bordée de noyers superbes, de châtaigniers au vaste feuillage, de beaux poiriers et de pommiers qui ploient sous le poids des fruits, aux couleurs voyantes, et plus nombreux que les feuilles. Le pommier est surtout l'arbre de la vallée. Au moment de la récolte, des enfants, aux joues roses et fraîches, dépouillent les arbres à coups de gaules ou par secousses, qu'ils rendent plus vives en grimpant comme des écureuils sur les branches. Alors c'est une grêle de noix, de poires et de pommes. Les petits travailleurs battent d'une main et ramassent de l'autre. Il faut rendre cette justice aux dents qu'elles ne sont pas moins occupées que les mains; chaque enfant y met de la conscience. Il serait curieux de calculer ce que chacun d'eux croque de poires et de pommes en un seul jour.

Cependant ce travail ne les absorbe pas tellement qu'ils oublient l'étranger; et vous en voyez des essaims suivre la voiture, vous jetant des bouquets de fleurs qu'ils cueillent au bord du chemin, dans les champs, dans les prairies, et qu'ils répandent au hasard tant ils se confient en la prodigalité de la nature.

En passant, vous laissez à gauche le pont de Cier-de-Luchon. Dans le cimetière de ce village est une tombe qui attire l'attention; elle rappelle toute une longue et romanesque histoire. Une princesse voulut y dormir du sommeil de la paix, qu'elle avait perdue au sein de la soie, sous les lambris dorés; se souvenant que là, sous le chaume, dans les haillons de la misère, elle avait passé des jours purs et heureux. Quelques pas plus loin se dresse une pierre tumulaire; elle réclame la prière des morts pour un homme victime d'un accident. Il faut que la mort place partout son souvenir. Et si, à cette vue, une pensée sérieuse germe dans notre âme, ne l'étouffons pas; mêlée à notre joie, elle produira un fruit salutaire. La joie bruyante passe comme un météore ; la joie, tempérée par une pensée pieuse, est semblable à la reine des nuits.

Une demi-heure après, on entend un marteau puissant retentir sur l'enclume, et on voit sortir de derrière un rideau de verdure une maison élégante et de nombreuses constructions, dont les toitures en brique sont noires par la fumée : c'est l'ancienne propriété de M. Vergnes. Autrefois c'était une forge à la catalane, pleine de vie et de mouvement ; vingt-huit forgerons, nuit et jour, vulcains infatigables, troublaient de leur marteau les échos voisins. Durant les ténèbres, les fourneaux incandescents dégageaient une fumée rouge, criblée d'étincelles qui remplissaient le ciel de lueurs étranges. Que de fois le voyageur, en passant, a fait le signe de la croix pour échapper sain et sauf à ces visions cabalistiques.

Ces usines à fer produisirent sur moi une sensation profonde. C'est quelque chose qui vous étourdit et vous écrase. On n'entend que coups de marteaux, que grincements de limes, que bruit de rouages, que sifflements de roues, que bouillonnements du fer, que pétillements de la flamme, que bruissement du fer étincelant. Les oreilles n'entendent plus rien, tant elles entendent de choses. Les yeux ne voient plus rien, tant ils voient de mouvement, d'agitation, de feu. On respire un air embrasé, tout imprégné de fer, et à la vue des hommes à moitié nus, noirs et velus, aux prises avec le fer et le feu, on se croit transporté dans une grotte de Cyclopes. On y a peur ; il semble que l'on va tomber sous les coups de marteau, qu'un charbon de fer chauffé à blanc va vous enflammer, qu'une roue va vous saisir par quelque engrenage ; on n'ose remuer et il tarde de s'éloigner au plus vite. Quelques jours avant, le coup d'aile d'une roue décapitait un ouvrier téméraire. Les grands fourneaux qui mettent le minerai en ébullition et qui laissent s'échapper la fonte en fusion, écumante, étincelante, liquide comme la lave des volcans, étaient de véritables cuves infernales. Et un frisson de terreur parcourut tout mon corps en pensant aux horreurs réelles de l'enfer, lorsque cela n'en était qu'une image. Aujourd'hui, au sein de ces constructions, il y a peu de bruit : ce n'est pas la mort, mais c'est l'agonie d'une puissance.

Un peu plus loin, au-dessus de nos têtes, un vieux château lève son front grisâtre et mutilé par l'incendie. Durant de longs siècles, il fut la demeure de seigneurs plus terribles que le vautour qui établit son aire dans les rochers. S'il faut en croire les vieillards du pays, il s'y rattache des souvenirs sombres et lugubres Il y a des oubliettes, des trous profonds, où sont mortes, dans les horreurs de la faim, bien des victimes; si les murailles pouvaient parler, on y apprendrait des choses épouvantables.

Un des seigneurs avait eu la fantaisie, comme le tyran de la Suisse, d'exiger que le passant saluât sa toque ou son château, sous peine d'être fouetté. Et parfois la malice toujours éveillée de ces petits rois éclatait en caprices sanglants; caprices d'autant plus insolents et renouvelés qu'ils étaient impunis. Mais ce despotisme devait enfin avoir un terme. L'heure de la justice sonna son glas de mort; la colère de Dieu passa, et le despotisme disparut dans la tempête.

Mais oublions ce passé, puisque les hôtes actuels de cette vieille demeure font le bien. Ce château est digne d'une visite par son magnifique escalier en marbre rose, par ses antiques souvenirs et par sa position admirable. Il y a surtout une chapelle qui attire l'attention ; elle fut dotée de précieux priviléges. Des restes de peinture que le temps efface tous les jours y racontaient cette légende : « Un seigneur du lieu chevauchait le long du sentier qui rampe au-dessus d'un précipice, lorsque le destrier se cabre, bondit dans l'abîme ; cheval et cavalier vont s'écraser, quand le baron invoque Marie et lui promet une chapelle. A peine ce vœu a été conçu, qu'une branche d'arbre s'offre au seigneur ; il la saisit sans effort, et naturellement il est remis sur pied, tandis que le cheval se brisait sur les rochers. »

Quelques instants avant d'arriver à Cierp, on rencontre encore une maison, des canaux, des ateliers de forge ; tout cela presque neuf, effondré, détruit même, rappelle les ravages de la passion et du vice sur une jeune figure. Ces ruines précoces, ouvrage du malheur et non des années, ressemblent aux cheveux blancs sur la tête de la jeunesse. Rien n'impressionne profondément comme le désastre de la vieillesse sur un visage de vingt ans ; on est obligé d'y voir une flétrissure, une malédiction, les stigmates de l'ignominie.

Cierp est un joli village qui a un petit air de ville, surtout depuis qu'il sort de ses ruines fumantes, tout endimanché.

L'One qui le partage en deux, son pont brusque sur des flots écumants, ses scieries, sa verdure, ses maisons en amphithéâtre, en font quelque chose d'intéressant et de pittoresque que l'on ne regarde que pour regretter.

Il y a peu d'années, un ministre de l'empire parcourait cette route avec sa fille dans une calèche élégante, emportée par quatre coursiers. Animés d'une fougue extrême, les chevaux se précipitent, ils sont furieux ; en vain le postillon veut les arrêter ; ils n'entendent plus sa voix, et le frein est impuissant à les modérer. L'équipage arrive au village, avec la rapidité du tourbillon ; les chevaux, au lieu de prendre le contour, vont en droite ligne ; une seconde encore et tout roulait dans les eaux bouillonnantes du torrent, après une chute de plusieurs mètres. Un jeune homme vigoureux et téméraire, nouvellement rentré du service, était sur le pont, les bras croisés, examinant les passants et les flots, quand il aperçoit l'équipage ; du coup, il saisit le danger, et, n'écoutant que l'élan rapide de son cœur généreux, il s'élance sur le premier cheval, le renverse, et arrête ainsi, sur les extrêmes frontières de la mort, les voyageurs éplorés.

Pour récompenser le jeune homme, le ministre offrit de l'amener avec lui ; mais le montagnard avait un vieux père à soigner ; il refusa. Quelques jours après, il accepta les propositions reconnaissantes qui lui étaient faites, parceque'on assurait une pension au vieillard dont les conseils et les exemples lui avaient légué, au sein de la pauvreté, la seule et véritable noblesse, un cœur magnanime.

Si vous aviez le temps, je vous engagerais à monter au jardin du presbytère. D'aucune maison, je crois, il n'est possible d'avoir une vue plus délicieusement belle. C'est un amphithéâtre : dans l'arène où pétille et retentit l'eau des torrents, où éclate la blancheur des maisons, où reluisent les toitures d'ardoise, la verdure rivalise d'énergie et accomplit des prodiges de luxe et de magnificence. Les premiers gradins sont formés par des coteaux, couverts de riches moissons, et des montagnes drapées dans un chaud manteau de forêts ; et par dessus ces dômes de verdure frangés d'arbres vigoureux, sur un fond de vapeur, se détachent les glaciers de la Maladetta, les cimes rocheuses des pics et le Gar qui s'élance en face vers le ciel, comme une pique d'acier menaçante. Ce qui donne encore à ce bassin un aspect souverainement beau, ce sont ses grandes formes topographiques et les couleurs foncées et variées de ses montagnes, qui révèlent de fécondes carrières de marbre. Tous les anciens âges géologiques y sont représentés par les teintes gris rougeâtre de Chaum, par les teintes blanches du Gar, par la butte brunâtre de Gercy, par les teintes noirâtres de Marignac, par les teintes rougâtres et blafardes des montagnes auxquelles Cierp s'adosse.

Il me semble que cette magnifique nature doit être pour l'heureux prêtre qui l'a sous les yeux un sujet continuel d'une amoureuse et sublime méditation, et que les touches de ce clavier doivent retentir d'une céleste harmonie sous la pression d'une âme pieuse. Une telle cassolette entre les mains d'un prêtre doit faire monter, à toute heure du jour, des nuages de parfum vers le trône de Dieu.

Après Cierp on arrive, en côtoyant des rochers grisâtres, tachetés de mousses, nus, aux arêtes brusques et bizarres, à un endroit où la route, barrée par un de ces rochers, est poussée brusquement vers la rivière. Le coude passé, on se sent captivé par une belle nappe d'eau à la voix pleine et sonore. Et on est surpris de voir deux torrents qui, comme de vieilles et intimes connaissances, s'embrassent, se pressent, s'unissent et se confondent, pour ne plus se quitter ; c'est la jonction du Gar qui vient d'Espagne et de l'One qui descend du Larboust. En confondant leurs eaux ils perdent leur nom ; dès lors c'est la Garonne. C'est donc là, sous vos yeux, que ce fleuve qui féconde un des plus beaux pays de France, reçoit son baptême définitif.

La vallée s'élargit et respire. On aperçoit l'aimable villa du docteur Fontan, reposant dans un berceau de verdure. Plus loin, sur le dos d'un rocher, avait été construit le château féodal de Fronsac. Maintenant il est percé à jour, et les murailles démantelées se confondent avec le roc. Je voudrais que ces ruines du despotisme existassent toujours ; elles instruiraient les grands du monde, comme les cadavres qu'on laisse pendus à la potence, en Angleterre, enseignent la morale aux malfaiteurs.

On passe bon train à travers des paysages qui ont quelque chose de fascinateur et d'éblouissant, dorés par les derniers rayons du soleil. On salue Esténos, Sainte-Marie, Bagiry et Bertren, villages gracieux et agréables, et la vallée, de nouveau étranglée, se dilate et forme le large et magnifique bassin de Saint-Bertrand.

De l'autre côté de la Garonne, le château de Luscan, étale sa longue rangée de croisées. C'est contre lui que les révoltés de la Barousse, en 48, vinrent pousser leurs flots vivants et dévastateurs. Ils étaient conduits par un paysan, qui, quelques mois avant, avait été condamné à payer cinq francs, pour dommage causé à une prairie du château, en voulant épargner la petite rétribution exigée au passage du pont. Cette fois le paysan, maître à son tour, porte le ravage dans le château, brisant à coups de hâche tout ce qui valait cinq francs. Plusieurs de ces pillards avaient envahi et brisé les glaces et les meubles ; un seul de ces meubles restait encore intact ; en un instant un coup de massue, fait voler le couvert en éclats ; il en sortit un long gémissement qui jeta l'alarme et l'effroi parmi ces paysans ; l'un d'eux, plus hardi, frappe de nouveau, et plusieurs voix plaintives s'élèvent à la fois ; le trouble augmente, ils croient que les morts du château se sont réfugiés dans ce meuble, et, épouvantés, ils vont fuir, lorsqu'un ancien domestique les rassure en pulvérisant le piano.

A cet endroit se dresse une croix, pour rappeler aux pèlerins de la vie le chemin du ciel ; elle sépare deux routes ; l'une conduit à Saint-Bertrand, par le délicieux village de Loures, et l'autre, rampant un instant le long d'une carrière noire veinée de blanc, nous y mène plus rapidement, par Izaourt, un des plus pittoresques village du pays. On est à peine sorti d'Izaourt, que l'antique cathédrale de Saint-Bertrand apparaît, comme un immense rocher, taillé par une main puissante, se dessinant sur un fond de verdure. Cette masse majestueusement imposante, dominant la vallée, ces murailles que le temps a brunies sans les entamer, les vieilles maisons qui se groupent et s'abritent sous ses ailes, le riche et magnifique encadrement qui l'environne, tous les souvenirs historiques, féconds en événements et en palpitantes émotions qui viennent en foule l'envelopper d'un prestige féerique, tout cela, plonge le voyageur dans une profonde et muette admiration.

Quand, à la magnificence du paysage, aux beautés de la nature, viennent se joindre les œuvres de l'homme, embellies par la majesté des siècles et du malheur, il se fait dans l'âme d'ineffables impressions qu'il faut renoncer à décrire.

C'est l'histoire de l'homme.

Ce n'est qu'avec une tristesse pénible qu'on avance vers ce monument ; la terre que l'on foule est la terre des morts. On marche à travers le cimetière d'une grande cité ; et là, où règne autour de vous le calme et la solitude du tombeau, autrefois la vie éclatait dans le luxe et l'opulence romaine. Partout le soc de la charrue ou le pic de l'ouvrier heurtent contre des pierres, et exhument des entrailles de la terre des mosaïques, des tronçons de colonnes, des chapiteaux, des pierres tumulaires, des autels votifs, tout autant de ruines qui disent dans un langage muet, mais éloquent, la grandeur et l'éclat du passé, et font revivre dans l'intelligence le peuple roi et le peuple du moyen âge.

Saint-Bertrand-de-Comminges, anciennement appelé *Lugdunum Convenarum*, dut son existence, comme Luchon, à l'heureux Pompée. En général habile, il ne se contenta pas d'avoir vaincu ses ennemis, il voulut donner à la victoire des fondements durables, en la cimentant par le bienfait.

Il ramasse les vaincus qui, sans chef, seraient devenus des bandits, d'autant plus redoutables qu'ils étaient valeureux et les réunit, environ cent ans avant l'ère chrétienne, au lieu nommé *Lug-dunum*, montagne du lac, et qui devint dans la Novempopulanie, *Lugdunum Convenarum*, pour rappeler le souvenir des populations rassemblées.

Bientôt cette jeune cité, par son beau climat, par la fécondité de ses terres, par sa brillante position, par l'intrépidité de ses habitants, se développa vigoureusement sous César, Auguste et Tibère. Elle étendit au loin son enceinte ; elle eut tous les embellissements des grandes cités : son château fort et ses remparts, dont les lambeaux indestructibles défient les efforts du temps. Elle eut ses arènes, et on voit encore, avant de passer sous la porte de la ville, à gauche, le précipice où les ours et les lions se déchiraient pour le plaisir d'un peuple, criant, comme celui de Rome : « Du pain et des plaisirs. » Le plaisir, même le plus cruel, réunissait tous les hommes, comme autrefois ils se réunissaient pour la gloire. Elle eut ses Facultés et ses Ecoles remplies d'une multitude d'étudiants.

Lyon-de-Comminges, tout en suivant les péripéties de sa souveraine maîtresse, et en éprouvant tous les contre-coups et tous les ébranlements des révolutions, compta de six à sept cents ans de puissance. Il brillait de tout son éclat, quand tout à coup le vent de la discorde souleva une furieuse tempête ; les flots en courroux vinrent battre contre ses murailles, et les flots se retirèrent ne laissant que des ruines derrière eux.

Gondebaud, fils naturel de Clotaire Ier, séduit par le prestige de la couronne de France, écoute les perfides insinuations de généraux mécontents, quitte l'exil de Constantinople, lève le drapeau contre Gontran et se fait proclamer roi à Brives-la-Gaillarde.

N'ayant qu'une armée faible et indisciplinée, Gondebaud, un instant heureux, est obligé de fuir ; il espère trouver un abri dans l'intrépidité des Convènes et dans leurs hautes murailles, réputées inexpugnables ; mais il comptait sans la trahison et la peur des lâches révoltés. Gondebaud, livré perfidement à ses ennemis, est brutalement massacré; et son cadavre, jeté dans l'affreux précipice de Matacan, est livré en pâture aux oiseaux de proie.

On regrette que le crime, en appuyant une cause juste, vienne la salir et arracher de l'âme un cri de pitié pour le coupable, qui n'est plus qu'une victime malheureuse.

Comme un troupeau de loups se précipite dans un bercail, déchirant, dévorant tout ce qui tombe sous sa dent féroce, ainsi se ruèrent, dans Lyon-de-Comminges, les soldats de Gontran. Le massacre fut général; le sang coula par torrents. Rien ne fut respecté, ni l'âge, ni le sexe, ni les pontifes sur leurs autels; et le fer ne cessa de se plonger dans les entrailles palpitantes, que lorsqu'il n'y eut plus de victimes. Les ruines fumantes furent les tombeaux des cadavres; et la désolation étendit son crêpe funèbre sur cette cité détruite.

« *Nihil ibi præter humum vacuum relinquentes* » (Grég. de Tours).

Depuis cette lamentable époque, durant cinq siècles, un silence de mort pesa sur ces ruines. Lyon devait avoir une ressemblance de plus avec la ville éternelle, sa mère. Comme elle, la religion devait l'arracher à son tombeau et lui donner une nouvelle existence. La résurrection n'est-elle pas la magnifique loi du christianisme?

Le grand cœur de Bertrand, son évêque, s'attriste à la vue de cette terre désolée; et, sous l'impulsion de ses efforts généreux, les murailles se redressent, les traces désolantes des guerres passées s'effacent, les rues se décombrent, et, dans ces artères renouvelées, la vie circule abondante. Bientôt on put oublier que des siècles de désolation et de mort avaient passé sur ces lieux. Mais Comminges, l'enfant de la guerre, venu à la vie au milieu des orages, devait avoir une destinée agitée. A peine échappé à l'humeur indépendante et farouche des Baroussois, au quatorzième siècle, il fut victime des guerres de religion. Par trois fois, les sectateurs de la licence et du sacrilége pillèrent la ville de Bertrand, nom qu'elle avait pris par reconnaissance pour son second fondateur. La troisième fois, les huguenots, sous les ordres du sanglier Sus, s'y livrèrent à tous les débordements du crime qui cherche à s'étouffer sous l'enivrement de la colère. Ces hideux débordements devaient encore trouver des imitateurs dans la tourmente de 93.

Il était juste que la patrie de l'illustre prélat trouvât des bourreaux dans les ennemis de la religion et de la raison ; et les blessures profondes qu'elle a reçues de ces ennemis forment sa plus noble et sa plus glorieuse couronne. Le guerrier qui revient ensanglanté du champ d'honneur ne peut avoir de plus bel éloge que celui que les balafres ont écrit sur son noble visage.

Le Saint-Bertrand-de-Comminges que vous avez sous vos yeux n'est donc plus qu'une ville horriblement mutilée, mais magnifiquement glorieuse. Les habitants eux-mêmes se ressentent du silence de leurs murailles, et au contact des exploits, des gloires du passé et des murailles romaines toujours pantelantes sans pouvoir finir de tomber, il y a, dans leur âme, du romain et de l'impossible. Peu curieux de tout ce qui s'agite dans le monde actuel, ils vivent de souvenirs, et comme le lierre qui les environne de toutes parts, ils entourent et enlacent leurs ruines d'une étreinte indissoluble.

Nous devons cependant nous souvenir de cette antique cité ; et de même qu'il serait cruel de jeter aux murènes, comme le sage Caton, le vieux serviteur rendu inutile par ses infirmités, il serait également cruel de jeter en pâture à l'oubli la ville de Saint-Bertrand, la ville du moyen âge, la ville des Césars ; elle qui groupait sous sa puissance deux cent quatre-vingt-trois villes ou villages et neuf châtellenies ; la ville qui porte encore sur sa poitrine cette inscription :

IMP.XXV COS.
V.P.P.
CIVITAS CONVENE

« A l'empereur, 25 fois consul, cinq fois père de la patrie, la cité de Comminges ?

Deux choses maintenant peuvent captiver le regard du touriste et exalter son âme : la cathédrale et les sites.

Les fondements de la cathédrale furent jetés par saint Bertrand, sur les ruines d'un temple qui devait être consacré à Jupiter. Le portail roman et la haute tour carrée, véritable donjon, qui le surmonte, datent de son temps. Plus tard, un pape célèbre, Clément V, se souvint que, sous le nom de Bertrand de Goth, il avait été lui aussi évêque de Comminges, et il bâtit en l'honneur de son patron le majestueux vaisseau que l'on admire aujourd'hui. Décrire les beautés de cette église et ses richesses serait beaucoup trop long ; je me contenterai de dire que la boiserie est une partie remarquablement belle ; de l'aveu d'hommes de l'art, on ne trouve qu'à Amiens et à Auch un ouvrage de ce genre aussi habilement achevé et d'un goût aussi pur : plusieurs têtes avaient été modelées et perfectionnées, par les meilleurs artistes, pour le cabinet du Louvre. Rien de surprenant comme la boiserie de l'arbre généalogique de la Vierge. On se demande ce que l'on doit le plus admirer dans ce travail, de la patience ou du génie de l'ouvrier. Trop souvent on néglige les sculptures de l'orgue, travail admirable et ravissant ; appuyé sur cinq colonnes sveltes et légères, cet orgue s'élance jusqu'à la voûte, déroulant au regard émerveillé des dentelles en bois rivalisant avec celles en fil, et l'histoire des temps fabuleux. Le christianisme, aux larges idées, ne se scandalise point des images du paganisme, consacrées par les beaux-arts. Les merveilles du génie, cette étincelle divine, font toujours à l'âme une impression religieuse.

Les tuyaux de l'orgue furent arrachés par les soldats de la république, et avec les balles qu'on en fit, on mitrailla les religieux qui n'avaient pu fuir. Aux amateurs d'écriture sainte et de science, je recommande les sibylles de la fable, les sorcières célèbres, chacune avec l'attribut qui la caractérise.

Le maître-autel, qui faisait l'admiration des connaisseurs, a été défiguré, enterré sous une croûte de peinture, par un artiste maladroit, et on souhaite vivement que ces beautés soient exhumées (1). Les tableaux qui entourent

(1) Je tiens à faire remarquer que le vénérable curé de cette paroisse est tout à fait à l'abri de la critique, relativement aux travaux de l'église.

l'autel du saint, histoire vivante racontant aux yeux de tous les grands faits de Bertrand, ont été aussi malheureusement rafraîchis par des pinceaux peu habiles. Ne vaudrait-il pas mieux un noble haillon qu'un costume emprunté et de mauvais goût ?

Je vous engage à étudier le bas-relief qui forme une bordure derrière le maître-autel : c'est une œuvre à peu près finie, une page sublime de la vie de Jésus et de Marie.

Ce ne sera pas sans étonnement que vous examinerez le tombeau de Hugues de Châtillon. Cet évêque repose, depuis le quinzième siècle, sur sa couche de marbre ; son poids a fait affaisser ce lit de pierre ; et à la blancheur du marbre et à la perfection du travail, on croirait qu'il vient de s'endormir vêtu, fatigué de ses nobles travaux. Le bas-relief, qui représente le cortége suivant la pompe funéraire, complète admirablement ce splendide mausolée, ce beau travail un des chefs-d'œuvre de son temps. »

Vous n'oublierez pas de sonder du regard la profondeur de la voûte et de donner un regret aux verrières antiques, à la vue des magnifiques lambeaux du passé. Un vieux crocodille, appendu à ces murs comme un trophée de victoire, vous paraîtra une énigme dont la solution vous intéressera.

Lorsque vous aurez jugé de la soie et des travaux de broderie du bon vieux temps, par les pantoufles, la mitre et la chape de saint Bertrand ; que vous aurez touché l'anneau, enrichi d'un beau corindon et la crosse de licorne ; à genoux demandez la bénédiction du saint, baisez ses reliques et vous jouirez d'un vrai bonheur.

A peine venu à la vie, ma pieuse et sainte mère me porta

à ce tombeau, le plus vénéré des Pyrénées, et me voua à saint Bertrand. Devenu grand, mon cœur s'est souvenu de la prière de ma mère; il s'est toujours tourné vers *lui*, comme vers le pôle de ma vie; et toutes les fois que je l'ai pu, dès mon enfance, à chaque fête du saint, j'ai été coller mes lèvres sur ses reliques et recevoir le pain des anges. Je trouve là excuse et pardon pour mon long chapitre sur Saint-Bertrand.

Après cette bénédiction, le recueillement est entré dans votre âme; le silence s'est fait autour de vous, les siècles qui vous entourent vous parlent, les pierres qui retentissent sous vos pieds et que n'ont pu user cent générations passées, la poussière séculaire qui blanchit les boiseries, les ombres des vieilles voûtes qui s'abaissent pour se confondre avec les ombres des vieux tombeaux, le bruit régulier de l'horloge, lente pulsation du temps qui use tout, comme la goutte d'eau use le granit, tout cela peuple votre esprit de pensées sérieuses et vous plonge dans une rêverie infinie, rêverie vivante, palpitante, qui multiplie l'existence et l'enrichit d'une majesté idéale.

C'est sous le coup de cette impression que l'on pénètre, par une petite porte, dans le cloître, bordé de tombeaux où bruit le sourd travail des sépulcres; et loin de vous laisser cette impression, semble vous envahir plus profondément. On voit dans ce cloître beaucoup de débris, une grande destruction, çà et là des colonnes élégantes et des chapiteaux artistement fouillés, mais tous portant des blessures. « Tout annonce qu'on est descendu à l'empire des ruines; et, à je ne sais quelle odeur de vétusté répandue sous ces arches funèbres, on croirait, pour ainsi dire, respirer la poussière des temps passés. » (Châteaubriand.)

Les inscriptions y parlent nombreuses; je n'en citerai qu'une; elle nous dira, à elle seule, l'esprit de ce temps, et nous montrera que nous sommes toujours les dignes fils de nos aïeux.

> Hic jacet in turba rosa mundi, non rosa munda,
> Non redolet, sed olet quod redolere solet.

Nous n'essaierons pas la traduction de ces deux vers; elle ne saurait en rendre le sens véritable.

Nous ne pouvons quitter la cathédrale sans monter au sommet de la tour, pour y voir le puissant bourdon qui ébranle au loin les échos et les cœurs. De là se déroule à vos regards une nature si riche, si féconde, si variée, que Lamartine laissa échapper de son âme exaltée ce cri d'admiration : « C'est bien la plus belle vue du monde. »

A l'est, un immense bâtiment blanchit sur le plateau de Polignan; à côté fume et hennit l'impatiente locomotive; c'est le berceau de la science dans nos montagnes; c'est à cette source généreuse que la jeunesse vient agrandir son âme et féconder son intelligence; c'est là que se sont formés tant d'hommes et tant de prêtres. Salut, maison chérie, mon cœur reconnaissant vous aime et vous bénit!

Au sud, on voit le lac de Barbazan à la légende naïve; dans ses eaux maudites se reflètent les sombres tourelles du vieux manoir, accroché au roc comme un épervier. Honneur à la noble race des Barbazan! la France lui doit une belle page de son histoire, et d'autant plus belle qu'Arnaud Guilhem de Barbazan était un chevalier sans reproche, dans un temps où le roi perdait gaiement son royaume. Charles VII donna à ce héros la sépulture de Saint-Denis, à côté de Duguesclin, plus grand que nos rois, et il lui permit de porter les trois fleurs de lis de France sans brisure, avec le glorieux titre de restaurateur du royaume et de la couronne de France.

Mais si de ces bois, de ces bosquets, de ces prairies, de ces coteaux, de cette plaine riante, entrecoupée de vergers et parsemée de vignes, de ce bassin féerique où la vie surabonde et éclate en une végétation luxuriante, le voyageur retourne sa vue sur l'ancienne ville de Pompée, sur ces rues désertes et tristement parées d'herbes sauvages, sur ces maisons abandonnées, sépulcres vides. « Tout se réunit pour lui rappeler, écrivait un Luchonnais, la destinée des choses de ce monde et multiplier devant lui les images de la destruction et de la mort. Tout est muet autour de lui. Le silence n'est troublé que par le cri perçant de la cresserelle qui fend la nue et qui a établi sa demeure dans la voûte du temple; la nuit, le hibou et le frésaie poussent là aussi des cris lugubres et plaintifs, et semblent préluder au dernier chant de mort. Seule, la demeure du saint triomphe encore du temps, cet implacable ennemi des monuments des hommes. » (O. M.)

La grotte de Gargas.

Saint-Bertrand visité, si le temps le permet, vous devez passer à l'église de Saint-Just, isolée au milieu du vallon, comme si on craignait de profaner son sanctuaire et de troubler ses mystérieux souvenirs par un importun voisinage. Cette église, construite des débris de temples païens, est un type remarquable d'architecture romane.

Ordinairement, de Saint-Just on va visiter la grotte de Gargas, peu éloignée de Saint-Bertrand. Sur cette route on trouve encore des traces des Convenæ, des lambeaux de la voie *Tiburinis*, une tour en ruine, un piédestal où la statue de Minerve a été brisée avec sa religion, des morceaux de ces vieux aqueducs, dont le peuple romain avait le secret et la puissance d'exécution.

Après avoir marché quelque temps par un petit chemin alpestre, on arrive à l'improviste et saisi d'admiration en face de la vallée de la Neste riante et belle, un immense parc anglais. La Providence, toujours attentive, a préparé ce coup d'œil fascinateur au touriste, pour donner à la sueur le temps de sécher, et pour le mettre à l'abri des surprises de l'air froid de la grotte, toujours dangereuses.

Cette grotte, la plus grande des Pyrénées après celles de Niaux et de Bédeillac, aux abords de Tarascon, est une merveille dans son genre. Deux heures ne suffiraient pas pour en examiner les curiosités. Dieu, en créant des merveilles dans les entrailles de la terre, comme en jetant des trésors dans les abîmes de l'Océan, a voulu non pas nous témoigner sa fécondité inépuisable, mais nous montrer que rien dans une œuvre ne doit être négligé, même les choses qui nous paraissent insignifiantes et cachées.

Le plafond, les lambris, les tapisseries, le parquet, l'ameublement de ce salon de la nature, tout a été façonné par une goutte d'eau. Le temps, fécondé par une puissance suprême, et une goutte d'eau, mettent donc au défi les plus habiles et les plus riches ouvriers. Ailleurs la goutte d'eau use, détruit, dévore, ici artiste infatigable, portant dans son sein une matière calcaire, elle façonne, arrange, construit. En marchant sur le sol, on croirait marcher sur une grande cotte de mailles mauresque, dérobée par quelque derviche à un palais enchanté. Entre les mailles brillent de petites flaques d'eau qui se métamorphosent en cristal et tendent à unir le parquet. Aux murailles sont appendues de riches draperies, tissues de pierres précieuses qui lancent des feux. Des colonnes, admirablement tournées, s'élèvent à une grande hauteur, couronnées de larges chapiteaux, et semblent soutenir le plafond ; car ici, en dépit de toutes les règles de l'art, il y a un plafond, non une voûte, et on est comme effrayé de cette observation : on craint que le poids colossal de la montagne ne fasse craquer cette charpente et ne nous enterre sous ses débris. Toutefois, malgré l'incompréhensibilité du mécanisme inconnue de nos architectes, on peut y rester en toute sûreté ; elle résiste depuis des siècles, et les détonations violentes d'armes à feu n'ont pu l'ébranler.

Çà et là cependant, comme dans les bas côtés d'un édifice religieux, on voit la voûte se dessiner en ogive fine et audacieuse, en dôme majestueux, et le tout ornementé de nervures régulières. Et avec un peu de bonne volonté, secondée par le clair obscur, on voit dans l'intérieur des chaises, des tribunes, des candélabres, des jeux d'orgues, des autels fantastiquement posés sur de fabuleuses cariatides. Ce qui étonne surtout, c'est l'harmonie d'ensemble, là où la nature paraît agir en aveugle.

Dans le silence, on n'entend que la goutte d'eau, et ce petit bruit de l'ouvrière infatigable nous rappelle le marteau, la truelle, le ciseau, tous ces instruments de l'intelligence humaine, dont la nature se passe à merveille.

J'ai visité une fois cette grotte, dans les meilleures conditions, pour connaître toutes ses richesses. Nous y étions 250 élèves, ayant chacun une torche à la main. Jamais elle ne s'était vue si illuminée; et, dans sa joie, elle nous dévoila tous ses trésors, et nos yeux ravis croyaient errer à travers les salons d'un palais enchanté. C'était magique!

Mais ici comme là-haut sur le sol, partout où l'homme se montre, l'âme éprouve une tristesse. L'homme a des instincts de mort comme il a des instincts d'immortalité : il a porté, jusque dans ce temple mystérieux de la divinité, une main sacrilége; et les débris de colonnes et d'autels, les morceaux brisés de stalactites qui jonchent le parquet, contre lesquels le pied heurte, jettent un regret amer dans le cœur. Notre observation sur le vandalisme de la grotte du Chat trouverait ici sa place beaucoup mieux encore.

Il est rare que des grottes et des ruines antiques n'aient leur histoire et leur légende. Celle-ci, peut-être, mieux qu'aucune, pourrait vous intéresser par les récits au coin du feu, qui font pâlir. Mais sans vous parler de l'enfant rouge et de l'enfant noir, je vous dirai une vérité historique.

Cette grotte est appelée Gargas, du nom du seigneur qui s'en servait comme de prison et de cachot où il jetait ses ennemis.

Plus tard, un maçon, nommé Blaise Ferrage, en fit son

repaire. C'est de là que ce monstre, à figure humaine, sortait pour exercer ses crimes dans les environs. Il enlevait les femmes et les filles, tuait à coups de fusil celles qui fuyaient. La mort même ne les mettait pas à l'abri de sa brutalité et de sa fureur. Ce monstre les coupait ensuite par morceaux et les dévorait. Plus de trente malheureuses avaient été ses victimes, lorsque, traqué comme une bête fauve, il fut pris et exécuté le 13 décembre 1782, condamné par le parlement de Toulouse.

Le souvenir de cette histoire agite violemment votre imagination ; les colonnes semblent s'avancer ; aux vacillations de la flamme vous croyez voir les âmes des malheureuses victimes sortir des replis des rochers et errer autour de vous ; les brillants des stalactites sont des éclairs dans des orbites décharnés ; le froid de la grotte devient la glaciale respiration des spectres, et le bruit de l'eau la chute de leurs larmes ou le cliquetis de leurs os.

Alors vous sentez plus que jamais que l'homme n'est pas fait pour les cachots, pour les ténèbres, pour les entrailles de la terre, si brillantes soient-elles ; et c'est avec un bonheur ineffable que vous revenez à la douce température de l'air, à la délicieuse lumière du soleil et à toutes les beautés que la nature étale à vos regards, avec une si savante profusion.

Les plus beaux monuments d'une science profane, la plus belle théorie d'une philanthropie philosophique, les plus merveilleux effets d'un génie humain, tout cela n'est que la mort sous des formes brillantes : un squelette drappé d'or et de soie. Le plus petit rayon du soleil de la

grâce fera des merveilles, engendrera la vie. N'est-ce pas
ce rayon qui fit jaillir le monde du néant ?

La Barousse.

De Saint-Bertrand, on peut visiter la vallée de la Barousse. Par ses ruines, ses sites, ses beautés, ses souvenirs, elle formerait le magnifique tissu d'un ouvrage très-intéressant. Elle a été appelée avec justice la Savoie des Pyrénées. C'est la vallée des contrastes, le jardin et la prairie adossés à des forêts majestueusement lugubres et à des montagnes chauves, hérissées de pierres cassées, brisées, et recouvertes généralement d'une teinte blafarde.

Le touriste y éprouvera des émotions variées et profondes ; mais il hochera tristement la tête en pensant aux nombreux habitants qui disputent le pain aux rochers. On y voit la *source de la faim* et la *roche damnée*. Cependant les seigneurs de Comminges aimaient ces solitudes alpestres et désolées ; peut-être était-ce d'un de ces amours que les bêtes sauvages ont pour les lieux abandonnés !

Les habitants, isolés de tout grand centre et de toute grande communication, y poussent comme des sapins, et leur âme est inculte.

A Troubat, on montre la tête de Carnaval ; jadis c'était le buste de Janus, rival de Jupiter ; on l'adorait en tremblant ; aujourd'hui ce dieu déchu grimace et fait rire. A Créchets on voit un énorme bloc erratique, d'une prodigieuse carrure ; la science dit que ce grès siliceux est venu de Montné. Sans doute sur les ailes du vent ou des hirondelles. A cet effort de la science, la chronique, pour le moins aussi imaginative, ajoute qu'un jour, Bertrand, porté sur une mule, trouva la route barrée par le roc; il communique sa pensée à sa monture, et le docile animal, à coups de pieds, rejette ce bloc de l'autre côté du chemin. Et lorsqu'on voit sur ce rocher le fer de la mule, on serait tenté de croire à cette légende, plutôt qu'à la première. La foi a des ressources que la science ne connaît pas.

Ce qui intéresse surtout dans cette vallée, ce sont les ruines de Bramevaque, parce qu'elles seront toujours humides des larmes de deux grandes princesses. Et malgré un secret plaisir de voir les puissants du monde humiliés, quand on les voit broyés comme le vulgaire sous les coups de l'adversité, un sentiment de tristesse vient assombrir l'âme. La première victime fut Marguerite de Comminges, infortunée princesse qui ne connut de la vie que la souffrance. Jetée dans les cachots de Bramevaque, en 1421, par son cupide et brutal époux, elle n'obtint justice que vingt-trois ans après; mais elle ne respira l'air de la liberté que pour mourir; il était trop fort pour un être brisé par les cruelles étreintes du malheur.

Marguerite, reine de France, fut la seconde victime; digne fille d'une cour voluptueuse, elle mérita l'exil de Bramevaque; mais ce n'était pas à Henri IV, son époux, de la punir avec tant de rigueur. Chose que j'ai déjà vue bien souvent : les plus dignes de pitié ou de mépris sont les plus sévères.

Quoi qu'il en soit, c'est là qu'elle gémissait; non loin, on montre la pelouse où elle cultivait des fleurs, et d'où son œil dévorait l'espace, brillant d'une espérance impuissante. A côté de l'église, on lit sur une pierre modeste le nom de Marguerite. L'histoire cependant nie l'authenticité de cette pierre tumulaire.

Mille contes ont rendu, dans le pays, les ruines de Bramevaque fameuses et redoutables ; le soir, à la veillée, devant le foyer où pétille un feu nourri, les enfants se serrent contre leur mère, les entendant raconter de la bouche des vieillards, et la peur donne le frisson aux conteurs eux-mêmes.

En m'éloignant de ces ruines qui se gravent dans l'esprit comme un remords, je me mis à penser à une vie future : deux Marguerites, l'une chaste et vertueuse, l'autre Madeleine inconvertie, et qui ont eu sur la terre une destinée également malheureuse. Ne faut-il donc pas un Dieu et une autre vie pour redresser, par-delà le tombeau, une telle injustice ?

Maintenant, après toute cette moisson abondante d'émotions, de beautés, de charmes, de ravissements et d'extases, vous pouvez songer au départ. Pour toute l'année, votre âme est largement approvisionnée ; la disette ne se fera point sentir, ni à votre cœur, ni à votre imagination. Le vent des distractions qui donne l'oubli, les jours et les mois qui accumulent les ruines, respecteront le souvenir de Luchon.

Mais à votre bouquet pyrénéen, tel que je vous l'ai offert, il manque une fleur, et vous ne pouvez la cueillir que sur le col d'Aspin, en allant à Bigorre par la montagne. Le souvenir d'Aspin fera toujours palpiter mon cœur !

CHAPITRE XXVII

LA NATURE EST UN BEAU LIVRE

Toute œuvre du génie a un reflet de grandeur et de beauté qui réjouit l'esprit, dilate le cœur et exalte l'âme ; mais la même œuvre a des défectuosités, quelque chose qui parle de l'ouvrier imparfait, borné ; et l'on ressent d'autant plus ces faiblesses de l'art, qu'on les examine avec soin.

Il n'en est pas ainsi pour les œuvres de l'Artiste suprême ; elles défient le regard le plus pénétrant et le plus sévère, et elles exciteront d'autant plus l'admiration qu'on les aura étudiées, analysées avec plus de loyauté et de science. Que d'intelligences de bonne foi se sont senties éclairées de la véritable lumière au contact assidu de l'œuvre de la création ! Il y a autant de perfection dans l'atôme qui se balance dans le rayon solaire que dans l'astre lumineux qui le dore ; dans l'insecte qui bruit sous l'herbe, que dans le royal habitant du désert ; dans le brin de mousse du rocher, que dans le majestueux cèdre du Liban. Partout on trouve le divin Artiste ; celui qui possède tous les trésors du génie et de la perfection ; rien ne laisse à désirer, il a tout prévu, tout coordonné, tout harmonisé.

L'homme, intelligence servie par des organes, n'est jamais si fortement impressionné que par tout ce qui parle, à la fois, à son âme et à son corps ; et quand ces deux impressions se réunissent dans une mutuelle et profonde sensation, c'est ce qui produit en lui l'extase.

Il fallait donc à l'homme un livre spécial qui pût atteindre ce but unique, en le saisissant à la fois par les yeux et par l'âme. Il fallait un livre où toute créature, grande ou petite, pauvre ou riche, ignorante ou savante, pût lire, pût comprendre et pût apprendre ; et ce livre magnifique, ce beau livre, Dieu nous l'a donné dans la nature.

Les pages les plus sublimes de ce livre incomparable sont les montagnes.

C'est ce qui a été bien compris par Michelet, quand il dit dans un style, toutefois d'une orthodoxie équivoque : « Tout livre humain est petit en présence de ce grand livre, vivant, imposant, si pur. Devant lui tout fait pitié. Les livres, même religieux, mystiques, ici sont de trop ; les religions spéciales (œuvres des hommes) ont la voix trop faible, souvent fausse, devant cette religion qui les domine, les embrasse. Dieux du monde, faites silence. Laissez-moi entendre Dieu. »

Devant toute la magie de leur style, l'élévation de leur pensée, la vaste étendue de leurs sentiments et de leur infinie délicatesse, devant l'ampleur de leur morale, tous les brillants, toutes les étincelles de la littérature profane s'éclipsent, disparaissent. La nature y plane au milieu d'un nuage lumineux, avec la force et la puissance de l'aigle.

Nous allons donc feuilleter quelques pages de ce beau livre ; puissions-nous réveiller l'esprit du lecteur, et lui donner le goût d'une étude et d'une méditation puissamment féconde et sans rivage !

La nature a été le grand livre des saints ; ils y ont lu les merveilles de l'amour divin ; ils y ont trouvé l'inspiration de leur plume, parfumé leur âme ; et, en cela, ils n'ont fait qu'imiter les saintes Ecritures qui se parent sans cesse des charmes et des richesses de la création. Les auteurs profanes eux-mêmes demandent à la nature une vigueur nouvelle et leurs plus nobles inspirations.

Quel ouvrage plus répandu, plus facile à faire suivre et plus facile à comprendre ? Partout où nous portons nos pas, il est avec nous ; partout où nos regards se reposent, ils le rencontrent ; sans effort il distrait notre regard et captive notre âme. Cent fois abandonné, cent fois il revient ; ami incomparable, il ne se fatigue jamais ni de notre indifférence, ni de notre mauvaise humeur, ni de nos mépris, ni de nos délaissements. Il devine nos peines et nos fatigues, et il s'offre à nous pour les adoucir et les alléger. Il reçoit nos confidences et nous fait les siennes ; et on ne sait ce qu'il y a de plus doux, de lui parler ou de l'écouter. Conseiller plein de sagesse, il nous instruit en nous égayant ; il nous gronde en nous distrayant ; il nous dirige et nous entraîne vers le bien, en nous récréant. Dans ses jours de fête et dans ses caresses, il glisse tant de joie dans notre âme qu'il l'enivre d'amour et de parfum.

Il sait donner à la fois toutes les délices de la mère et toute la poésie du berceau.

Selon les caprices ou les dispositions de notre âme, il est amusant, gai, riant, frais, humide, couronné de fleurs, entouré d'harmonie, ruisselant de poésie, pétillant d'amour, délirant, ou bien grave, sévère, majestueux, triste, pensif, effrayant, rêveur, solitaire, profond, sage, sublime, divin. Jamais il n'est pris en défaut, jamais il ne boude ; il est toujours l'ami du moment, vrai, parfait.

Examinons ce beau livre plus en détail.

Les montagnes

Les montagnes nous rappellent les plus grandes circonstances du Christianisme.

L'arche s'étant arrêtée sur une montagne d'Arménie, la famille du premier patriarche comprit que la colère de Dieu s'était calmée, et que la paix devait désormais flotter inaltérable dans les plis de l'arc-en-ciel. Cette paix si chérie des mortels, et souvent si inutilement poursuivie, reçoit un fondement durable et particulier dans la loi qui est donnée à Moïse sur le mont Sinaï en feu.

C'est sur une montagne qu'Abraham nous initie à la grande loi du sacrifice, de ce sacrifice qui devait enchaîner le dragon dans l'abîme et conquérir le ciel sur la montagne du Calvaire. Jésus avait une prédilection singulière pour les montagnes; Il fait entendre sa parole régénératrice, aux multitudes dociles et enthousiastes, sur la montagne. C'est sur une montagne qu'il dévoile un rayon de sa divinité à ses disciples intimes ; c'est sur la montagne, plus près de son père, qu'il prie et qu'il aime ; c'est sur elle qu'il veut placer la lumière afin que ses rayons aillent au loin dissiper les ténèbres ; c'est sur la montagne qu'il nous donne une mère et nous inocule son amour ; c'est là qu'il expire. Et quand il quittera les hommes, une montagne lui servira de point d'appui pour s'élancer dans les régions de l'immortalité. Par cette prédilection, Jésus voulait nous apprendre le mépris des bas fonds, et graver à jamais dans nos âmes, le *sursum corda*.

Je comprends encore cette affection de Jésus pour les montagnes. Ne sont-elles pas, après l'homme le plus beau monument de la puissance divine ? Elles sont la brillante épopée de la création. De tous les travaux des hommes les pyramides sont le chef-d'œuvre, et qu'est-ce que ces taupinées du désert à côté de nos colosses ? une goutte d'eau à côté de l'océan. Et si les pyramides proclament la puissance d'un roi, les montagnes proclameront celle d'un Dieu. Elles sont vraiment les socles de la divinité ; elles obligent Dieu à se placer debout sur elles. Ce sont elles qui portent le plus haut la gloire et l'éclat de son nom ; qui exaltent sa grandeur et promulguent son empire ; et leurs cimes s'entourent d'une auréole lumineuse, rayonnement divin. Les montagnes sont les bondissements et les aspirations de la terre vers le ciel.

Ecoutez cette juste observation de Bernardin de Saint-Pierre : « C'est au sentiment de l'infini, que nous inspire la vue du ciel, qu'il faut attribuer le goût de tous les peuples pour bâtir des temples sur les sommets des montagnes, et le penchant invincible qu'avaient les Juifs à adorer, comme les autres nations, sur les lieux élevés. »

Lorsqu'on les gravit, on se sent grandir, elles semblent nous porter vers des sphères inconnues. Tout, en elles, nous paraît extraordinaire, nous enchante et nous séduit. En les voyant, beaucoup de passages des saints livres, dépouillent leur mystère et nous montrent leur vérité. Il y est dit : « Toute consolation, tout amour, et toute fécondité pour l'âme vient du haut de la montagne divine qui est le Seigneur. » Comme toute fraîcheur, toute vie, toute richesse vient de la montagne pour la plaine. Elle est le réservoir, le bassin fournisseur et inépuisable des eaux jaillissantes, qui portent avec elles le charme et l'abondance de la nature.

Plus les âmes sont élevées en perfection, plus elles ont grandi en amour, plus aussi leur front plonge bien haut et puise, dans la sphère divine ces grâces fécondes qui l'enrichissent des trésors de la sainteté. De même pour les montagnes ; plus elles s'élèvent dans les hautes régions de l'air, plus elles se couvrent de glaces, plus elles s'enrichissent de sources abondantes qui se changeront en verdure, en fleurs, en fruits, en moissons splendides.

Oui, la Providence n'a lancé si haut ces croupes de granit et de quartz et ces aiguilles métalliques qu'afin d'attirer les orages et les pluies, et alimenter les fleuves qui, presque tous, prennent leur source dans les lieux élevés, et nous montrent ainsi que l'élévation et la force de l'âme attirent les grâces du ciel et engendrent les fraîches délices de la vie.

Là ne s'arrête pas leur moralité, elles flagellent l'orgueil, « vice désolant qui dévore les hommes. »

Les orgueilleux veulent s'élever au-dessus de leurs semblables, comme une montagne ; avant tout et malgré tout ils veulent dominer. Infortunés ! ils ne s'aperçoivent pas qu'ils se livrent aux coups de l'adversité. Et tandis que cette passion grondera dans leur sein, comme un volcan en ébullition, ils deviennent le point de mire de toutes les jalousies, de toutes les adversités. Les nuages se traînent toujours, comme des dragons malfaisants sur les cimes des montagnes ; c'est à leurs flancs que naissent les orages, et leurs sommets sont sans cesse frappés par la foudre : N'est-ce pas les plus hauts pics qui sont les plus désolés, et qui sont prisonniers dans une glace qui les étreint et les martyrise ? C'est de ces croupes altières que s'élancent les tempêtes et les torrents dévastateurs, et c'est là que mugit la désolante et terrible avalanche. Les orgueilleux, eux aussi, sont maudits et livrés à l'exécration publique, comme les pics de la Maladetta (Monts maudits) ; ils passent en faisant le mal, en jetant le trouble dans les cœurs et en déracinant, comme une trombe, les vertus et les généreux sentiments. Méprisés des hommes qu'ils veulent écraser sous leur puissance, ces grands, ces superbes, ces génies malfaisants, sont surtout l'objet de la colère de Dieu.

« Les montagnes se sont troublées devant la face du Seigneur, elles se sont fondues, comme la cire, devant Lui. » (Isaïe.) « Les montagnes du siècle ont été brisées et les collines du monde se sont courbées sur le chemin de son éternité. » (Habacuc.) Entendez encore le prophète des larmes et des malédictions. « Quand le Sauveur est apparu, il a brisé les montagnes, il a courbé les collines. Jusqu'à sa venue, elles levaient audacieusement la tête et rien ne pouvait les humilier, mais Lui les a brisées et courbées sur le chemin de son éternité, c'est-à-dire quand son éternité a daigné descendre jusqu'à nous. »

Les Vallées.

A côté de ces géants de l'orgueil, il y a les vallées qui nous parlent de l'humilité, et nous disent qu'ainsi peuvent se coudoyer, dans le monde, le vice et la vertu. Elles nous disent que de l'humilité, si on n'y prend garde, l'on peut échouer sur la montagne de l'orgueil. Comme aussi, il faut nécessairement passer par la vallée de l'humilité pour s'élever sur la montagne de la perfection.

Rien de gracieux, de riche et de frais comme une vallée soigneusement encaissée. Plus elle semble ignorée, reculée loin du bruit et de l'éclat de la civilisation, plus ses pâturages sont gras et parfumés, plus ses eaux sont limpides et pétillantes, plus on s'y trouve bien ; on y est heureux ! On comprend que l'on est à l'abri des tempêtes, au sein de la force et de la gaieté.

Quelle image parfaite de l'âme véritablement humble !... Elle est comme un moelleux tapis de verdure où germent et s'épanouissent toutes les autres perfections. Elle est comme le rendez-vous de tout ce qu'il y a de meilleur dans la montagne de la perfection, elle voit tout resplendir dans son sein. « Toute âme juste qui est humble ressemble à une vallée, dit saint Bernard ; et si nous gardons l'humilité nous germerons comme le lis et nous fleurirons éternellement devant Dieu. » Saint Augustin ajoute « que les humbles rapportent beaucoup de fruit. » Et la sainte épouse des Cantiques oublie les embrassements de son époux et descend dans son jardin pour y admirer les fruits des vallées. Et parmi vous qui n'a recherché ce berceau de verdure placé entre les montagnes, comme un nid dans les branches, pour y respirer l'air pur et pour y savourer le charme d'une nature enchanteresse ? Mais combien plus encore ne recherchons-nous pas une âme vallée, humble, persuadés, en la trouvant, d'avoir rencontré le trésor le plus précieux, l'amabilité la plus attrayante ; et volontiers nous reposerions toujours sur son sein.

Mais toute chose, sur la terre, a son revers de médaille, et la vallée n'en est pas exempte. Elle a ses eaux bourbeuses et croupissantes où naissent et se remuent des animaux immondes ; elle a son air vicié et corrompu et ses miasmes délétères ; elle a tout ce qui se trouve dans les bas-fonds d'une âme vile et méprisable. Saint Ambroise dit que les vallées sont les cirques, les théâtres, les forums, tous les lieux de dispute et de scandale. » La vallée c'est l'hérésie, la gentilité, car le vrai Dieu est le Dieu des montagnes et non le Dieu des vallées.

Le Torrent.

Le torrent est ce qui nous frappe le plus sur les montagnes et dans les vallées ; comme la jeunesse, ce torrent de la vie, est ce qui nous séduit le plus dans l'homme. Le torrent coule rapide, impétueux, par bonds, par sauts, en cascades écumantes, portant avec lui la fécondité ou la désolation, la poésie ou le deuil en roulant des ondes pures ou noires chargées de débris. Telle est la jeunesse de l'homme, elle passe : le matin elle vous enchante et vous éblouit; à peine avez-vous détourné la tête que déjà elle est loin, dans la plaine de la vie. Quoi de plus fécond que cette jeunesse, et quoi de plus désolant? Le printemps riche ou pauvre fait l'automne riche ou désolée. Les fleurs font les fruits ; mais quand les fleurs ont été brûlées par les ardeurs du vice, ou gelées par les glaces de l'égoïsme, ou emportées par le tourbillon de l'orgueil et les tempêtes des passions, alors la jeunesse n'est plus qu'un squelette dépouillé, et on passe à côté de cet arbre maudit en branlant la tête, en signe de tristesse.

Il y a des torrents impétueux qui n'aiment que les rochers âpres, qu'une solitude aride ; c'est la jeunesse mondaine : son cœur est de pierre, son âme insensible est un désert. En vain vous y chercheriez une larme pour la misère, un soupir pour l'amitié, un regret pour la mort : son front profondément sillonné par la lame du vice n'est plus ce miroir limpide d'une âme pure, où l'on voyait passer les émotions du cœur les plus légères, où la douleur trouvait un nuage, et où la joie voyait briller un éclair. A force d'émotions violentes elle est devenue usée, impassible; une seule chose s'y voit comme sur les bords de ces torrents : la désolation.

Il y en a d'autres, au contraire, qui n'aiment que les berceaux de verdure, que les bords fleuris et enchanteurs ; ce sont les plus rares, c'est aussi la jeunesse vertueuse. Les torrents contenus, ce sont les passions dirigées et formant les vertus. Le torrent sert de comparaison à tout ce qui signifie impétuosité, fureur, ravage. Le conquérant, l'hérésie, le crime, ce sont des torrents. Mais ce qui doit nous réjouir aussi, c'est qu'il représente les délices du ciel : « Les saints seront enivrés des délices de votre maison, et, vous les abreuverez, Seigneur, du torrent des voluptés célestes. »

Les Eaux.

Du grand nombre des torrents viennent les eaux abondantes qui nous entourent, et font de notre ville une île flottante de verdure. L'eau ainsi répandue fait la richesse et la beauté singulière de notre pays. Et cela veut dire que notre âme ne sera embellie que par les eaux de la grâce. La terre et l'âme ne sont lavées, purifiées, fécondées, rafraîchies, désaltérées que par les eaux. Et le prophète a écrit avec raison : « Le juste sera comme l'arbre planté près du courant des eaux, qui donne des fruits en son temps, dont les feuilles ne tombent point, et dont les rejetons seront prospères. »

Le Saint-Esprit dit encore : « Celui-là est abominable devant Dieu qui boit l'iniquité comme l'eau. » Saint Grégoire nous enseigne, que cette image représente très-exactement l'action du pécheur, qui, sans crainte, sans scrupule, sans hésitation, sans remords, se permet les choses les plus coupables, comme on boit rapidement et sans difficulté la coupe d'eau qu'on porte à ses lèvres. »

Quand vous tremperez vos lèvres dans le cristal de nos eaux, demandez-vous s'il en est ainsi? Demandez-vous encore, si malheureusement « les eaux prises à la dérobée sont pour vous les plus douces ? » Vous qui connaissez le don de Dieu, ce n'est point de celles-là que vous demanderez, « vous aurez soif de cet eau qui désaltère dans le temps et l'éternité. » Et vous répéterez avec Isaïe : « C'est de vous, ô mon Dieu, que mon âme a soif. » Et vous direz encore avec lui, en songeant au suprême Médecin, dans les ondes où se plonge votre corps : « Lavez-moi Seigneur, lavez-moi toujours. »

La limpidité des eaux laisse briller les cailloux à travers, de même un visage d'honnête homme laisse briller les vertus.

L'Abîme

Si les montagnes parlent de l'âme, si le torrent nous dit son impétuosité, l'abîme nous enseigne sa profondeur. « Dieu des chrétiens ! c'est surtout dans les eaux de l'abîme et dans les profondeurs des cieux que tu as gravé bien fortement les traits de la toute-puissance. Jamais je n'ai été plus troublé de sa grandeur, que lorsque j'avais l'immensité sur ma tête et l'immensité sous mes pieds. »

Dans nos courses, vous avez vu des abîmes profonds comme la mer, abîmes insondables, abîmes vertigineux, où l'œil erre avec effroi et s'égare. Et ces abîmes de la nature ne sont qu'une faible idée de l'abîme que chaque homme porte dans son cœur. Saint Augustin dit : si l'abîme se mesure à la profondeur, le cœur de l'homme est un abîme. « Et l'Esprit-Saint, avec son regard, qui illumine les ténébres les plus épaisses, dit hardiment : « le cœur de l'homme est un abîme. »

Il est un abîme dans le mal, comme dans le bien. Dieu qui est le bien suprême est cet abîme qui désespère l'œil de la science et que ne peut sonder la malice la plus savante. Il y a des abîmes que Dieu creusa pour l'ange rebelle : et l'homme, qui peut choisir, les a préparés !

Il est dit, avec une certaine vérité, que le visage est le miroir de l'âme ; mais que de fois, derrière cette glace, il y a des profondeurs insondables ! La parole de l'homme vous frappe, vous voyez son regard briller, vous le suivez dans ses actions, là cependant ce n'est pas l'homme, vous voyez à l'extérieur une vérité ou un mensonge, mais la pensée vous échappe, c'est l'abîme. Vous êtes réjoui par les paroles de l'amitié ; ses caresses vous ravissent : sont-elles vraies ? abîme ; sont-elles fausses ? abîme. L'homme ne peut se sonder lui-même, jamais il n'a vu le fond de sa nature, comment cela vous serait-il possible à vous étranger ? L'abîme de sa nature est insatiable, mais le plus avide est l'abîme du cœur dépravé : il dévorerait les royaumes, les empires, le monde, l'enfer, le ciel : « l'abîme appelle l'abîme. »

Ce qui est un mystère pour l'homme ; pour Dieu est l'éclair de sa justice. Il dissipe les ténèbres. « Le Seigneur sonde l'abîme et l'âme des hommes, et pénètre dans les replis de leur cœur ; aucune pensée ne lui échappe et aucune parole ne se dérobe à lui. » — « Si les hommes ont mal vécu, dit saint Augustin, voici qu'ils passent de la peine à la peine, des ténèbres aux ténèbres, des profondeurs aux profondeurs, du supplice au supplice, des ardeurs de la concupiscence aux ardeurs des flammes de l'enfer... Je tremble donc Seigneur, et votre voix m'effraie, parce qu'à la voix de vos cataractes l'abîme appelle l'abîme. » Toutefois, quelque grand que soit notre égarement, à la vue de nos précipices qui rappellent trop bien les précipices où notre âme est tombée, disons avec le prophète : « Du fond de l'abîme, j'ai crié vers vous, » et l'abîme de miséricorde se penchera pour nous recevoir.

Les Arbres.

De tout ce que nous rencontrons dans notre pays, rien ne se présente si souvent et si agréablement à nos regards, que les arbres, isolés, en bouquets ou en forêts. L'arbre, par sa vie, par son analogie avec notre organisme, est le compagnon de l'homme, son ami. Il décore les lieux qu'il habite, et il réjouit son âme. Que de choses dans l'arbre qui ressemblent aux choses de notre âme ! depuis ces demi-jours vénérables qui s'opposent et se jouent avec l'azur des cieux, comme nos joies se jouent à l'horizon de l'espérance divine, jusque dans leurs cimes augustes, agitées par les vents dont les majestueux murmures semblent entrer dans nos peines. L'arbre a son histoire comme l'humanité. Saint Ambroise écrit : « Il convient de comparer la nature raisonnable à l'arbre dont la vie imite la nôtre, qui aspire au ciel par son sommet, qui nous réjouit par sa beauté, qui étend ses branches comme de longs bras, qui se pare de son feuillage, comme d'un vêtement, et qui doit porter des fruits savoureux ; » comme ceux du cœur. Il n'y a pas d'empire qui ait des souvenirs plus palpitants, des drames plus émouvants et plus sublimes. Quoi, dans l'Empire romain, qui puisse être comparé à ce drame du Paradis terrestre qui se passe sous l'arbre de vie? Et à cette scène sanglante qui s'accomplit sur l'arbre du Calvaire? C'est l'histoire de l'enfer et du ciel. Et de nos jours, quoi de plus lugubre, que ces planches, sur lesquelles roula la tête de Louis XVI?

Mais sans me jeter dans un aperçu général, je parlerai seulement du sapin et du hêtre, ces enfants de nos montagnes.

La force, la vigueur, la beauté de la montagne, autant de choses qui frappent et charment le voyageur, sont dues « à l'amitié de deux arbres fort différents, mais sociables, le hêtre vert, le noir sapin. Le hêtre rit, le sapin pleure, n'importe; » c'est le train du monde, des joies et des tristesses. « Ils sont ensemble dans les mêmes hauteurs. Parfois, on les trouve mêlés, plus souvent voisins. Ils se partagent le domaine. Le hêtre est au flanc du midi; » La gaieté et les parures ont besoin de la lumière, des rayons du soleil. « Le sapin est vers le nord, aux pentes sans soleil, plongeant jusqu'en la vallée basse, humide, lugubre des brouillards. » L'ennui, le deuil, les larmes fuient le jour, aiment l'obscurité, le mystère. Il y aurait quelque chose de bizarre et de disgracieux à pleurer sous un beau ciel. L'âme cherche toujours un décor en harmonie avec les impressions qui l'agitent. De même que la joie est ce qu'il y a de plus rare et de plus fragile, de même le hêtre est ce qui disparaît le plus vite dans les hautes régions des montagnes. La tristesse est de tous les siècles et de toutes les contrées; fille de l'humanité, elle s'assoit à tous les foyers de l'homme. Ombre de toute âme qui a vie, elle la suit partout; de même voit-on le sapin, ce fils des rochers, pousser partout où il y a vie, et se dresser dans tous les abîmes. Avec cette différence que la tristesse est l'ennemie de l'âme et que le sapin est le plus robuste et le plus vaillant auxiliaire de la montagne. L'une ronge et tue, l'autre nourrit et sauve. Cet arbre noir, toujours drapé d'un crêpe funèbre, étend au loin ses rameaux, élève haut son front ; et, des fines pointes qui forment sa parure uniforme, éternelle, « il attire la nue vivante, électrique, la joie de la terre. »

C'est lui qui retient les brouillards, et ne les laisse disparaître qu'après leur avoir dérobé toute leur fraîcheur pour la communiquer au sol. Il n'arrive à ce résultat qu'à force de privations et de sacrifices, qu'en se donnant une constitution robuste, qu'en s'élançant d'un seul jet vigoureux, au milieu des orages. « Tout son souci, c'est de se dresser en colonne, d'être un puissant mât de navire, qui brave aujourd'hui la tempête de la montagne et demain celle de l'Océan. »

Et dans ce pontife de la nature, je vois le pontife de la religion. Comme lui il se trouve partout, et surtout où le deuil gémit. Partout il vit de sacrifices et de privations. C'est lui qui, par sa prière, appelle la rosée du ciel qui féconde et nourrit ; c'est lui qui affronte les orages et les tempêtes, pour sauver la montagne sainte, la religion.

Les sapins se chargent de siècles, le temps semble les endurcir et les fortifier au lieu de les ruiner ; ils possèdent le secret de la vie, inconnu de l'homme ; et ils montrent, sur leur écorce et dans leur sein virginal, une histoire plus ancienne que celle des obélisques et des pyramides d'Egypte.

Ces arbres sont les zouaves, la légion sacrée de la montagne ; la sobriété est leur vie, la lutte leur élément ; ils aiment le roc, les mugissements de l'aquilon ; ils grimpent à l'assaut des cimes, s'accrochent au sol avec des griffes. Et lorsque vous les voyez pressés, comme une armée en bataille, et s'étendre au loin, ne plaignez pas la montagne ; ce sont eux qui la soutiennent ; ils en sont le mortier, le ciment. Infatigables, ils sont toujours debout, prêts au combat. Leur force vient de leur union ; ils le savent ; voilà pourquoi ils se serrent, et pourquoi on les voit commencer ou finir comme une ligne de soldats tirée au cordeau. Seuls, ils succombent bientôt ; unis, ils résistent comme une muraille.

Quelle belle leçon donnée à l'homme, aux peuples et aux nations ! La force dans la sobriété et l'union.

Les ennemis de la montagne sont les orages, les torrents, les glaces, les avalanches, autant de choses qui la décharnent et la désolent. Les sapins offrent à ces ennemis leur tête et leur poitrine. S'ils ne sont pas toujours assez forts pour résister et repousser l'ennemi, ils le sont toujours assez pour paralyser sa rage et rendre moins terribles ses premiers et si redoutables caprices. Ce n'est pas sans blessures et sans victimes que ces combats se livrent. On voit des membres et des cadavres joncher le sol, comme après une bataille. Et rien de désolant comme ces débris. Je me trompe, une chose est plus désolante encore : ce sont les débris faits par la hache de l'homme. Une victime, frappée d'un poignard assassin, impressionne profondément ; mais on est sans pitié pour l'insensé qui s'immole de sa propre main. Et l'homme se frappe lui-même en coupant ces vénérables résineux « qui sont les amis du monde, qui ont enduré tant de choses, dans les âges les plus difficiles, et qui sont les derniers soutiens et les derniers défenseurs de tous les lieux exposés. » (Michelet.)

Les abattre, c'est égorger les vétérans de nos armées ; livrer les frontières aux invasions de l'ennemi. Et voilà pourquoi, depuis qu'on les détruit, les inondations sont si subites et si désastreuses. Cela a été dit trop souvent pour insister.

Le sapin, image du soldat, est encore l'image du chrétien, soldat de l'éternité. Seul, il a résisté aux dures étreintes de la glace et à ses embrassements de cadavre qui font mourir de froid. Il regarde son adversaire en face sans frémir ; il se laisse envelopper par la neige, et puis il secoue sa noire chevelure, perce son ennemi de sa tête aiguë, et s'épanouit radieux au soleil.

L'indifférence est la glace et la neige des âmes ; l'âme chrétienne seule peut lui résister et la subjuguer. Elle se raidit contre elle, la perce de son opiniâtreté, de sa bonne volonté, se réchauffe au soleil de justice, et étale embellie de vertus, ses verts lauriers de la victoire.

Le héros des montagnes nous dit ce qui fait sa valeur; dans son enveloppe grossière, dans les rocs où il plonge ses racines : la sobriété ; et dans son bois blanc, odorant, incorruptible : la pureté. Vous donc, qui voulez atteindre les cimes élevées de la perfection, et qui voulez résister aux assauts du démon, aux tempêtes des passions, soyez austères et purs. Si vous encaissez le fleuve de votre vie entre ces deux rives, toujours il roulera ses flots paisibles et féconds.

A l'abri de ces géants poussent les fleurs, comme à l'ombre de la mortification et de la pureté germent et s'épanouissent les vertus, fleurs de l'âme.

Les Fleurs.

Les fleurs de la plaine ne peuvent me faire oublier celles des montagnes, où elles viennent sans culture, et où elles sont riches d'un éclat, d'un parfum, de vertus qui inquiètent et désespèrent leurs sœurs des jardins. Tout l'or du monde, avec les efforts de la science, ne pourrait les faire descendre. Dans le bas de la vallée habitent les plantes communes, et les plantes rares sur les hauteurs. Aux âmes élevées les nobles vertus, et aux vulgaires les vertus communes.

Jésus, ce divin époux de nos âmes, se nomme « *Ego flos campi, et lilium convallium ;* Je suis la fleur des champs, le lis de la vallée.

Une architecture, si belle qu'elle soit dans son idée, dans son exécution, dans la hardiesse et l'harmonie des ignes, sans quelques ornementations de sculpture et de peinture, est une architecture froide, inanimée, manquant de poésie. Et une statue, aurait-elle nom Apollon du Belvédère, ne sera jamais qu'un marbre, qu'un cadavre ; il y manque le sang, la vie.

Aussi Dieu, ce suprême architecte de nos montagnes, a fini son ouvrage, et dans les fleurs qu'il y a jetées à profusion, il les a parées d'un luxe de décor inimitable. Les fleurs ne sont pas seulement nécessaires à la nature, elles doivent aussi égayer le cœur de leur fraîcheur, embellir l'esprit de leur brillant coloris et caresser la science de leur parfum. Là où elles font défaut règne la monotonie, un calme qui fatigue. Elles sont à l'âme ce que le rayon de soleil est au paysage, ce que le sourire est à un beau visage.

« Salomon, dans toute sa gloire, n'a pas été vêtu comme un lis. »

La fleur, toute petite qu'elle est, a un langage infini. Elle trouve un passage jusqu'à toutes les souffrances de l'âme et y dépose un baume salutaire. Dans son calice, elle a un dictame pour toutes les blessures du corps. Elle a un regard, un sourire pour tous, et toutes les vertus y ont trouvé un emblème. Elle a des langages intimes et mystérieux que tout le monde entend. Dans son sein si petit, on peut étudier l'histoire des passions qui agitent le monde et des vertus qui le consolent.

Que j'aime ces parterres de nos montagnes, là où toutes les fleurs poussent dans un ordre harmonieux, à côté les unes des autres, se chérissant comme de véritables amies, et unissant leurs parfums et leurs baisers ! Je les préfère cent fois à tous ces parterres surchargés, par la main de l'homme, de fleurs inconnues, étrangères : peintures lourdes et de mauvais goût qui jurent sur leur toile comme des tons faux ; et qui, dans leur ignorance du climat et du sol, brouillent toutes les saisons, poussent à contre temps, et, importunes maladroites, rient au sein de la tristesse, et sont en deuil quand la joie éclate tout autour. Que d'hommes ainsi !

Dieu, en semant les fleurs sous nos pas, ne pouvait point nous donner une plus profonde leçon, sous une forme plus aimable, de la rapidité de nos jours. Beautés et grandeurs qui parcourez nos sites, souvenez-vous de cette parole de l'Esprit-Saint : « L'homme naît comme la fleur; il est vite foulé aux pieds. » Et vous qui voudriez toujours fleurir et n'avoir qu'un matin, qu'une aurore sans fin, soyez sages parce qu'il est dit : « Le juste fleurira éternellement devant le Seigneur. »

Le Gazon.

Les fleurs ordinairement poussent dans les prairies, dans les gazons touffus, ces luxuriants tapis que Dieu, dans sa largesse admirable, a jeté si abondamment sous les pieds du roi de la création. Et cela, pour rendre plus présente à son esprit la grande leçon dont nous parlons.

Hommes qui vous croyez immortels, femmes frivoles qui voudriez résumer toute votre existence dans une jouissance, entendez Isaïe : « Toute chair est comme le foin, et la gloire de la chair comme l'herbe de la prairie. Le foin se dessèche et la fleur tombe. Seule la parole de Dieu demeure éternellement. »

Saint Jérôme qui avait bu, dans sa jeunesse, à cette coupe des plaisirs que Rome païenne offrait avec des séductions si enivrantes, ayant pesé avec son cœur et son intelligence les paroles d'Isaïe et les délices du monde, laisse échapper de son âme ce magnifique commentaire : « Oh ! que cela est vrai, quand on considère attentivement la fragilité de la chair et la mobilité de la vie ! Celle-ci croît et décroît si vite, que le moment même où nous le disons est déjà une part de l'existence envolée. L'enfant passe vite à l'adolescence, et il arrive insensiblement à la vieillesse, et l'homme s'aperçoit qu'il est vieux alors qu'il s'étonne de n'être plus jeune. La femme, dans l'éclat de la beauté, qui entraînait après elle une foule de jeunes admirateurs, voit tout à coup son visage se flétrir, et elle devient un objet de dégoût pour ceux qu'avaient captivés ses charmes. Tout cela sèche donc comme du foin, et toute beauté défaille comme la fleur de la prairie. Celui-là seul qui conserve en lui-même l'image de l'homme céleste, qui est Jésus-Christ, et qui de jour en jour se renouvelle en devenant plus semblable à son modèle divin, celui-là seul verra sa chair mortelle se transformer en un corps immortel (1). »

La Neige et la Glace.

A côté de cette toilette et de cette brillante décoration de la nature, sur les croupes élevées, se trouvent la neige et la glace, contraste frappant, et qui se renouvelle trop souvent dans la vie. Dans un tableau, pas de lumière, pas de relief, sans des tons sombres. Ce qui fait les délices

(1) Quelques citations sont prises dans le bel ouvrage du *Symbolisme de la nature*, de Mgr de La Bouillerie.

d'un beau jour, c'est la tristesse du précédent. L'aurore n'est si radieuse que parce qu'elle succède aux ténèbres. A côté des neiges et des glaces, les gazons et les fleurs ont une fraîcheur et un éclat inaccoutumés.

La neige (ou la glace) a des enseignements multiples pour tous les âges de la vie. Elle dit aux vieillards de ne pas être comme nos montagnes couvertes de neiges, tandis que des volcans s'agitent dans leur sein. Il n'y a rien de si lamentable que ces vieux oubliés de la mort qui, sous la neige de leurs cheveux, ont toutes les ardeurs éphémères d'une folle jeunesse. La neige prématurée, trop hâtive, surprend les arbres avec leurs feuilles, les surcharge et les brise sous son poids ; témoins, les arbres du Quinconce. Malheur aussi aux jeunes gens quand elle tombe trop vite sur leur front, et se glace dans leur cœur ; ce n'est plus qu'une jeunesse brisée, en ruines. Ruines désolées où rien ne pousse, ni une herbe, ni une fleur ; où le vice, comme un hibou, fait entendre son cri sinistre.

Dans les neiges de nos monts, comme dans les têtes des monarques, se trouve le thermomètre qui marque la paix ou la guerre des nations. Elles ont de quoi donner le repos et la fécondité, comme elles peuvent répandre la lutte et la désolation. Le plus souvent la fécondité s'échappe de leur sein. C'est de là que le sang circule dans les veines de la terre, c'est de là que s'échappent les fleurs, les fruits, les moissons. — C'est ce qui faisait dire à un touriste, en contemplation sur ces mers de glace : « J'ai trouvé la place de la Concorde du monde. »

L'autan est le souffle puissant qui s'agite sur ces humides boulevards, qui se sont revêtus comme d'une cuirasse, selon l'expression pittoresque des saintes Ecritures : « Il tombe, impétueux, terrible, impatient dans ce morne monde, et, à grand bruit, il interpelle toutes ces eaux immobiles qui ont peine à se délier de leur engourdissement. Mais il n'y a pas moyen de lui faire la sourde oreille. Il insiste, il siffle, il tonne. Nul délai, pas un moment. Ce démon espagnol aime la nuit. Les révolutions s'ourdissent dans les ténèbres. Une brume changeante flotte sur les cimes. L'air a pris de la transparence. Il montre et rapproche tout. La lune a un cercle rougeâtre et l'horizon se colore d'un violacé singulier. Le vent sur les forêts hautes bruit ; un mugissement sourd se fait aux torrents. Il y a une grande attente. On a tout à craindre en effet. Ce redoutable bienfaiteur a d'abord l'air de vouloir détruire la nature qu'il vient sauver. Il brise, il confond, ravage. Il lance des blocs énormes des hauteurs, roule des arbres gigantesques au lit des torrents. Il arrache, enlève, emporte au loin les toits de chaume. » Il passe comme un furieux, il a donné la fièvre au glacier, et c'est la crise suprême ; elle sauve la terre de sa sécheresse et de sa léthargie. N'est-ce pas le souffle puissant de Dieu qui brise les glaces de l'indifférence ?

Les glaciers, de loin éblouissants de lumière, aussi ardents que le soleil sous ses feux, vus de près, sont sales, barbouillés de poussière, de feuilles et de débris, raboteux, ridés, crevassés ; labourés d'ornières profondes ; çà et là, de larges ouvertures baillent horriblement ; c'est laid. Histoire de tous les jours, de tous les instants, mille fois répétée autour de nous, plus souvent encore dans les salons que dans les rues. Pauvre histoire de ce mot vulgaire et trop vrai : « Tout ce qui brille n'est pas or. »

Personne n'ignore que la neige, par sa blancheur, nous prêche la pureté ; leçon souvent donnée et presque aussi souvent oubliée. Cette neige sur la montagne fait naturellement penser à la transfiguration du Thabor, où les vêtements de Jésus étaient blancs comme neige. La pureté, l'élévation et la transfiguration, trois choses qui se suivent et se complètent. J'aime cette interprétation de Saint-Ambroise : il compare le vêtement de neige à la parole divine, « qui enveloppe comme d'un vêtement l'intelligence infinie, et dont les douces leçons descendent mollement sur nos cœurs, comme les flocons de neige sur le sol pour l'abriter et le féconder. »

Je ne puis résister au désir de citer ce passage de saint Grégoire, qui donnera une idée des saints à ceux qui n'ont qu'une idée de la terre : « La neige, tant qu'elle demeure solide, couvre et abrite le sol, et lorsqu'elle commence à se fondre, elle arrose les campagnes. De même les saints, par l'inébranlable énergie de leur vertu, protégent auprès de Dieu la vie des pécheurs ; mais ils savent en même temps condescendre à leur misère, et ils deviennent alors comme une eau bienfaisante qui les arrose et leur fait produire de bons fruits. Ils se rappellent toujours que si la miséricorde divine les a élevés au-dessus de leurs frères, ils ont cependant avec eux une commune origine, comme ces eaux du ciel qui ne fécondent la terre qu'après s'être élevées de son propre sein en vapeurs. »

Les Lacs.

Tout près des glaciers, se placent les lacs, comme des réservoirs à côté des fontaines. Le glacier a pour le lac toutes les délicatesses de l'amitié ; aussi en a-t-il fait son confident. C'est dans son sein que ses eaux vitreuses et insalubres, privées d'air et de lumière, viennent se baptiser dans le jour et le soleil. Le visiteur lui-même sent cette influence d'intimité ; et, volontiers, au bord du lac, il laisserait son âme et son cœur parler. Le lac s'offre à nos yeux comme la coupe de la vie ; il en a le sourire, le charme et la séduction ; il en a aussi le mystère et le poison. Aimons-le pour sa beauté : n'est-il pas la perle au front des montagnes ? Aimons-le pour sa limpidité : n'est-il pas le miroir où le ciel se regarde et où la nuit se pare ? Aimons-le pour sa charité : il répand sans cesse et largement l'aumône, sans souci de l'avenir. Aimons-le pour son calme ; rien ne l'émeut, ne le trouble. Et dans nos affections pour lui, cherchons à l'imiter, en gardant, toutefois, mieux que lui, l'image et le souvenir.

Le Tonnerre.

Je ne puis finir ce chapitre sans parler de la grande voix de Dieu, grande partout, mais formidable dans les montagnes. Si le bronze sacré, de ses puissantes vibrations, a porté quelquefois le trouble dans une âme inquiète, ici, les éclats de la foudre doivent faire trembler l'homme coupable. Il est impossible, alors que le tonnerre roule ses éclats comme un chariot infernal sur les rocs penchés au-dessus de l'abîme, il est impossible qu'il n'ébranle l'âme la plus hardie au crime. « La voix du tonnerre, s'écrie le prophète, fait trembler vos ennemis, ô mon Dieu ! »

Lorsque les nuages, comme des bataillons aériens, se déroulent sur les flancs des montagnes, escaladent les rocs, franchissent les abîmes, couvrent les pics, envahissent l'espace, une scène nouvelle se prépare. Dans le lointain, on entend comme le prélude faible, mais grandiose, d'une harmonie biblique. Les éclairs jaillissent, se multiplient, se croisent. Les voix ont grandi. C'est une immense bataille, un combat de Titans qui semblent se battre à coups de rocs et à coups de montagnes. On jouit de cette scène toute fabuleuse et sublime. C'est beau ! mais retenez ces paroles de saint Augustin et ce sera plus salutaire : « Les nuages, dans leur course rapide autour du globe, nous jettent en passant l'éclair et le tonnerre ; c'est le miracle qui se joint à la prédication de la parole ; le tonnerre ; c'est le retentissement du précepte à l'oreille du pécheur effrayé. »

Ces orages, on les porte trop souvent dans son âme, et ils sont d'autant plus violents que l'âme est élevée et que l'intelligence porte haut son flambeau. Pour les éviter, il faut abaisser son âme : les vallées sont toujours à l'abri des coups de la foudre ; et depuis la modeste couche de l'humilité, on peut jouir en paix de toutes les scènes et de tous les spectacles de la vie. L'humilité est cette ombre qui s'étend si vite dans les vallées, ombre divine où je désire que vous puissiez tous vous asseoir, parce qu'en goûtant les pures jouissances de la vie, vous serez à côté de l'épouse des Cantiques, qui disait : « Je me suis assise à l'ombre de celui que j'ai aimé. »

Et tandis qu'assis à l'ombre des arbres du Quinconce et de la montagne, à l'abri des brûlants rayons du soleil, vous goûterez les charmes de la musique, les délices du paysage, vous saurez puiser dans tout ce qui vous entoure, dans ce beau livre où vous avez lu une page, des leçons qui vous mettront en garde contre les ardeurs et les séductions des passions coupables, tout en vous faisant savourer les délices incomparables de la vertu.

Les Pyrénées dans le lointain.

Les montagnes, belles de près, produisent encore au loin, dans l'espace, des effets splendides, des harmonies sublimes. De quelque côté qu'elles apparaissent au fond des horizons, flottantes dans une blanche atmosphère pardessus le reste de la nature, qui semble prier à leurs pieds, elles parlent à l'âme un langage fascinateur. Le vague, le mystérieux, une teinte violacée les enveloppent de je ne sais quoi d'émouvant, d'admirable. Le mystère, parce qu'il est le vêtement de Dieu, nous saisit et nous subjugue, et jamais il n'a pour nous un attrait si violent que lorsqu'il drape une puissance, reflet divin, génie ou montagne : c'est l'infini pesant sur l'âme.

Quoique j'aime d'un amour souverain à fouler le sol de mon pays et à m'enivrer de son air balsamique, mon âme cependant se sent consolée, dans son exil, lorsqu'elle voit les cimes neigeuses des Pyrénées. Je puis causer avec elles par le regard, et il me semble que l'air que je respire a caressé leur front en passant. Et c'est sous l'influence de cette douce et puissante illusion que j'ai écrit ces pages.

De ma fenêtre, au Fousseret, je vois se dérouler à mon regard une riche campagne, comme un vaste tapis de verdure. Insensiblement la terre s'élève comme une vague ; des coteaux se dessinent et s'échelonnent par degrés, et le fond de cet amphithéâtre enchanteur, c'est toute la chaîne des Pyrénées. La Maladetta est au centre, sous mon œil.

Que d'heures j'ai passé là, les bras croisés, le regard dans l'espace, rêvant de mon berceau, de ma famille qui s'éteignait ; j'aimais ce tableau inimitable et qui ne fatiguait jamais ; toujours on y trouve quelque chose de nouveau à admirer. Jamais il ne m'a laissé froid, insensible ; il me communiquait sa vie, et ce n'était qu'à regret que mes yeux se détournaient.

On dirait que les montagnes sentent leur beauté et qu'elles craignent de trop se vulgariser par une continuelle apparition ; ou bien veulent-elles nous récréer par des surprises, par des coups de théâtre habilement préparés ? Quoi qu'il en soit, elles ont un va-et-vient, un flux et un reflux qui a quelque chose de piquant et de neuf qui plaît. Enveloppées de nuages, comme effacées de la terre par une atmosphère épaisse, elles nous font rêver comme l'on rêve à l'absence d'un ami ; mais l'air devient-il plus pur, plus transparent, elles nous surprennent à l'improviste ; c'est la joie du retour avec la séduction de l'inespéré. Une jouissance continuelle s'émousse ; on ne connaît et on n'apprécie bien la santé que par les douleurs de la maladie. Une mère ne sent bien tout l'amour de son fils, que lorsque l'absence brise son cœur et change ses yeux en sources de larmes. J'aime donc ces caprices des montagnes, et je les aime d'autant plus que leur bouderie n'est pas de longue haleine.

Les montagnes, toujours grandioses, même dans leurs jeux, intriguent par leurs évolutions. Tantôt elles se rapprochent, tantôt elles s'éloignent ; elles se couvrent ou se découvrent, moitié ou en partie, selon les émotions qu'elles éprouvent ou qu'elles veulent inspirer. Et dans les moments où elles semblent plus gaies, elles sont un signe de tempête. Le revers du plaisir, n'est-ce pas la tristesse ?

Quelquefois elles paraissent se battre avec les nuages ; elles livrent combat, il y a mêlée. D'autres fois elles les imitent si bien, qu'on les prendrait pour des nuées flottantes. Mais toujours elles sont la parure et l'éclat du tableau qu'elles encadrent ou limitent, surtout le soir quand le soleil baisse à l'horizon.

Hier, à ce moment où l'astre du jour dorait de ses derniers feux leurs cimes les plus élevées, « Vois-tu, disais-je à ma sœur, en admiration comme moi, vois-tu : il en est ainsi des âmes ; plus elles s'élèvent au-dessus des misères et des passions humaines, plus elles sont éclairées par les rayons lumineux de la grâce. Dieu les caresse et les réjouit de son regard. Tu vois, tandis que les montagnes se dessinent vigoureuses sur l'azur du ciel, d'autres se noient dans la lumière, parce qu'elles sont plus rapprochées du soleil. Ainsi en est-il encore des âmes ; plus elles se rapprochent du foyer divin, plus elles brillent et se confondent avec lui ; mais plus elles s'en éloignent, plus aussi elles deviennent sombres et se dessinent sur le fond mat, en arêtes vives et âpres. »

Élevons-nous donc comme ces géants vers les régions célestes ; plongeons nos têtes dans les plaines supérieures ; plus voisin on est du foyer, plus on se réchauffe ; et, nous plongeant dans la divinité, nous ne ferons plus qu'un avec elle, comme le fer ne fait plus qu'un avec le feu qui l'embrase.

CHAPITRE XXVIII

LE DOCTEUR FONTAN ET LES SOURCES.

Il y a des existences d'hommes, de villes, de nations, tellement unies et enlacées, qu'on ne peut parler des unes et se taire sur les autres, sous peine de manquer de franchise ou de faire un travail incomplet. Voilà pourquoi les noms de d'Etigny et de Fontan doivent s'enlacer avec celui de notre ville. L'histoire a déjà parlé son beau langage pour d'Etigny ; à nous maintenant de lui conquérir Fontan.

Ce fut en 1802 que Jean-Pierre-Amédée Fontan naquit d'une famille des plus anciennes et des plus honorables des Pyrénées, dans le petit mais délicieux village d'Izaourt. Ce berceau de sa vie fut pour lui son Nanterre, son Vaucouleurs. Aussi enfants, jeunes gens, vieillards, prairies, arbres, ruisseaux, tout lui souriait. Les jeunes gens de son âge avaient surtout pour lui une véritable affection, quoique leur supérieur en tout. Il les dépassait par sa taille élevée, par l'éclat de son beau visage, par la force et l'agilité de son corps ; il était leur roi par l'intelligence. Impétueux à l'étude, il était bouillant aux exercices du corps. Personne mieux que lui ne franchissait un fossé, ne levait un poids. Il était dans sa nature et dans sa volonté énergique de tout faire avec passion.

Dans sa jeunesse il était doué d'un caractère souverainement gai : son âme dardait des traits ; son esprit pétillait sans cesse, et avec tant de charme, qu'il avait conquis le droit de tout dire, et volontiers on s'accommodait des fusées capricieuses de son âme.

Les détails de ses premières études sont piquants et franchement intéressants. Je regrette que le cadre de mon ouvrage m'oblige à les passer sous silence. J'aurais été heureux d'y montrer comment la piété la plus angélique s'y mêlait au travail le plus intelligent et le plus opiniâtre. Mais après de brillantes études, son nom ayant été inscrit parmi les membres de la Société de jurisprudence de Toulouse, le vertige lui monta à la tête ; il eut l'éblouissement de la jeunesse. Et comment aurait-il échappé à la perversité du mensonge public, à l'ordre du jour, et quand un ordre apparent, régulier, couvrait d'un linceul blanchi une effroyable subversion ; alors que tous les principes étaient brouillés et que l'Eglise était asservie, enchaînée ? Assurément alors le choix était difficile pour un jeune homme. « En ce qui est des vérités absolues, dit Lacordaire, l'évidence nous entraîne ; en ce qui est de la foi, une immense autorité nous guide ; mais quand l'intelligence est en face d'une lumière, mêlée d'ombres, où les faits s'entrelacent aux idées, soit pour les combattre, soit pour les soutenir, il reste une terreur jusque dans la conviction, et il faut du temps, de l'expérience, de grandes lectures dans le passé, de grandes leçons dans le présent pour arriver à des opinions qui honorent et commandent la vie. La jeunesse devrait donc s'abstenir et ne pas préparer à sa pensée des retours pénibles ou des persévérances trompeuses ; mais la nature lui a refusé cette prudence malheureusement. » La jeunesse présomptueuse prend ses élans, son enthousiasme, sa vie pour de la puissance, de la raison, et elle marche.

Fontan marchait donc sous cette funeste influence ; mais à côté de notre Augustin, sa pieuse mère, nouvelle Monique, priait et jeûnait. Elle succomba à sa douleur, et sa mort toucha le ciel et sauva son enfant. Le docteur retrouva, douze ans avant son dernier soupir, sa vieille foi. Sa tenue à l'église était irréprochable. Toujours il suivait le prêtre dans son livre de piété. Et si les médecins, généralement incroyants, eussent rencontré ce collègue plus grand qu'eux par la science, agenouillé sur le pavé du sanctuaire devant son grand Dieu, ils auraient compris la sublimité de la foi et la petitesse de l'orgueil. Nous avons vu, sur sa table de nuit, la Bible et l'Imitation, « ses amis divins » avec lesquels, tous les jours, il s'entretenait quelques instants.

C'est au milieu de ces luttes de la raison et de la conscience, de ces défaites et de ces victoires de l'âme, que se déroulèrent les belles années de sa carrière scientifique.

Le barreau venait de lui ouvrir les portes. Son talent, sa prodigieuse facilité d'élocution, sa santé, sa taille, sa voix, sa fortune, tout lui présageait un glorieux avenir ; lorsqu'un de ses scrupules de conscience, si ordinaires et si impérieux chez lui, vint le dégoûter de cette carrière. Avec ses susceptibilités d'honneur, ses délicatesses de justice, « il ne comprend pas que l'on put indistinctement défendre le pour et le contre ; et il désespère d'être honnête homme et avocat. »

C'était là une exagération, et au lieu de fuir cet écueil, il y avait quelque chose de mieux à faire, et qui eût été d'un magnifique exemple, c'était de ne s'attacher à aucune cause qu'en raison de la vérité, de sa conviction, de sa conscience. Et alors, connu pour le vaillant champion de ce grand principe, sa voix, au moment où elle se serait élevée dans le temple de la justice, aurait été comme un premier jugement.

Fontan avait donc un beau rôle à remplir et nous regretterions profondément qu'il l'eût refusé, si la Providence ne l'avait destiné à soulager largement l'humanité dans une autre carrière, et si elle ne l'avait choisi, dans les décrets de sa sagesse, pour être le sauveur des sources de Luchon.

La médecine s'était souvent présentée à son âme, pleine de charme et de séduction. Sa majestueuse figure le poursuivait sans cesse et s'imposait à lui comme de force. Il fallut enfin la juger ; et convaincu qu'elle était plus capable de satisfaire la trempe de son esprit, les aspirations et les besoins de son âme : il devint son vassal.

C'était rejeter son passé, effacer d'un seul coup plusieurs années d'un travail constant et laborieux ; c'était se préparer un nouveau labeur, rude, pénible, long ; c'était reculer les jouissances et les destinées de l'avenir, dans une vie toujours trop courte. C'étaient là autant de motifs capables d'ébranler une âme ordinaire, mais qui ne pouvaient enrayer une volonté, si énergiquement trempée et si vigoureusement secondée par une prodigieuse facilité.

Il commença donc ses premières études médicales, en 1826, à l'école de l'hôpital Saint-Jacques de Toulouse, sous le patronage du célèbre docteur Viguerie, pour lequel il professa toujours une vénération filiale.

En 1828, il alla à Paris ; et pendant 10 ans, il s'adonna aux études les plus sérieuses, à la Faculté de médecine et dans les hôpitaux. Il suivit et rédigea tous les cours officiels ou libres des nombreuses illustrations qui brillaient à cette époque.

Un élève si ardent au travail, si prompt à saisir, ne pouvait échapper à ses maîtres. Aussi, en 1832, fut-il désigné le premier, sur sa demande, par la Faculté de médecine, pour porter des secours aux cholériques du 9e arrondissement. Pendant quatre mois, il combattit avec toutes les ressources de la science, de son zèle et de son indomptable énergie contre les coups terribles d'une épidémie d'autant plus effrayante qu'elle était inconnue. Il luttait contre le mal corps à corps, et il lui disputait les malheureuses victimes, avec un succès qui lui mérita deux médailles. L'une lui fut donnée par les habitants et l'autre par la ville de Paris.

Nous sommes heureux de pouvoir dire que, dans une pareille circonstance, son neveu Léopold, et son digne successeur à Luchon, s'est souvenu du passé et qu'il n'y a point failli.

Une chose préoccupait notre étudiant, c'était l'internat. Un décret lui en interdisait l'entrée, attendu qu'on ne pouvait y prétendre que jusqu'à tel âge. Ce décret était nuisible par conséquent à un très-grand nombre de sujets, en les frappant d'une proscription injuste. Comme si quelques années de plus dans la plénitude de la vie, et dans une carrière si grave, si essentiellement sérieuse, pouvaient nuire au développement de l'intelligence et au progrès de la science ? Ce sont de semblables décrets qui font que de nos jours, dans plusieurs carrières, nous n'avons que des hommes étiolés, et sans caractère : des fruits de serre.

Fontan ne voulut point passer par les fourches Caudines de cette loi. Il rédige un mémoire, le fait signer par tous les élèves frappés comme lui d'ostracisme Et il eut l'honneur de faire abolir ce décret. Désormais on pouvait à tout âge concourir pour l'internat. Cet acte d'indépendance, fond de son caractère, allait être suivi d'un second, non moins audacieux, mais plus étonnant. Appelé par le sort à répondre le premier pour cet examen si ardemment désiré et si glorieusement conquis, il ne voulut point profiter des dix minutes de recueillement, règlementairement accordées à tous les candidats. Il attaque la question sur le champ. Ce fait nouveau et jusqu'alors inconnu fit sensation, sans toutefois étonner ceux qui le connaissaient. Chez notre héros, ce ne fut pas présomption, c'était la conviction d'une force que lui donnait son travail intelligent, un devoir consciencieusement accompli.

Et ses réponses le prouvèrent assez. Il devait être la gloire de l'internat.— Peu de mois après, il concourait pour l'école pratique et remportait le deuxième prix. En même temps, il faisait marcher de front les études spéciales de chimie, de physique, de géologie, d'analyse chimique, sous MM. Thénard, Dulong, Orfila, Pelouse, Dumas et Barruel. Et ses études étaient sérieuses, approfondies, complètes. Nous en trouvons la preuve dans ses ouvrages et dans l'affection que lui avait donnée le savant Barruel, qui le regardait comme son meilleur élève. On comprend facilement que des études si nourries, et réalisées dans de telles circonstances devaient préparer un homme utile et éminent.

Enfin arriva l'heure de son dernier examen. Elle ne pouvait être pour lui l'heure difficile, pénible, ce fut l'heure de son triomphe. Et les professeurs, qui virent en lui un maître plutôt qu'un élève, le traitèrent avec tout le respect dû à un collégue honorable. Sa thèse, passée en 1838, mérita la note très-rare, *extrêmement satisfait*.

Reçu docteur dans de telles conditions, la capitale lui offrait les honneurs et la fortune. Appats séduisants, mais ils ne pouvaient ébranler un cœur déjà luchonnais.

Patriote avant tout, il voulait employer au service de son pays toutes les richesses de son intelligence. Il avait déjà passé plusieurs vacances à Luchon, lui consacrant le temps de son repos, convaincu qu'il était de la bonté supérieure de ses eaux sulfureuses et de sa brillante destinée. Le premier de tous il écrivait : « Bagnères-de-Luchon, par la nature de ses eaux, par la beauté de son site, par la douceur du climat et sa hauteur moyenne, est appelé à un avenir immense. Peu connu jusqu'à ce jour, parce que peu de personnes en ont parlé, ses eaux joueront bientôt, je l'espère, un grand rôle dans la thérapeutique. »

Mais Luchon, vivant par ses sources, allait perdre cette

existence, si un homme ne venait le sauver, comme il le fut autrefois par d'Etigny. Fontan, encore élève en médecine, fut cet homme. C'est lui-même qui écrit : « Avant 1835, époque à laquelle j'ai commencé mes recherches sur les eaux des Pyrénées, l'établissement de Luchon était en pleine décadence : les eaux se perdaient sous le terrain d'atterrissement, amassé au pied de la montagne d'où elles s'échappent : celles qui restaient à la surface du sol se mêlaient avec les eaux froides de pluie et de neige et variaient, dans le printemps, de plus de 20 degrés dans leur température.

« Les températures trouvées par Bajen, en 1766, s'étaient toutes perdues. La plus chaude des sources, la Grotte, avait diminué de plus de 7 degrés centig., depuis un temps immémorial ; et jamais personne à Luchon ne s'était occupé de l'état de ces sources, ni des moyens de leur faire recouvrer leur température primitive et leurs propriétés physiques, chimiques et thérapeutiques.

« L'eau ne suffisait plus aux besoins du service ; et à l'époque de la saison où il y avait le plus du monde (et très-peu relativement à nos jours), on ne pouvait plus prendre de bains après 4 ou 5 heures du soir ; on pouvait à peine fournir de 400 à 450 bains (lorsque l'on en donne 2000) et de 120 à 130 douches. Le principe sulfureux de la source de la Reine, la plus importante par son volume, se perdait, soit par le passage de l'eau à travers les terres, soit par le passage dans des canaux trop vastes ; soit enfin par son séjour dans des réservoirs trop grands et mal fermés, et dans lesquels l'eau tombait par une cascade de plus de 10 pieds de hauteur. Cet état de choses tendait continuellement à empirer et pouvait devenir funeste pour les malades et pour le pays. Je fis sentir à l'autorité locale toute la gravité d'une pareille situation ; et sur mon avis, motivé d'après les observations que j'avais faites dans les autres localités des Pyrénées, la ville consentit à procéder à des recherches dans les points qui furent désignés par M. Nérée Boubée et moi, au maire et à une partie du conseil municipal » — « M. Nérée Boubée, qui était alors à Luchon, voulut bien appuyer mes propositions en les étayant de ses profondes connaissances géologiques. Nous allâmes sur les lieux pour marquer par des jalons les points où les galeries horizontales devaient être tracées, et ceux où nous pensions qu'elles devaient atteindre la roche en place... et capter tous les filets d'eau qui s'échappaient. »

M. Azémar, maire, montra dans cette circonstance une prudence et une fermeté admirables qui amenèrent les plus heureux résultats. Puissamment secondé par M. Paul Boileau, ils suivirent pas à pas les conseils de Fontan ; ils firent des fouilles, creusèrent quatre galeries dans le courant de l'hiver 1836, et, chose plus difficile, ils calmèrent la population désolée et turbulente. Ces travaux, incomplets en effet, mais précieux par leurs conséquences, firent comprendre tout ce que l'on pouvait espérer de recherches, conduites par un homme spécial.

Le jeune ingénieur François, aujourd'hui l'un des plus distingués de France, était l'homme que le jeune Fontan appelait de ses vœux. Toutefois, comme il le dit lui-même. « autre chose est concevoir, autre chose est exécuter. L'artiste conçoit la statue, le praticien l'exécute ; l'un s'appelle David ou Pradier, l'autre Guillaume ou François. »

On ne saurait oublier en effet qu'il a été l'instigateur le plus zélé de cette grande création.

M. de Bréville, préfet de la Haute-Garonne, en administrateur habile, pour aider les efforts des Luchonnais et contribuer à leur avenir, en les mettant à l'abri d'une fausse démarche, convoqua un conseil d'hommes spéciaux. Le docteur Viguerie en fut le président, et Fontan et M. François en furent les deux héros. Le mémoire que Fontan présenta dans ces circonstances à l'Académie de médecine, quoique composé et dicté dans une nuit, fut approuvé avec les projets de la commission. Et pour honorer son talent, l'Académie le nomma membre correspondant, et vota l'impression de son travail dans les mémoires des savants étrangers.

La commission, après en avoir discuté et admis les bases, chargea notre docteur de la représenter pour la surveillance et la direction des travaux, des fouilles et de l'établissement thermal, en lui imposant de réclamer sa réunion, si Luchon avait besoin de sa présence.

« Avant 1848, c'est-à-dire avant la mairie actuelle, dit-il, je la fis réunir deux fois avec avantage pour les intérêts de Luchon ; mais depuis cette époque, j'ai demandé, dans trois circonstances solennelles, sa réunion sans pouvoir l'obtenir, parce que, comme moi, elle voulait le bien, et qu'elle ne voulait que le bien. »

Rien de si intéressant pour nous, Luchonnais, que les procès-verbaux de la commission scientifique. Les avantages de notre ville et de l'humanité souffrante y furent discutés avec intelligence. C'est de ce laboratoire intellectuel que sont sortis tous les travaux qui font de Luchon une ville d'eaux à part, « absolument sans rivale dans le monde entier, » dit Nérée Boubée.

La seule chose regrettable et à jamais flétrissante pour le coupable, c'est que, pour des passions mesquines et individuelles, on ait négligé plusieurs déterminations.

Pourquoi de nos jours encore ne relierait-on pas ces procès-verbaux ; l'histoire du passé n'est-elle pas le flambeau du présent? Oui, c'est à la lueur des leçons du passé que l'on devrait diriger les actions du moment.

La dernière délibération, du 27 septembre 1837, porte les signatures suivantes : François, Artigala, Fontan, Gascon, adjoint, Soulerat juge, Soulerat docteur, Paul Boileau et Azemar maire. Je me permets encore de citer cette note importante écrite par lui-même :

« Il y a eu plusieurs autres délibérations de la commission scientifique dans lesquelles les questions les plus importantes ont été résolues : une délibération, approuvée par le conseil municipal et par M. le préfet de la Haute-Garonne, me charge des travaux d'analyse et de l'aménagement des sources de Luchon. Une autre déterminait la forme et l'indication du siége que pouvait avoir l'établissement de Luchon, etc. »

D'après tout ce qui vient d'être dit, il est facile de comprendre le rôle sérieux du docteur dans notre pays. Et ce rôle d'homme utile et dévoué, il ne le démentit pas un seul instant. Aussi les véritables Luchonnais, ceux qui placent l'intérêt du pays au-dessus de l'intérêt particulier et d'une passion égoïste et misérable, regretteront-ils toujours qu'on n'ait pas voulu se laisser illuminer des rayons de son intelligence et qu'on n'ait pas voulu, dans certaines circonstances, se laisser conduire par son dévouement. Luchon est beau ; mais alors il eût été très-beau, très-beau !...

Tandis que, par ses mémoires scientifiques, il dévoilait au monde savant nos sources riches et nombreuses et les plaçait au premier rang de toutes les eaux thermales ; tandis qu'il usait de toute son influence et de tout le prestige de ses œuvres auprès des médecins de la capitale afin d'attirer à Luchon le plus de monde possible, il ne négligeait rien pour lancer notre ville dans la voie du progrès et de la civilisation. Aux guides, aux maîtres d'hôtel, aux loueurs de maison, aux garçons baigneurs, à tous il donnait les conseils de son expérience, de son goût et de son cœur. Il voulait le bien et il le cherchait par tous les nobles moyens. Il a largement participé aux établissements de charité. Cependant son attention se portait plus particulièrement sur l'établissement à bâtir ; mais à bâtir seulement après avoir achevé les fouilles. Et si on avait écouté ce sage conseil, on n'aurait pas aujourd'hui une grande partie de l'eau d'un côté quand l'établissement est situé dans le côté opposé.

Il en avait créé un dans son esprit et l'avait *proposé au conseil;* c'était une perfection au point de vue de la commodité, de la santé des malades et de l'architecture ; tout y était prévu, organisé, classé, admirablement imaginé, et avec des frais biens inférieurs, relativement. Avec Nérée Boubée, en hommes vraiment supérieurs, et qui font consister la réussite d'une œuvre grande et durable même dans des détails en apparence insignifiants, ils s'étaient occupés des matériaux, du choix de la pierre, du sable, de la chaux. Ils avaient réussi à repousser un premier architecte qui, par l'intrigue, en dépit du bon sens, s'était fait confier les travaux. Moins influent pour le second, il dût succomber à une fatalité, et il ne put se venger que par une critique outrageante pour le conseil et pénible pour nous, par les treize griefs, tous considérables, reprochés à l'établissement qui étale sans cesse à nos regards affligés ses tristesses et ses misères. A ce sujet, nous engageons nos autorités à méditer les pages 347 et suivantes de la deuxième édition des œuvres du docteur.

Ces malheurs arriveront toujours à toutes les administrations guidées par des esprits passionnés qui vont chercher loin ce qu'ils ont tout près.

Qu'il y ait des animosités, des susceptibilités, des froissements, c'est presque inévitable ; c'est le train de l'humanité et son côté mesquin. Mais les oublier, pour l'utilité publique, pour le progrès de la chose commune, voilà ce que devraient faire des hommes vraiment grands ; c'est le côté admirable !... Que cela est rare !

Fontan écrivait et expliquait que ce n'est pas au traitement des bains que s'arrêtent les besoins d'un établissement thermal complet ; après que la thérapeutique a fourni son contingent, l'hygiène doit fournir le sien. Notre architecte a été nul sur ce point. Et cependant les ressources de l'hygiène sont si importantes pour le rétablissement de la santé, que beaucoup ont nié l'influence des eaux et ont fait l'honneur de la guérison des malades à l'air et à la distraction.

Cette assertion, bien qu'exagérée, ne manque pas toutefois de quelque vérité. Avec l'usage de l'eau, il faut, autant que possible, l'oubli des préoccupations, des ennuis, des inquiétudes ; et cet oubli ne peut se trouver que dans la distraction. Ceux qui peuvent user du cheval et des voitures, nos magnifiques et nombreuses promenades les mettront à l'abri des atteintes de la nostalgie ; mais que deviendront les infirmes, ceux qui auraient le plus besoin de distractions? Ce sont ceux-là qui touchent le cœur de Fontan ; et dès 1838, il présente un plan à la commission scientifique, inspiré par lui et tracé par son beau-frère, homme plein de goût. Il ne s'agissait de rien moins que de métamorphoser la lande de Luchon, entre la Pique et Saint-Mamet, en un féerique jardin anglais, où l'on aurait marié les merveilles de la nature aux merveilles de l'art.

Le projet était admirable ; et à cette époque, exécuté dans les conditions indiquées, loin de s'y endetter, la ville y aurait augmenté sa richesse. Cette idée devait avoir le sort des choses trop bonnes pour être acceptées du vulgaire. Plus tard on y est revenu, et tous les jours on y revient encore ; mais on y revient à la sourdine, par boutades, et l'on biaise pour ne point paraître plagiaire.

Pourquoi ne pas aller au but avec franchise ? Et si l'on n'a pas eu le mérite de l'invention, au moins se donner celui plus modeste de l'exécution. Et l'œuvre sera complète. Avec cette petite différence qu'une dette d'un million pèsera sur le dos de notre ville, pour la raison toute simple que l'on aura fait la mauvaise tête, et que l'on aura trop attendu.

Cependant je ne vois pas encore ces grandes salles de réunion « comme il en existe, disait Fontan, dans les autres établissements thermaux des Pyrénées ; dans lesquels chacun se rend, soit pour lire les journaux, causer, travailler même ; enfin pour se distraire et pour s'amuser. »

Bientôt on les aura, dit-on, dans un splendide casino, qui s'élevera dans la lande, gracieux et épanoui. Sans doute il sera là comme but de centralisation ?

Ce casino, nous le croyons, ne remplacera point encore les salles que le docteur demandait dans l'établissement, et que, moi et tous les Luchonnais bien pensants, nous demandons encore. Faites sauter ces maudites toitures des pavillons, toutes maladroitement faites, abîme d'or et d'ignorance ; relevez par un premier étage cette masse qui s'applatit sur le sol, et donnez à la ville, à nos vingt mille étrangers, une chose nécessaire, indispensable : les salles du docteur Fontan.

On pourrait ensuite les décorer des bustes des hommes qui ont servi honorablement notre pays. Ces monuments seraient un témoignage de la reconnaissance des Luchonnais, et serviraient d'encouragement aux hommes de cœur qui voudraient consacrer leur temps et leur science à leur être utiles.

Dans une de ces salles, tout à côté du plan en relief de M. Lézat, on aurait pu placer le magnifique Musée de Nérée Boubée, qui, à la honte de notre administration, a été misérablement dispersé.

Dans une autre salle, on placerait en *ex voto* les marques des malades qui ont trouvé la guérison chez nous : et cette idée de Fontan, toute originale qu'elle paraît, est une des plus heureuses. Ne fait-on point cela, en effet, dans tous les pèlerinages de dévotion ? On pourrait en agir de même ainsi à Luchon, pour la gloire de Dieu, puisque les sources viennent de Lui, et pour la gloire de Luchon qui éclaterait incontestable et radieuse, au milieu de toutes ces nombreuses épaves de la maladie.

Luchon ne suffisait pas à l'immense activité du docteur Fontan; il lui fallait la France entière et même par delà ses frontières. Le génie n'est haut placé que pour rayonner au loin; comme Dieu dont il est le reflet, il éclaire et réchauffe l'humanité.

Il visita et analysa toutes les eaux minérales des Pyrénées, de l'Allemagne, de la Belgique, de la Suisse et de la Savoie. Il a été le premier qui, pionnier et mineur infatigable, arracha aux entrailles de la terre ses secrets. Et son coup d'œil fut si sûr dans ces régions inexplorées, et son style si heureux dans son expression, qu'il est devenu classique.

Son ouvrage a servi de point de départ et de base à plusieurs travaux utiles qui ont été entrepris et exécutés avec succès. Il fut le solide fondement de magnifiques édifices. Et l'on sait que les fondements, tout en étant la partie la plus humble, sont cependant la plus utile et la plus précieuse.

Aussi pouvait-il écrire avec raison dans la préface de la seconde édition de ses œuvres: « Si l'on a ajouté quelques faits nouveaux à ceux que j'ai observés, je ne connais encore aucune réfutation sérieuse, non-seulement des propositions que j'ai énoncées, mais même des hypothèses que j'ai admises, pour rendre mieux compte des faits, et qui me semblaient donner une explication plus nette et plus précise de certains phénomènes. »

Cependant, malgré que ses sympathies fussent pour Luchon, jamais elles ne l'ont aveuglé au point de lui faire méconnaître les qualités des sources étrangères. La justice était une de ses passions dominantes. Comme le soleil éclaire indistinctement toutes choses, il porta lui aussi une lumière impartiale à toutes les villes thermales. Plusieurs ne pourront jamais oublier son nom, et comme Luchon, elles lui devront une reconnaissance éternelle.

Dans ses recherches, il devait nécessairement rencontrer des erreurs, il a toujours eu le courage de les dévoiler sans faiblesse et sans aigreur. La franchise était le fond de son âme, et l'utilité publique son désir unique. Voilà pourquoi il démontra que tous les médecins, avant lui, faisaient commencer les malades, dans nos thermes, par une source plus forte pour aller à une plus faible, dans l'idée de les faire aller du faible au fort. Voilà pourquoi il voulut, contre ceux qui parlaient de transporter à Arles l'établissement militaire, que le monopole pour les vieilles plaies fistuleuses d'armes à feu restât toujours à Baréges. Il regardait comme un acte de lèse-humanité de supprimer cet établissement militaire.

Voilà pourquoi encore il soutenait, dans une thèse irréfutable : « qu'on ne pourra jamais remplacer les eaux naturelles par les eaux artificielles. » Et pour lui, les Pyrénées seules possèdent des eaux sulfureuses naturelles.

Notre docteur n'était arrivé à ces vastes résultats scientifiques que par des travaux actifs et continuels. Jusqu'à ses derniers moments, il n'a jamais cessé d'étudier. Une découverte nouvelle, une étude bien faite, l'enthousiasmait, sous la neige de son hiver comme au printemps de sa vie.

Jusque sur sa couche d'agonie, il oubliait dans l'étude les douleurs de la maladie.

Le docteur était artiste dans son art; car la médecine était non-seulement pour lui une science, mais elle était surtout un art. Dans les maladies, il suivait les inspirations de son âme et les éclairs de son intelligence. Son regard tombait sur le malade, puissant et scrutateur. Peu attentif aux paroles du souffrant, il suivait à travers ses organes le sentier que son intelligence lui ouvrait. Son exploration terminée, mieux que le souffrant, il savait les causes et les effets de son mal. J'ai dans la mémoire plusieurs faits étonnants que je pourrais citer à l'appui de ce que je dis.

Son malade lui devenait cher; c'était l'enfant de ses études, de ses labeurs, la préoccupation de ses veilles; et plus le malade était souffrant, en proie à des douleurs désespérantes, plus il le rapprochait de son âme, de son cœur pour lui donner la vie.

Personne ne pourrait compter les victimes qu'il a enlevées des bras décharnés de la mort. Que de cadavres presque froids il a ranimés! Que de malades abandonnés de leurs médecins il a sauvés!

Une nuit qu'il revenait de Paris, vers les onze heures du soir, la diligence s'arrêtant à Cierp pour changer de chevaux, il demanda au douanier factionnaire « s'il n'y avait point de malade au village. » Sur la réponse qu'on lui fit, que l'enfant du brigadier était à toute extrémité, il laisse la voiture s'éloigner, et il monte en toute hâte au logement du jeune malade. Ma mère (car j'étais l'enfant moribond), en le voyant, crut voir la Providence personnifiée dans le docteur, elle sentit le courage revenir, et l'enfant unique de ses tendresses sauvé. Pauvre femme, elle avait perdu quatre enfants dans neuf mois !

Fontan m'examine avec scrupule, il voit la mort envahir mon petit corps. Sa figure sérieuse s'illumine un peu, c'est le rayon de l'espérance ; il jette par la fenêtre les médecines des autres docteurs qui m'avaient abandonné ; il ordonne des remèdes, et quelques heures après, sous leur influence, des extrêmes frontières de la vie, je revenais à l'existence ; je respirais, et pouvais faire encore palpiter le cœur presque glacé de ma mère, en l'appelant.

Bien des fois, au souvenir de ce miracle de la science, le docteur m'appelait « son cher enfant. »

Ces soins qu'il avait donnés si généreusement à ma famille il les prodiguait à tout le pays. En adoptant Luchon, il avait adopté tous les malades de la contrée. Il n'est pas une famille chez nous, qui ne doive reconnaissance à son art et à son cœur ; et jamais il ne voulut une obole.

Aussi son désintéressement forme un des plus beaux fleurons de sa couronne immortelle. Les pauvres et les prêtres eurent toujours ses prédilections. Son désintéressement pour lui et pour notre ville lui firent toujours endurer les misères d'un logement étranger.

A propos de sa générosité, il me revient un trait de sa vie qui le caractérise trop vigoureusement pour demeurer dans l'oubli.

Etant à Saint-Bertrand, il aperçut un enfant crayonnant sur du papier des bonshommes avec une étonnante fécondité ; à l'instant l'avenir de cet écolier se déroule brillant à ses yeux, il s'intéresse à lui, il l'aime ; et il le patronne à Toulouse de ses conseils, de son autorité, de son argent.

L'enfant grandit, l'arstiste se développe ; Toulouse n'offre plus assez de lauriers à conquérir, il faut un plus noble et plus vaste champ aux ardentes aspirations de son âme. La générosité du docteur s'élève avec les élans de son protégé, et il dirige son vol vers la capitale. Là il prélève sur son modeste budget d'étudiant tout ce qui est nécessaire au jeune artiste, il partage tout avec lui. Il se prive, pour le mettre plus à son aise et lui donner plus de jouissance. Il devient sérieux, met le plus de sagesse possible à sa conduite afin de donner à ses conseils la puissance et l'autorité paternelle, et enfin il ne le livre à lui-même que lorsque l'enfant de sa charité est devenu maître.

C'est ainsi qu'il a donné à la France un artiste, à l'Eglise un peintre religieux, et au pays Romain Cazes.

Le docteur Fontan semblait trouver une récompense de ses travaux et de son talent, dans les honneurs. Le nombre de ses clients s'élevait dans la saison jusqu'au chiffre considérable de 2000. L'Académie des Inscriptions, Belles-Lettres et Sciences de Toulouse se faisait un honneur de les compter parmi ses membres correspondants.

Le gouvernement, averti de son mérite par une réputation ennemie de la cabale et de l'intrigue, le nommait avec justice, en 1845, chevalier de la Légion d'honneur.

Les médecins de l'arrondissement de Saint-Gaudens, heureux de compter un sujet si distingué dans leurs rangs, le déléguaient au congrès médical, à l'unanimité et par acclamation.

La Société de médecine de Bordeaux en faisait un de ses membres correspondants.

Et enfin l'Institut couronnait ses travaux en 1853.

Il était donc naturel qu'il lui fût permis d'ambitionner les honneurs d'une ville qu'il avait renouvelée, agrandie, développée ; il était naturel que le pays comprît le désir de son âme et le prévînt ; eh bien ! cependant, il n'en fut point ainsi.

Celui qui comptera sur la reconnaissance des hommes sera toujours trompé.

Lorsque le docteur Fontan vint à Luchon, il trouva l'honorable M. Barrier inspecteur des eaux. Il avait succédé à son père ; la délicatesse voulait qu'il restât paisible possesseur de son titre, malgré son infériorité auprès de Fontan. Du reste, ce dernier était assez noble et assez généreux pour ne point lui porter ombrage.

Mais à la mort de son honorable collègue, il se mit sur les rangs pour réclamer l'inspection de l'établissement. Personne ne doutait qu'elle ne lui revînt de droit ; pour tous ceux qui comptions sans les passions individuelles, c'était un fait accompli. Et pouvions-nous en douter lorsque le docteur Fontan avait lui-même écrit, douze ans avant : « J'avais prévu tout l'avenir de Luchon et je m'étais consacré à son développement. Pour mieux réussir, j'avais refusé la place d'inspecteur de Barèges, qui m'était officiellement offerte par M. Sart, préfet des Hautes-Pyrénées, au nom du gouvernement et des administrateurs des bains. »

Oui, il devait donc réussir ; mais nous comptions sans les intrigues, sans les cabales, sans les jalousies, sans des irritations malhonnêtes. Et le droit contre toutes ces puissances occultes et mauvaises doit succomber, frappé de mort.

En effet, bien qu'il eût la grande majorité des voix dans le conseil médical de Paris, chargé de faire le choix, malgré tous ses titres, malgré ses travaux, malgré ses services, malgré son talent incontestablement supérieur, l'étranger, l'inconnu de la veille, son petit protégé lui fut préféré, et l'injustice fut accomplie. Il y avait dans le monde une iniquité de plus.

Il y a des choses qui sont pénibles à redire, et auxquelles le silence conviendrait mieux ; mais l'histoire impartiale doit parler. L'histoire n'est-elle pas le chevalier intrépide qui relève les droits du faible et de l'opprimé, et qui démasque le mensonge et la perfidie ? Si elle était muette, le crime aurait trop beau jeu ; frondeur du présent, il serait l'insulteur des générations futures. Comme les flots de l'Océan, il faut qu'il ait le grain de sable où il expire, et ce grain de sable est l'histoire.

Je ne suis point de ceux qui veulent quand même repousser l'étranger et lui interdire la puissance d'exercer ses talents, et de prétendre par ses mérites aux droits de concitoyen ; loin de moi une pensée si mesquine. Mais je suis de ceux qui veulent, avant tout, favoriser l'enfant du pays. Il faut ennoblir sa race, *surtout si elle a les éléments nécessaires*.

Faire venir l'étranger dans un pays, quand il y a des hommes aussi éminents que ceux que l'on appelle, c'est faire mépris de ses propres enfants ; c'est avouer une incurie et une ignorance qui blesse et déshonore. C'est cette flétrissure que nous repoussons énergiquement, parce qu'elle semble retomber sur les Luchonnais en général, et les accuser de la plus noire ingratitude.

Ce coup fut sensible au docteur Fontan ; mais il avait pour adoucir sa peine le témoignage des hommes de la science et le témoignage de sa conscience. Il avait encore trop l'expérience des hommes pour se laisser abattre, et il se vengea en continuant le bien. C'est à cette époque qu'il eut la patience, pour éviter des méprises dangereuses, de prendre des leçons d'écriture de l'instituteur d'Izaourt. Et il travailla à cet exercice avec la docilité d'un enfant et la bonne volonté d'un homme mûr.

Quelques années plus tard il subit un second échec ; quoique moins important, il devait lui être plus pénible : l'ingratitude était plus apparente.

Il convoita, toujours dans l'idée du bien, et vous avez vu combien cette idée était chez lui puissamment riche, il convoita une modeste place de conseiller municipal, dans ce conseil où il avait été adjoint quelques années avant.

On se souvint de sa féconde influence ; on la redouta, et une passion, un homme qu'il avait appelé son ami, mit en jeu tous les ressorts pour le repousser, et, par deux fois, il manqua au docteur une seule voix.

C'était un triomphe et une ignominie.

On disait que cette dernière résistance était de la même nature que celle qui lui fut hostile pour l'inspection. Que sur elle donc retombe tout ce qu'il y a de peu honorable dans ces faits ; que sur elle retombe l'odieux de l'injustice !

Comme il n'y a pas d'effet sans cause, le lecteur se dira sans doute en voyant cette résistance : « Nécessairement, Fontan, de quelque côté, devait prêter le flanc à la critique. »

Historien impartial, je dirai : c'est vrai !

Il y avait en lui, comme vous le savez maintenant, toutes les nobles facultés qui font les grands hommes. Il portait dans sa poitrine un cœur vaste et magnanime ; dans sa tête, une radieuse intelligence et une de ces mémoires qui font les trois quarts du génie, selon Voltaire ; mais il paralysait beaucoup cette riche nature, par les originalités et les boutades de son caractère, par l'intempérance de son langage et par le ton impérieux de sa volonté.

Trop souvent il éprouvait les influences du temps ; et avec trop de facilité il laissait transpirer au dehors les passions qui agitaient son âme. Parfois on aurait dit qu'il ignorait non-seulement les exigences de l'homme public, mais ce que c'était que vivre avec ses semblables. Dans ces moments d'inconcevable singularité, il était méconnaissable ; âpre pour tout le monde, il oubliait ses plus chers intérêts.

Ses amis le regrettaient d'autant plus, qu'il nuisait beaucoup à son talent et qu'il était souvent d'une humeur charmante, d'une amabilité rare, d'un esprit fin et cultivé et d'un cœur plein de ressources.

Ce fut sans doute dans un de ces moments d'originalité, qu'au déclin de sa vie, il voulut marier les dernières lueurs du jour avec les premiers feux de l'aurore. Il crut que la jeunesse qui embellit et égaie de ses sourires et de ses caresses les cheveux blancs d'un père, pourrait également poétiser la neige d'un vieillard étranger.

Ce fut une malheureuse erreur. Jamais l'hiver, sans un un miracle, n'est rajeuni par l'éclat et le parfum des fleurs.

Chaque saison a sa beauté : le printemps a ses fleurs et l'hiver a la sagesse. Il ne fut pas sage.

Tandis qu'il cherchait à donner une vigueur nouvelle à son corps, il se sentit envahi par une faiblesse générale. Et cette tête si forte, ce siége d'une pensée puissante fut visitée par l'infirmité.

Je rentrais à Luchon pour prendre quelques jours de vacances, lorsque ma voiture croisa celle du docteur; je saisis ses traits à l'improviste, et sa figure souffrante me frappa. A mon arrivée on m'apprit qu'il était sous le coup d'une violente maladie, et qu'il se retirait à Chaum pour se soigner.

Cette nouvelle m'impressionna profondément, et je ne pus résister au désir de le voir. Il fut très-sensible à ma visite qui donna un peu le change à ses souffrances, et il me témoigna la plus franche cordialité. Un moment on aurait pu croire à sa gaieté, à son appétit, qu'il avait vaincu la maladie. Il se promena, appuyé sur mon bras, dans ce parc de Chaum, véritable Eden; il me montra avec un orgueil filial, bien légitime, les deux peupliers centenaires plus hauts que des sapins, plantés par son père, et qui devinrent les aïeux de tous ces arbres, à vertes pyramides, la richesse et l'ornement de nos vallées. C'était encore son père, homme très-intelligent, qui introduisit en France, en 1780, le premier troupeau de Mérinos venant directement d'Espagne, et qui fut conduit dans les magnifiques bergeries de Rambouillet. A cette occasion, on avait envoyé des lettres de noblesse à son père, qui, dans un temps où la liberté fermentait dans toutes les têtes, où l'égalité apparaissait à l'horizon d'une ère nouvelle, rejeta un vain titre qui n'ajoutait rien à la noblesse de son cœur et de son intelligence.

Assis à l'ombre d'une délicieuse charmille, il me parla avec une ouverture de cœur qui m'étonna et m'inquiéta pour ses jours. Il me semblait voir dans toutes ses paroles comme le dernier chant du cygne. Plus jamais je ne l'avais trouvé homme si profondément penseur, chrétien si résigné et si élevé. Il résumait et jugeait sa vie avec une précision remarquable, comme s'il faisait son testament.

La maladie continua ses ravages et il succomba à ses cruelles étreintes, le 17 avril 1867, à Saint-Bertrand, dans la maison de sa trop jeune femme. Il s'éteignit dans les consolations et dans l'espérance de cette religion, le charme de ses jeunes années, et qui seule avait adouci et calmé les amertumes des dernières années de sa vie.

Sa mort a été un deuil et une calamité pour toute la contrée. Longtemps on sentira son vide, et la douleur de ne plus l'avoir dilatera la reconnaissance. Ses restes, selon ses désirs, furent portés à Izaourt, à côté de ceux de ses parents. Le pays tout entier, dans la tristesse et dans les larmes, assistait à ses funérailles.

Sur cette tombe, doit maintenant expirer tout sentiment d'inimitié, toute mesquine rivalité. On ne doit plus se souvenir que du grand homme. La reconnaissance doit seule y faire entendre sa voix sympathique, vibrante, majestueuse. Et si la consolation de lui élever un mausolée à côté de son ami Boubée ne nous est pas donnée, nous espérons que l'on saura lui dresser une statue à côté de celle de d'Etigny.

Il fut l'homme de la reconnaissance : il dédia son premier ouvrage à son vénéré maître, le docteur Louis, le vétéran de la science; lui-même avait marqué la place des bustes des bienfaiteurs de Luchon.

Je dis donc, au nom de mon pays, à ceux qui doivent l'entendre, que l'ingratitude est stérile et que la reconnaissance est féconde, et que le plus grand honneur et la plus grande gloire d'un peuple consistent à glorifier la mémoire des hommes qui l'immortalisent.

FIN.

TABLE SOMMAIRE

Préface 7
Introduction 21

CHAPITRE PREMIER. — Historique de Luchon.

Antiquité et noblesse de notre ville. — Pompée. — Les sources trouvées. — Les Romains à Luchon. — Auguste. — Débris antiques. — Luchon suit les destinées de Rome. — Ses péripéties. — Sa ruine. — Sa résurrection 25

CHAPITRE II. — Suite de l'historique.

Barreau. — D'Étigny. — Grande allée. — Nature du vieux Luchonnais. — Constance de d'Étigny. — Notre reconnaissance. — Bayen. — Vers de Bordages. — La Chapelle. — Allées des Platanes et des Saules pleureurs. — Sengez. — Un épisode de la Révolution 35

CHAPITRE III. — Suite de l'historique.

Paul Boileau. — Bosquet. — Une heureuse fortune. — Azémar. — Une promenade unique. — Alexandre Dumas fils. — Soulérat. — Nouvel établissement 50

CHAPITRE IV. — Etablissement thermal.

Historique de l'établissement. — Première pierre du nouveau. — Architecture. — Cazes et ses peintures.. 60

CHAPITRE V. — Luchon moderne.

Topographie de la vallée. — Elle n'était qu'un lac. — La ville grandit. — Eglise nouvelle. — Peintures. — Clocher. — Progrès moral. — Beautés des environs de l'établissement. — Musique. — Un salon en plein air. — Un casino impossible. — Une promenade. — Réjouissances. — Feu d'artifice. — Chants montagnards... 65

CHAPITRE VI. — Suite.

Distractions. — Les passants. — Le vis-à-vis. — Perspective du port de Venasque. — Luchon à la mode. — Le prince impérial.............. 86

CHAPITRE VII. — L'objection réfutée.

Luchon progresse. — Bonheur de l'étranger. — Le guide. — Le Luchonnais. — Les grands désirs et les petites bourses. — La vie facile et pleine de charme. 96

CHAPITRE VIII. — Saint-Mamet.

Villa Diana. — La mendiante aveugle. — Les gens de Saint-Mamet, leur caractère. — Laurent et l'ours. — Clocher. — Presbytère. — Cascade Sidonie. — Vallée de Burbe. — Vieille épée. — Amitié. — Fonderie.   106

CHAPITRE IX. — Montauban.

Allée de la Pique. — Un tableau. — Musée pyrénéen. — La croix. — Le mendiant et l'artiste. — Le jeune prince et la bascule. — Curé de Montauban. — Église. — Les fleurs des morts. — Un calvaire fleuri. — Cascade..........   118

CHAPITRE X. — Juzet.

L'église. — Une bonne volonté. — Cascade. — Paysage. — Un tour de vallée. — Le ciel étoilé. — Rêverie. — Le cor de chasse..........   130

CHAPITRE IX. — Route de la vallée du Lis.

Les Pyrénées centrales en relief. — Reconnaissance. — Le corps de garde. — La roche du malheur. — Tour de Castel-Vieil. — Les contemporains de Napoléon II. — Fontaine ferrugineuse. — Paysage. — Un nid. — Le proscrit. — Le torrent. — Gouffre Barrié. — Les vieux lutteurs..........   137

CHAPITRE XII. — Vallée du Lis.

Ode inédite de V. Hugo. — Une mort. — Les glaciers de Crabrioules. — Les quinze lacs. — L'isard. — Bouquetin. — Lac Boubée. — Quel sentier! — L'hiver en été. — La galerie des immortels. — L'heure de la nature.. 148

CHAPITRE XIII. — Cascade des Demoiselles.

Ruines. — Les Templiers. — Cascade. — L'écrin de la nature.. 166

CHAPITRE XIV. — La Glère.

Une serre. — Un coup de théâtre. — Contrebandiers. — Cabanes des pâtres. — Le garde-manger. — L'avalanche. — Un grand rêve. — Festin homérique. — La messe sur la montagne. — Le tunnel. — Cascade des Parisiens.. 173

CHAPITRE XV. — Route du Montné.

Pont de Mousquères. — Justice d'autrefois. — Le torrent. — Paysages. — Vallée d'Oueil. — Condisciple. Le curé. — Famille patriarcale. — Grotte mystérieuse. — Une peur. — Souvenir amical. — Sentier maudit. — Le bivouac des pâtres. — Malédiction. — Témérité. — Trois incendies................................ 183

CHAPITRE XVI. — Lever du soleil.

Lever du soleil. — Hymne................................ 182

CHAPITRE XVII. — Splendide panorama.

Le Montné sous deux aspects. — Les montagnes et la mer. — Retour. — Castelblancat...................... 209

CHAPITRE XVIII. — Saint-Aventin.

Le Larboust. — Mœurs. — Saint Aventin. — Sa vie. — Sa mort. — Son tombeau.................... 217

CHAPITRE XIX. — Lac d'Oo.

Curieuses peintures du quatorzième siècle. — Rochers fabuleux. — Paysage. — Ruines d'un ermitage. — Miracle de l'épine. — Jardin des Pyrénées. — Lac d'Oo. — Lac d'Espingo. — Le pays des aigles. — Les pâtres qui parlent latin. — Episode tragique. — La perdrix blanche. — Une nuit au lac d'Oo. — Le chien de montagne et le lynx................... 226

CHAPITRE XX. — Superbagnères.

Superbagnères........................... 241

CHAPITRE XXI. — Venasque. — La Picade.

Le temps imprévu. — Un coup de théâtre. — La forêt de hêtres. — Le torrent des bandits. — L'hospice. — Les émotions — Vénasque. — La frontière. — Sauvegarde, le pic des merveilles. — L'Anglais. — Le chapelet. — L'Aragonais. — Penna-Blanca. — Le chasseur et l'ours. — Une ville espagnole. — Le pâtre grand seigneur. — Une déception. — Le pâtre espagnol. — La vie élevée. — Les clochers gigantesques. 246
Artigue-Tellin. — La source impétueuse. — L'ermitage. — La chasse à l'ours. — Le stoïcien de la forêt..... 270

CHAPITRE XXII. — **Entécade**. — **Ontenac**. — **Bocanère**.

Entécade. — Un spectacle magique. — Ontenac. — Route délicieuse. — Un entr'acte. — Bocanère (p. 278). — Un ermitage rêvé. — La grotte du chat. — Une leçon de délicatesse. — Col de Panech. — Course classique. — Jambes sur l'abîme. — Goutte de rosée. L'incendie. — Le curé des montagnes............ 271

CHAPITRE XXIII. — **Maladetta**.

Maladetta.. 287

CHAPITRE XXIV. — **Frontières d'Espagne**. — **Bossost**.

Une idée. — Le rire franc et sonore. — Le carabinier. — Un tableau. — Raisonnement politique. — Toilette fraîche. — L'Espagnol chrétien. — L'Espagne assoupie. — Lambeau d'archéologie. — Massacre. — Vengeance. — Fos. — Saint-Béat. — La religion sur les ruines du passé. — Une vierge qui bénit. — Beau marbre. — Marignac. — Une pensée triste......... 297

CHAPITRE XXV. — **Viella**.

Route. — Un épisode. — L'auberge. — Ovation burlesque. — Viella. — Les cloches..................... 309

CHAPITRE XXVI. — **Saint-Bertrand-de-Comminges**.

Route. — Forge. — Vieux château. — Cierp. — Beau trait. — Cinq francs. — Saint-Bertrand-de-Comminges. — Ville. — Cathédrale. — Grotte de Gargas et ses merveilles.— **Barousse.** — Les deux Marguerites. — Col d'Aspin.. 316

CHAPITRE XXVII. — **La nature est un beau livre.**

Mon sentiment. — Montagnes. — Vallées. — Torrent. Eaux. — L'abîme. — Arbres. — Fleurs. — Gazon, neige et glace. — Le tonnerre. — Les Pyrénées dans le lointain.. 343

CHAPITRE XXVIII. — **Le docteur Fontan et les sources.**

Le docteur Fontan et les sources................... 274

ERRATA.

La rapidité de l'impression a été cause de quelques fautes typographiques :

Page 12, ligne 11, supprimez *plus*.
Page 16, ligne 18, supprimez *si*.
Page 31, ligne 23, lisez *l'enveloppe et le pénètre*.
Page 42, ligne 11, lisez *au-dessus des*.
Page 90, ligne 17, lisez *impressionnée*.
Page 114, ligne 12, lisez *cette cascade est formée*.
Page 121, ligne 6, lisez *en relief*.
Page 123, ligne 23, lisez *Il y a là, quelques...*
Page 131, ligne 32, lisez *ou de mica*.
Page 157, ligne 6, lisez *lui donner quelques lignes*.
Page 157, ligne 16, lisez *on le voit*.
Page 202, ligne 23, lisez *vigoureuses*.
Page 216, ligne 16, lisez *Le ciel*.
Page 219, ligne 12, lisez *saint Aventin*.
Page 238, ligne 6, lisez *avec les frimats*.
Page 276, ligne 14, lisez *l'espérance éteint remplit, etc.*
Page 278, ligne 12, lisez en texte *Bocanère*.
Page 381, ligne 4, lisez *qu'elle résumait*.
Page 284, ligne 13, lisez *les a poussées*.
Page 298, ligne 9, lisez *et qu'on foule*.
Page 309, ligne 8, lisez *un chemin de fraudeurs*
Page 325, ligne 28, lisez *Quant à la*.
Page 338, ligne 5, lisez *dont la nature*.
Page 355, ligne 8, lisez *les a préférés*.

Toulouse. — Imprimerie Rives et Faget, rue Tripière, 9.

www.ingramcontent.com/pod-product-compliance
Lightning Source LLC
Chambersburg PA
CBHW071853230426
43671CB00010B/1326